TOUS
ACCROS

Du même auteur, aux éditions Leduc :
Pourquoi les méduses ne vieillissent pas… et autres secrets de longévité de la nature, 2025.

Édition originale :
Titre : *Super Stimulated - How Our Biology Is Being Manipulated to Create Bad Habits – and What We Can Do About It*
© *Nicklas Brendborg*, 2025
Publié chez © Hodder Press, 2025
D'abord publié au Danemark par © Grønningen 1, 2024

Édition française :
Conseil éditorial : Anna Lindblom (Nordik Literary Agency)
Traduction : Marion McGuinness
Révision du texte et édition : Ghizlaine Jahidi
Relecture : Audrey Peuportier
Maquette : Ma petite FaB – Laurent Grolleau
Design couverture : Laurence Maillet
Illustration de couverture : © Adobe Stock

76, boulevard Pasteur
75015 Paris
ISBN : 979-10-285-3129-4

Nicklas Brendborg

TOUS ACCROS

Sucre, écrans, addictions… pourquoi on ne peut (scientifiquement) pas résister

Traduit de l'anglais (UK) par Marion McGuinness

LEDUC

Sommaire

Prologue
Un petit oiseau et un gros œuf

Un petit oiseau en cage observe un gros œuf. Il penche brièvement la tête comme s'il réfléchissait à la conduite à tenir. Puis il essaie de sauter sur l'œuf. La scène est assez cocasse : l'œuf est presque aussi volumineux que l'oiseau, alors dès que le volatile tente de s'installer confortablement dessus, il glisse jusqu'au sol. Et il recommence aussitôt.

À quelques mètres de là, deux scientifiques néerlandais admirent le spectacle et s'esclaffent en toute complicité : « On l'a bien eu, celui-là aussi. »

L'un d'eux est Nikolaas Tinbergen, qui recevra le prix Nobel pour cette expérience, et d'autres du même ordre. L'oiseau étudié est l'huîtrier pie. Vous en avez peut-être déjà aperçu sur la plage. Son dos et sa tête sont noirs, son ventre blanc et ses pattes et son bec rouges. Habituellement, l'huîtrier pie pond de petits œufs bruns qui pèsent moins de 50 g. Mais les chercheurs néerlandais ont découvert que les oiseaux préfèrent en fait les œufs beaucoup plus gros. Lorsque les scientifiques fabriquent de gros œufs en plâtre, ils parviennent à ensorceler ces pauvres bêtes, qui choisissent toujours la version démesurée aux dépens de leurs propres œufs naturels.

Les huîtriers pies font ce choix parce qu'ils sont instinctivement attirés par les œufs les plus gros, même parmi les leurs. Dans la nature, la taille de l'œuf est un bon indicateur de son état de santé général, et permet de prédire la probabilité que l'œuf donne naissance à un oisillon robuste, capable de survivre et de se reproduire. Toutefois, il y a des *limites naturelles* à la taille des œufs qu'un petit oiseau comme l'huîtrier pie peut pondre. Autrement dit, l'oiseau n'a jamais défini instinctivement de limites maximales pour un œuf. Son cerveau suit simplement la règle du « plus c'est gros, mieux c'est ».

C'est pourquoi les gros œufs en plâtre sont des exemples de ce que Tinbergen appellera plus tard les « stimuli supranormaux », ou « hyperstimuli » en abrégé. Ils correspondent à des exagérations de ce vers quoi un animal est instinctivement attiré – un stimulus plus grand, plus visible ou plus fort que l'option qui survient naturellement[1].

Les hyperstimuli n'ont pas seulement été utilisés pour tromper les huîtriers pies, mais aussi de nombreux autres oiseaux. Prenons, par exemple, le minuscule oiseau chanteur connu sous le nom de gobemouche à collier. Cet oiseau de 10 cm de haut pond de petits œufs d'un bleu légèrement verdâtre. Comme dans le cas de l'huîtrier pie qui préfère les œufs plus gros, ici c'est l'intensité de la couleur qui suggère la bonne santé des œufs, de sorte que le gobemouche aura tendance à préférer les œufs aux couleurs les plus vives.

Avec seulement un peu de peinture bleue, les scientifiques sont en mesure de fabriquer des œufs en plâtre aux nuances beaucoup plus éclatantes que n'importe quel œuf naturel de gobemouche. Et tout comme pour l'huîtrier pie, le gobemouche va choisir les hyperstimuli artificiels au détriment de ses propres œufs[2, 3].

En fait, il n'est guère indispensable de faire preuve de créativité pour tromper certains volatiles. Lors d'une expérience, les chercheurs ont simplement disposé des ballons de volley-ball blancs au milieu d'un troupeau d'oies. Les anatidés ont alors abandonné leurs œufs pour aller se percher sur les ballons de volley-ball plus gros et plus brillants.

Les oiseaux ne sont pas franchement les animaux les plus malins, hein ?

Première partie

LES HYPERSTIMULI ALIMENTAIRES

Chapitre 1
Le poids de la modernité

Vous et moi vivons actuellement une crise de la santé publique sans précédent.

Peut-être n'y pensez-vous guère dans votre vie quotidienne. Et c'est bien compréhensible – nous nous habituons rapidement à notre environnement. Mais imaginons un instant que nous remontions 150 ans en arrière pour ramener au XXIe siècle quelques individus désorientés. Ces voyageurs du temps seraient stupéfiés par le monde contemporain : les voitures sur les routes, les avions dans le ciel et l'abondance de nourriture dans nos supermarchés. Ils remarqueraient toutefois assez rapidement que les gens ont changé d'apparence. Nous sommes plus grands qu'avant, mais aussi *plus larges.* Et pas qu'un peu.

Certes, le surpoids, voire l'obésité, n'était pas totalement inexistant autrefois. Cependant, il était extrêmement rare. Nous le savons grâce à des livres, des peintures et des vêtements anciens, mais également grâce à des relevés de mensurations. Les premiers recueils de données sur la taille et le poids de divers sujets nous viennent d'Angleterre, au milieu du XIXe siècle. Il s'agit principalement de mesures effectuées sur des soldats, mais il existe également des recensements de prisonniers envoyés en Australie et des études sur la santé de plusieurs classes sociales. En tout état de cause, il est intéressant, d'un point de vue scientifique, de disposer à la fois de la taille et du poids. Ensemble, ces deux éléments permettent de calculer ce que l'on appelle l'« indice de masse corporelle », ou « IMC », la méthode la plus couramment utilisée pour déterminer la surcharge pondérale éventuelle d'une personne. L'IMC fait l'objet de nombreuses critiques, et nous y reviendrons. Mais comparons d'abord la situation des humains d'aujourd'hui à celle des humains du passé.

Au milieu du XIXe siècle, un homme moyen britannique de 35 ans avait un IMC aux alentours de 23[4]. Aujourd'hui, le même type d'individu présente un IMC proche de 28[5]. Cette différence peut paraître *négligeable*. Mais si nous la convertissons en masse réelle, elle devient assez frappante. Pour un homme mesurant entre 1,70 et 1,90 m, cette augmentation de l'IMC équivaut à une prise de poids comprise entre 14 et 18 kg. Cela revient à porter en permanence sur soi un gros beagle ou un four à micro-ondes standard.

Les détracteurs de l'IMC ne manqueront pas de soulever une objection : l'IMC ne tient compte que du poids corporel dans sa globalité, et non de la composition précise de ce poids ! Si le poids est constitué d'un excès de graisse, c'est évidemment préoccupant. Mais une partie de ce poids ne pourrait-elle pas être de la masse musculaire ? Arnold Schwarzenegger était bien connu pour avoir un IMC de 31 lorsqu'il était au sommet de sa forme. On considère pourtant qu'un IMC supérieur à 25 est synonyme de surpoids et qu'un IMC supérieur à 30 révèle une obésité. De toute évidence, Arnold Schwarzenegger était tout sauf obèse dans la force de l'âge.

Le sportif moyen n'a peut-être pas un physique aussi extrême qu'Arnold. Mais il est vrai qu'une masse musculaire très développée fait grimper l'IMC à un niveau plus élevé qu'il ne l'aurait été normalement. Cependant, seulement 16 % de la population britannique est abonnée à une salle de sport[6] et, quand les scientifiques analysent effectivement les individus pour mesurer leur pourcentage de graisse corporelle, il s'avère que l'IMC ne surestime pas le nombre de personnes en surpoids. Au contraire, il le *sous*-estime[7]. Pourquoi ? Parce que le phénomène inverse à celui d'Arnold Schwarzenegger est courant : bon nombre de gens ont une faible masse musculaire. Ils peuvent donc présenter une masse graisseuse importante sans pour autant peser très lourd. Une personne peut avoir un IMC inférieur à 25 et être considérée comme ayant un poids normal, non pas parce qu'elle est maigre, mais parce que sa faible masse musculaire lui confère un poids de référence peu élevé. C'est ce qu'on appelle la « fausse minceur » (être *skinny fat*).

Donc, oui, à un niveau individuel, l'IMC peut se tromper. Mais à l'échelle d'une population, l'IMC est un outil précis d'évaluation de la graisse corporelle, et il tend même à sous-estimer le problème. Notre état de santé actuel est donc effrayant. Selon leur IMC, 2 adultes britanniques sur 3 sont aujourd'hui en surpoids. Il en va de même pour les Canadiens, les Australiens et les Néo-Zélandais[8,9,10]. En France, en 2019, 31 % des adultes sont en surpoids et 15 % sont obèses, soit près de 1 adulte sur 2[11]. Mais ces chiffres pourraient encore sous-évaluer le phénomène.

Dans notre monde actuel, les gens ont tendance à prendre du poids en vieillissant, et les jeunes sont donc les plus sveltes. Si l'on se limite aux personnes d'âge moyen, entre 45 et 65 ans, *3 adultes britanniques sur 4* sont en surpoids[12]. Songez-y une seconde. Voilà un problème de santé auquel seule 1 personne sur 4 parvient à échapper. En dépit de la gravité du fléau, la situation ne cesse d'empirer. Chaque année, notre tour de taille s'élargit un peu plus.

Pour mesurer l'ampleur des dégâts, il faut examiner ce qui se passe dans le reste du monde. En effet, l'épidémie d'obésité n'est pas un phénomène limité au seul monde anglo-saxon. L'exemple classique est celui des États-Unis, où les problèmes de poids sont encore plus criants. Pourtant, malgré ce cliché, les États-Unis ne figurent plus en tête du palmarès : des pays du Proche et Moyen-Orient, comme l'Égypte, le Qatar et le Koweït, pèsent désormais plus lourd que les États-Unis. Et tout en haut de la liste, on trouve un certain nombre de petites nations insulaires de l'océan Pacifique. Le terme « îles du Pacifique » peut évoquer des images paradisiaques de plages de sable blanc, de hauts palmiers et de récifs coralliens bigarrés. Mais en réalité, cette image se heurte à un épais nuage de préoccupations de santé publique chez les habitants. En pratique, presque plus personne dans cette région ne peut être considéré comme ayant une corpulence normale. Dans la plupart des îles, plus de 80 % de la population est en surpoids, et dans la république de Nauru, qui détient le record, ce chiffre avoisine les 90 %[13].

Ainsi, ces anciennes îles paradisiaques sont autant de panneaux d'avertissement qui clignotent à la face du monde : *quelle que soit la gravité de vos problèmes de santé, ils peuvent encore s'aggraver.*

Et c'est exactement ce qui se passe, où que nous regardions. La population mondiale dans son ensemble ne tardera pas à franchir la ligne rouge : il y aura globalement plus de personnes en surpoids que de personnes ayant un poids normal. La liste des pays qui luttent contre l'obésité s'étend à tous les continents : Turquie, Mexique, Arabie saoudite, Chili, Bahamas, Irak, Belize, Malte, Israël, Hongrie, etc[14].

Cette liste couvre toutes les ethnies, toutes les religions et tous les types de climat. Même dans la région la plus pauvre du monde, l'Afrique subsaharienne, l'excès de graisse devient rapidement la norme. Bien sûr, certaines contrées luttent encore contre la malnutrition et la faim, comme depuis des générations. Mais dans de nombreuses zones d'Afrique, il y a aujourd'hui plus de personnes en surpoids que de personnes en sous-poids[15, 16, 17]. Et les pays les plus touchés, comme l'Afrique du Sud, ont déjà dépassé une grande partie du monde industrialisé et se rapprochent des chiffres américains[18].

Il convient donc de se poser cette question : que se passe-t-il au juste ? Sommes-nous totalement indifférents à notre santé ?

Bien sûr que non, bien au contraire. Aux yeux de nos amis voyageurs du temps, nous sommes même obnubilés par notre poids. Nous débattons sans relâche calories et compléments alimentaires tout en adoptant un régime à la mode après l'autre. Des études montrent qu'environ la moitié des adultes essaient de perdre du poids *chaque année*[19]. Mais cette pratique est rarement efficace. Même les personnes qui parviennent à perdre du poids finissent souvent par le reprendre dans une large mesure. Après un régime réussi, l'individu moyen récupère la moitié des kilos perdus dans un délai de deux ans. Et au bout de 5 ans, ce chiffre avoisine les 80 %[20].

Difficile de ne pas avoir l'impression que quelque chose ne tourne pas du tout rond.

⋆

Nous portons les mêmes gènes que nos ancêtres minces d'il y a quelques dizaines d'années, la génétique ne peut donc pas être à l'origine de l'épidémie d'obésité. Certains pays ont même réussi à passer d'une population majoritairement mince à une population majoritairement en surpoids en seulement une génération.

Si le coupable n'est pas la nature, il doit donc s'agir de la *culture*. Quelque chose dans notre environnement ou dans notre mode de vie a dû radicalement évoluer au cours des dernières décennies.

Évidemment, vous dites-vous. Autrefois, la plupart des gens occupaient des emplois éprouvants physiquement toute la journée. Aujourd'hui, la majorité d'entre eux sont assis à leur bureau et brassent des documents numériques. Il est clair que nous brûlons moins de calories qu'auparavant, ce qui pourrait expliquer notre tour de taille de plus en plus imposant.

Pour vérifier cette théorie, faisons un petit détour par le nord de la Tanzanie. Nous y rencontrons le peuple Hadza. Les Hadza sont des chasseurs-cueilleurs, autrement dit, leur mode de vie rappelle le nôtre avant le développement de l'agriculture. Ils n'ont ni champs ni troupeaux, mais partent chaque matin dans la savane pour s'approvisionner en vivres. Les hommes chassent les animaux sauvages et grimpent dans les arbres pour trouver du miel, tandis que les femmes cueillent des racines, des baies, des fruits et des noix.

En d'autres termes, les Hadza sont beaucoup plus actifs physiquement que les Occidentaux modernes. L'Occidental moyen effectue environ 5 000 pas par jour[21], contre 19 000 pour les hommes Hadza et 13 000 pour les femmes Hadza. Certains de ces chiffres sont atteints tout en rapportant le butin quotidien à la communauté, qu'il s'agisse de légumes-racines, de pintades ou même d'un zèbre entier. Rien d'étonnant donc à ce que les Hadza soient en bonne santé. Comme nous l'avons vu précédemment, le Britannique moyen a un IMC de 28, ce qui le place résolument dans la catégorie des individus en surpoids. Le Canadien, l'Australien et le Néo-Zélandais sont dans la même situation. Le Hadza moyen a, quant à lui, un IMC situé aux alentours de 21. Et ce, tout en menant une vie aussi active, ce qui signifie qu'il a probablement davantage de masse musculaire que le Britannique typique pour un poids total équivalent.

L'explication semble *a priori* simple : les Occidentaux sédentaires brûlent peu de calories et sont donc en surpoids, tandis que les Hadza actifs brûlent beaucoup de calories et restent minces et en bonne santé.

Le problème, c'est que cette image est erronée. Des scientifiques ont effectué des mesures et les Hadza ne brûlent *pas* plus de calories par jour que les Occidentaux, alors qu'ils sont beaucoup plus actifs[22].

Vous êtes surpris ? C'est tout à fait normal. Je l'ai été moi aussi la première fois que j'ai entendu cette information. Mais c'est pourtant la vérité : les Hadza ne brûlent pas plus de calories que les Occidentaux.

En fait, en chiffres bruts, l'Occidental moyen brûle même plus de calories par jour que le Hadza moyen. Ceci tient au fait que les corps plus grands requièrent plus d'énergie et que les Occidentaux sont souvent plus grands que les chasseurs-cueilleurs africains. Mais, dès lors que la taille du corps est exclue de l'équation, les résultats sont comparables. Ainsi, un groupe d'Occidentaux et de Hadza de même taille brûle le même nombre de calories par jour, même si les premiers sont des employés de bureau confinés à leurs dossiers et que les seconds sont des chasseurs-cueilleurs actifs en perpétuel mouvement.

Les études qui ont abouti à ce résultat surprenant ont été menées par le biologiste évolutionniste américain Herman Pontzer et ses collègues. Ils ont appliqué une procédure de pointe, appelée « méthode à l'eau doublement marquée », pour mesurer la dépense énergétique chez l'homme et l'animal. Inutile d'entrer dans les détails techniques, mais sachez qu'il s'agit du moyen le plus précis de mesurer la dépense énergétique dont nous disposons à ce jour. Bien plus précis que les trackers de fitness ou autres équipements qui prétendent en faire autant.

Herman Pontzer et son équipe ont utilisé la méthode à l'eau doublement marquée pour mesurer la dépense énergétique de divers groupes humains, depuis les chasseurs de rennes sibériens jusqu'aux agriculteurs d'Amérique latine. Dans tous les cas, il s'avère que la dépense énergétique est à peu près identique, du moins à l'échelle de la population[23]. Il peut y avoir des différences entre les individus, certaines personnes brûlant plus de calories que d'autres, même si elles mesurent la même taille. Mais au niveau de la *population générale*, les résultats sont analogues. Même entre les populations extrêmement actives et celles qui passent la plus grande partie de leur journée en position assise.

L'un des meilleurs exemples des recherches de Pontzer est une étude comparative des métabolismes de deux groupes d'enfants en Équateur. Les uns vivaient dans des tribus amazoniennes, les autres dans des villes très modernes. Dans les villes équatoriennes, environ un tiers des enfants présente une surcharge pondérale, ce qui peut laisser penser qu'ils ne bougent pas assez et qu'ils ne brûlent donc pas beaucoup de calories. Il ne fait aucun doute, après tout, que les enfants des villes sont moins actifs que les enfants des forêts tropicales.

Mais lorsque ces scientifiques américains se sont penchés sur la question, il s'est avéré que les enfants citadins brûlaient quotidiennement autant de calories que les enfants d'Amazonie[24]. Et tout autant que les enfants britanniques et américains, d'ailleurs. Pontzer et son équipe ont même observé ce phénomène chez les animaux : les chimpanzés, les kangourous et les pandas vivant dans des zoos brûlent autant de calories par jour que leurs congénères à l'état sauvage, bien que les animaux des zoos soient beaucoup moins actifs[25, 26, 27].

★

Si vous êtes un peu perplexe, pas de panique. Comment des Occidentaux sédentaires et des Hadza actifs peuvent-ils brûler la même quantité de calories en une journée ? L'activité physique requiert de l'énergie, c'est prouvé. Alors pourquoi cette différence n'apparaît-elle pas dans la dépense énergétique totale ?

La cause semble être un point sur lequel nous reviendrons à plusieurs reprises dans ce livre : notre corps est *dynamique*. C'est une machine capable de s'adapter, qui réagit constamment à son environnement. Dans le cas présent, cette réaction est plutôt fâcheuse.

Voyez-vous, votre corps a évolué dans un environnement de pénurie constante. Il est programmé pour stocker de l'énergie. Ainsi, si vous augmentez votre dépense énergétique quotidienne, par exemple en faisant du sport, votre corps a tendance à compenser en diminuant la quantité d'énergie qu'il déploie par ailleurs[28]. Les athlètes d'endurance de haut niveau en sont la parfaite illustration : ils ont typiquement des niveaux d'hormones sexuelles (comme la testostérone et l'œstrogène) inférieurs aux non-sportifs[29]. En effet, ces athlètes consomment tellement d'énergie au cours de leur activité physique que leur corps commence à négliger d'autres fonctions, telles que la reproduction.

Pour les athlètes féminines particulièrement actives, ce phénomène peut même se traduire par un arrêt des règles.

La même tendance s'observe dans les sociétés de chasseurs-cueilleurs. Non par l'arrêt des menstruations – les chasseurs-cueilleurs n'ont aucun problème de reproduction. Mais, tout comme les athlètes d'endurance de haut niveau, ils ont tendance à présenter des niveaux d'hormones sexuelles inférieurs à ceux des Occidentaux sédentaires[30]. Cette perspective peut rebuter, mais il faut savoir que les cancers hormono-dépendants, comme ceux du sein et de la prostate, sont parmi les formes les plus courantes de la maladie dans les pays développés, où les taux d'hormones sont sans doute beaucoup plus élevés que ceux attendus au cours de l'évolution.

De toute façon, ce n'est généralement pas du côté des fonctions reproductrices que l'organisme cherche à économiser de l'énergie en priorité. Habituellement, il diminue d'abord des sphères moins importantes, telles que les mouvements inutiles. Après avoir pratiqué du sport, vous serez peut-être moins actif le reste de la journée : vous vous lèverez et bougerez moins, vous vous assiérez ou vous allongerez au lieu de rester debout, vous aurez moins la bougeotte ou ne remuerez pas nerveusement votre jambe, une manie assez répandue[31].

Dans l'ensemble, tout ceci implique que les calories que vous brûlez en étant physiquement actif ne se traduisent pas nécessairement par une dépense énergétique quotidienne totale plus élevée. Vous avez peut-être brûlé 400 calories en allant courir, mais si votre corps diminue ensuite sa dépense énergétique dans d'autres domaines, votre dépense totale pour cette journée pourrait n'être supérieure que de 250 calories à celle d'une journée plus calme.

C'est précisément ce qui ressort d'études portant sur des personnes qui font du sport afin de perdre du poids. Dans une étude américaine, les chercheurs ont demandé à quelques jeunes en surpoids de faire du jogging pour se délester de quelques kilos. Le programme de course a été conçu pour que les participants brûlent entre 286 et 430 calories à chaque séance. Mais, même en respectant le programme, leur dépense énergétique quotidienne n'a finalement été supérieure que de 220 calories par jour, par rapport à leur dépense habituelle. Ils ont donc perdu du poids, mais moins qu'escompté[32].

Malheureusement, de telles expériences sont courantes dans les études sur l'exercice physique en vue de la perte de poids. Au début, les participants ont tendance à brûler autant de calories par jour que prévu. Mais plus le temps passe, plus le corps parvient à compenser l'augmentation de l'activité. C'est probablement ce qui explique que les Hadza ne brûlent pas plus de calories que les Britanniques : leur corps a eu toute une vie pour apprendre à compenser leur mode de vie actif.

Ne vous méprenez pas. Je ne dis *pas* que l'activité est inutile si vous souhaitez perdre du poids. Comme nous l'avons vu dans l'étude américaine, les coureurs finissent bien par augmenter légèrement leur dépense énergétique quotidienne. Toutefois, les résultats de l'étude confirment clairement le vieil adage : le sport ne compense pas une mauvaise alimentation.

Bien sûr, si vous êtes suffisamment persévérant, il est possible de déjouer les tentatives de compensation de votre corps par le seul volume d'énergie. Si vous suivez l'entraînement d'un cycliste du Tour de France, par exemple, vous brûlerez tellement de calories que votre corps ne pourra tout simplement pas compenser en diminuant les autres postes de dépense. En outre, les recherches sur la perte de poids indiquent que, si l'exercice physique déçoit souvent en matière de perte de poids, il peut en revanche être déterminant dans la non-reprise de poids. En règle générale, le sport sous toutes ses formes reste l'une des activités les plus saines qui soient. Si vous avez lu mon livre *Pourquoi les méduses ne vieillissent pas*, vous savez ainsi que l'activité physique est l'un des meilleurs moyens de prolonger votre espérance de vie. Elle ralentit le déclin physique lié à l'âge et réduit les risques de développer la plupart des maladies du vieillissement.

Ces réserves étant posées, la question initiale reste entière. Nous avons rendu visite aux Hadza pour savoir si les Occidentaux sont devenus obèses à force de sédentarité. Et la réponse est non. En effet, nous brûlons autant de calories que les populations nettement plus actives. L'épidémie d'obésité est donc causée par un autre phénomène.

Si vous souhaitez davantage de preuves, sachez que nous disposons de données fiables sur les niveaux d'activité physique des dernières décennies. De nombreuses études menées dans les années 1980 et 1990 ont permis de suivre les niveaux d'activité quotidienne de personnes ordinaires. Ces études montrent qu'à l'époque, les gens étaient moins actifs physiquement qu'aujourd'hui[33]. Et pourtant, ils étaient bien plus minces.

Retour à la case départ.

Chapitre 2
Tromper la faim

Nous avons donc écarté la « génétique » comme explication de l'épidémie d'obésité actuelle. En effet, comme nous l'avons constaté, notre patrimoine génétique est identique à celui de nos ancêtres sveltes, et pourtant nous ne cessons de nous alourdir. Toutefois, les gènes peuvent nous donner *certaines* informations sur l'obésité. En effet, même si nous vivons tous dans le même environnement propice à l'obésité – quelle qu'en soit la cause –, nous ne sommes pas tous égaux face à ce phénomène. Dans le passé, nous aurions tous été sveltes sans le moindre effort, mais à l'heure de la modernité, certains d'entre nous deviennent obèses, d'autres prennent de l'embonpoint et d'autres encore restent aussi minces que nos ancêtres. Et *cette* différence comporte une composante génétique. Prenons l'exemple des enfants adoptés. Même s'ils sont élevés dans leur famille d'adoption, leur poids à l'âge adulte est plus étroitement corrélé à celui des membres de leur famille biologique. En d'autres termes, leurs gènes semblent les prédisposer à être ou non sensibles à un environnement propice à l'obésité, indépendamment de leur mode de vie en grandissant[34]. Le même phénomène s'observe chez les jumeaux monozygotes. Ils sont issus d'un seul ovule fécondé qui s'est divisé au cours de son développement. Les vrais jumeaux sont donc génétiquement identiques : ce sont pour ainsi dire des clones génétiques. Dans quelques rares cas, des paires de vrais jumeaux sont adoptés par des familles différentes, ce qui signifie que les mêmes gènes sont exposés à deux environnements singuliers. Toutefois, même en grandissant dans des familles distinctes, les vrais jumeaux ont tendance à se ressembler énormément à l'âge adulte. Il en va de même pour leur poids[35].

Pour comprendre ce mécanisme, les scientifiques ont mené ce que l'on appelle des « études d'association à l'échelle du génome » (ou « étude d'association pangénomique », GWAS en anglais). Il s'agit de vastes études dans lesquelles les chercheurs analysent les gènes de centaines de milliers de personnes et les mettent en corrélation avec divers traits. Par exemple, si certaines variantes génétiques sont plus fréquentes chez les personnes de grande taille que chez les personnes de petite taille, c'est peut-être parce que ces variantes contribuent à la croissance. De même, si certaines variantes génétiques sont souvent présentes chez les personnes obèses, mais pas chez les personnes minces, c'est peut-être parce qu'elles augmentent le risque d'obésité.

Les grandes études d'association à l'échelle du génome ont déjà permis de découvrir plusieurs variantes génétiques qui augmentent ce risque aujourd'hui[36]. Mais elles ne se situent pas sur le genre de gènes auxquels on pourrait naïvement s'attendre. Au premier abord, on pourrait supposer que les gènes les plus importants pour favoriser la prise de poids seraient liés au tissu adipeux ou peut-être au métabolisme ou au stockage de l'énergie. Or, il a été établi que les variantes génétiques qui augmentent effectivement le risque d'obésité sont en grande partie associées au *cerveau*. Les variantes ont tendance à influer sur des caractéristiques telles que le processus de récompense, l'appétit et le contrôle des impulsions.

Tout simplement parce que les humains ne sont pas si différents de nos vieux amis ailés, l'huîtrier pie et le gobemouche à collier du début du livre. Oui, nos cerveaux sont plus gros et nous sommes plus intelligents. Mais nous tombons toujours dans le même piège : les *hyperstimuli*. Les oiseaux peuvent être trompés par des hyperstimuli d'œufs – des versions exagérées de leurs propres œufs, anormalement grands ou colorés. Nous, les humains, sommes trompés par des hyperstimuli *alimentaires*. Il s'agit d'aliments artificiels soigneusement conçus pour appuyer sur tous les bons boutons du circuit de la récompense – la partie du cerveau qui renforce les comportements en procurant des sensations agréables. Notre sensibilité dépend de notre patrimoine génétique. Un morceau de chocolat peut être une belle récompense pour vous, comme pour moi. Mais, si mon cerveau réagit plus intensément que le vôtre, j'aurai plus de risque d'en manger trop et de devenir obèse. De même, si l'alcool procure une récompense plus forte, cette réaction peut prédisposer à boire davantage et à devenir dépendant.

> **Quelle quantité de nourriture avalons-nous ?**
>
> Les scientifiques ont utilisé différentes méthodes pour estimer la quantité de nourriture que l'homme moyen consomme aujourd'hui. Par exemple, certains ont analysé la production alimentaire totale et en ont déduit les pertes et gaspillages estimés[37,38]. Cette méthodologie permet de constater que l'individu moyen actuel ingère beaucoup plus de nourriture qu'auparavant. En fait, l'apport calorique moyen est si élevé qu'il est surprenant que l'épidémie d'obésité ne soit pas encore plus sévère. Cet apport calorique supplémentaire suffit à lui seul à expliquer l'augmentation de notre tour de taille.

★

Imaginez que vous êtes assis sur votre canapé un mardi soir comme un autre. Soudain, une envie vous prend. Est-ce qu'il ne resterait pas un paquet de chips dans le placard ? Il y a aussi des bonbons. Mais non, quand même, pas ce soir… Enfin, après tout ?

Vous vous dites peut-être que c'est une simple bataille intérieure. D'un côté, il y a votre raison et votre volonté, de l'autre, l'envie de vous gaver de 600 calories vides en quelques minutes. Le combat est peut-être rude, mais au moins il est équitable : c'est vous contre vous-même.

En réalité, ce conflit est tout sauf une affaire strictement personnelle. Des milliers d'autres personnes sont impliquées et, malheureusement pour vous, elles jouent toutes dans l'équipe adverse.

Eh oui, l'entreprise qui fabrique les chips et les bonbons n'a qu'un seul objectif : que vous ouvriez *bien* ce sachet rangé dans le placard. Après tout, les industriels de l'alimentation obéissent aux mêmes lois économiques que n'importe quelle autre entreprise. Ils ont une raison d'être : faire gagner de l'argent à leurs actionnaires. Ce qui signifie que votre raison, votre volonté et votre impression de satiété sont les plus grands ennemis du fabricant. Si vous n'ouvrez pas ce paquet dans le placard, il faudra attendre encore un peu avant d'en acheter un autre. Il en va de même si vous n'en mangez qu'une petite quantité à la fois parce que vous êtes rassasié, ou si votre volonté interfère et vous arrête à mi-sachet. Ainsi, le producteur de chips et de bonbons doit réussir à contourner votre maîtrise de soi et votre capacité à vous sentir repu s'il veut gagner toujours plus d'argent.

Bon, vous pensez peut-être que je dramatise un peu. Mais vous seriez surpris de voir tout ce que les industriels de l'agroalimentaire sont prêts à faire pour atteindre leurs objectifs de vente. Les plus grands fabricants de denrées alimentaires disposent de centres de recherche dans le monde entier, où ils emploient des hordes de chercheurs chevronnés et consacrent des *milliards* à l'optimisation méticuleuse des chips, des biscuits et des plats préparés au micro-ondes, comme s'il s'agissait de médicaments qui sauvent des vies ou d'armes de guerre.

Voici le genre de questions auquel ces scientifiques tentent de répondre : quel est l'équilibre optimal entre graisse et sucre ? Peut-on modifier la structure des cristaux de sel afin qu'ils soient les plus agréables possible ? Ce cookie sera-t-il plus appétissant s'il est 2 % plus ferme ou plus mou ? Quel additif stimule le plus l'appétit, le E620 ou le E621 ? Ces chips devraient-elles être d'un jaune un peu plus foncé ? Et la liste est encore longue.

Ces entreprises produisent souvent des milliers de variétés d'un même produit et utilisent des procédures scientifiques sophistiquées pour étudier les réactions des souris et des humains à chaque recette. Certains industriels ont même utilisé des *scanners cérébraux* pour étudier l'effet de leurs produits sur le circuit de la récompense[39].

Difficile de ne pas pouffer de rire devant ce tableau. Imaginez un laboratoire bondé de scientifiques en blouse blanche, au visage sérieux et à l'équipement de haute technologie très onéreux, travaillant d'arrache-pied à la création de la pizza surgelée idéale. D'accord, peut-être que l'expression « tragicomique » est plus appropriée. Car, malgré le ridicule de la situation, le fait est que l'optimisation scientifique des aliments fonctionne précisément comme le souhaitent les industriels. Je parie que vous en avez fait l'expérience dans votre propre corps. C'est ce que vous ressentez lorsque vous prenez une poignée de chips et que vous n'êtes simplement plus capable de vous arrêter. Ce n'est pas le fruit du hasard : c'est conçu exprès.

Ce que font ces entreprises, c'est de la conception d'hyperstimuli. Tout le processus consiste à assembler soigneusement divers ingrédients pour obtenir un produit qui vous rendra accro. Par exemple, la pomme est le fruit d'un pommier. Un steak est le tissu musculaire d'un bovin. Un Oreo®, en revanche, est un amalgame d'ingrédients originaires de plusieurs continents et qui ont été savamment combinés pour susciter une récompense maximale dans votre système de récompense au niveau cérébral. Un Oreo contient du sucre raffiné issu de la canne à sucre, de la farine blanche issue de la mouture du blé, de l'huile de palme extraite des palmiers, de la poudre de cacao produite à partir de fèves de cacao, de la lécithine de soja pour émulsifier le mélange, divers sirops dérivés, par exemple, du maïs, beaucoup de sel et un grand nombre d'additifs pour ajouter de la couleur, allonger la durée de conservation et rehausser la saveur.

Chaque composant d'un Oreo a été transformé d'une manière ou d'une autre, et l'Oreo n'existe que grâce à un long processus industriel. C'est pourquoi un Oreo est également ce que l'on appelle un « aliment ultratransformé ». Ces produits sont généralement reconnaissables à leur longue durée de conservation, à leurs emballages colorés, à leurs noms de marque et à leur longue liste d'ingrédients incompréhensibles pour le commun des mortels. Citons notamment les bonbons, les chips, le chocolat, les glaces, les sodas, les boissons énergisantes, le « fast-food », les plats préparés, les saucisses et les céréales de petit déjeuner.

Vous avez peut-être déjà entendu ce terme d'« aliments ultratransformés » dans les discussions autour des causes de l'épidémie d'obésité. Ce type d'aliment est de plus en plus surveillé, et ce, à juste titre. Mais il est important de souligner que l'expression « aliments ultratransformés » ne rend pas pleinement compte du fléau auquel nous sommes confrontés.

Ce n'est pas parce qu'un aliment a été en contact avec une machine ou a subi une transformation quelconque qu'il devient automatiquement mauvais pour la santé ou qu'il fait grossir. On peut facilement envisager de transformer un aliment sans en faire pour autant un hyperstimulus alimentaire. De fait, il est possible de transformer les aliments pour les rendre *plus sains*, par exemple en supprimant les graisses nocives, en ajoutant des fibres ou en augmentant la teneur en protéines. Nous connaissons déjà des aliments ultratransformés qui sont bénéfiques pour la santé, comme les protéines de lactosérum (la « whey »). C'est le type de protéine le plus souvent utilisé dans les boissons protéinées. La protéine de lactosérum est un composant du lait extrait par des procédés industriels. Ensuite, des édulcorants et des arômes artificiels sont ajoutés, de sorte que la protéine est ultratransformée, quelle que soit la définition du terme retenue. Et pourtant, des études ont montré que l'ajout de protéine de lactosérum à l'alimentation avait des *effets positifs* sur plusieurs marqueurs de santé, tels que la masse musculaire et la masse osseuse, même chez les personnes âgées. Le problème n'est donc pas la transformation en soi, mais la création des hyperstimuli alimentaires, c'est-à-dire la transformation de certains aliments dans le but spécifique de les rendre les plus gratifiants pour le cerveau, afin de vous inciter à en avaler le plus possible. Manger trop entraîne une prise de poids et c'est cet excès de poids – et non la nourriture elle-même – qui est le plus néfaste.

★

Pour se rendre compte de la qualité du travail des industries agroalimentaires, il suffit de se référer à cet excellent exemple fourni par le chercheur américain Kevin Hall et ses collègues, experts de l'obésité.

Pour que l'étude soit menée de façon rigoureuse, ces scientifiques ont sélectionné des Américains ordinaires et les ont isolés pendant quatre semaines dans un centre de recherche où toute la nourriture était servie par les chercheurs. Ces derniers ont ainsi pu suivre l'évolution de la consommation de chacun. Les participants ont été répartis en deux groupes. Le premier s'est vu offrir des aliments ultratransformés, notamment des repas surgelés, des céréales de petit déjeuner et des collations sous emballage. Le second s'est vu servir des aliments non transformés, tels que de la viande, des fruits, des légumes frais et du riz.

Les scientifiques ont tenté de préparer les repas le plus uniformément possible. Il y avait toujours à peu près le même nombre de calories dans les assiettes et les chercheurs ont également veillé à ce que chaque repas contienne à peu près les mêmes quantités de protéines, glucides, lipides, sel, sucre, fibres, etc. Une seule différence entre les deux menus : le premier groupe recevait des aliments conçus par des savants de l'alimentation, et le second des aliments non transformés.

Au cours des quatre semaines qui ont suivi, les chercheurs ont ainsi surveillé les habitudes alimentaires de leurs sujets, en vérifiant régulièrement leur poids et en procédant à des analyses de sang. Les résultats ont permis de comprendre pourquoi nous luttons contre une telle épidémie d'obésité. Tous les participants avaient été informés qu'ils devaient manger jusqu'à satiété et porter des vêtements amples pour qu'il leur soit plus difficile de remarquer une éventuelle prise de poids. Cependant, le groupe à qui on a servi des aliments conçus par des savants de l'alimentation (les aliments ultratransformés) a finalement avalé 500 calories de plus par jour que le groupe qui a ingéré des aliments non transformés[40]. Dans une étude japonaise ultérieure de méthodologie similaire, la différence était encore plus marquée : les participants qui ont consommé des aliments ultratransformés ont ingéré *800 calories de plus par jour*[41]. Ces résultats prouvent que les personnes qui consomment des aliments élaborés par des savants de l'alimentation prennent l'équivalent d'un repas supplémentaire avant de se sentir aussi rassasiées que celles qui consomment des aliments non transformés. Comme attendu, dans les deux études, les participants qui ont consommé des aliments ultratransformés ont pris du poids.

Dans l'étude américaine, on a également remarqué que le groupe qui mangeait des aliments non transformés avait *perdu du poids* au cours de l'expérience. C'est logique puisqu'il s'agissait d'Américains lambda dont on peut supposer qu'ils consomment en temps normal une grande quantité d'aliments ultratransformés. Au départ, ils se situaient donc quelque part entre les deux extrêmes. Lorsque les participants sont passés à une alimentation exclusivement composée d'aliments non transformés, leur appétit a commencé à se réguler, ce qui a été observé non seulement lors des pesées, mais aussi dans les analyses de sang. Ceux qui ont suivi le régime à base d'aliments non transformés ont vu leur taux sanguin de ghréline (l'hormone de la faim) diminuer, et leur taux de PYY (l'hormone de la satiété) augmenter. Voilà qui témoigne de l'impact des aliments ultratransformés sur l'organisme. Les industriels de l'agroalimentaire ont réussi à concevoir des produits qui manipulent les mécanismes internes de notre physiologie.

Voyons comment ils y parviennent.

Les rats aussi adorent les biscuits

Au tout début de l'épidémie d'obésité, les chercheurs ont voulu utiliser des rats et des souris de laboratoire pour comprendre ce qui se passait. Mais ils se sont heurtés à un problème : comment faire prendre du poids aux rongeurs ? Normalement, ces animaux ingèrent une quantité appropriée de nourriture et restent mécaniquement minces. Pour provoquer l'obésité, les scientifiques ont dû tâtonner. Ils ont d'abord tenté le gavage, qui a fonctionné, mais prenait beaucoup de temps et se révélait manifestement cruel. Ensuite, ils ont essayé de donner aux animaux des boulettes de nourriture très riches en graisses. Cette méthode a donné de meilleurs résultats que le gavage, mais elle restait très lente. Enfin, certains scientifiques ont trouvé une solution simple : ils ont commencé à nourrir leurs animaux avec toutes sortes de friandises et collations des supermarchés, comme des chips, des bonbons, des saucisses et des

→

biscuits apéritifs. Dans les cercles scientifiques, ce type de régime a été baptisé « régime cafétéria » et il s'est avéré si efficace que la plupart des petits cobayes ne pouvaient plus s'arrêter de manger et devenaient obèses en quelques semaines seulement[42].

Chapitre 3
L'or blanc

En mars 1493, deux vaisseaux malmenés par les intempéries entrent dans le port de Palos de la Frontera, dans le sud-ouest de l'Espagne. À leur bord, Christophe Colomb et un équipage hétéroclite d'Espagnols de retour de leur première expédition aux Amériques chargés de leur butin. Des indigènes captifs sont assis en silence sur le pont, préfigurant l'histoire meurtrière à venir. Dans la cale se trouvent des plantes et des animaux exotiques que les Espagnols ont soigneusement prélevés au fil de leurs explorations. Lorsque les navires accostent, l'excitation est à son comble. Les fiers marins sautent à terre et exhibent les créatures les plus étranges, tandis que la foule s'agglutine autour d'eux. Les hommes ont des ananas et des perroquets colorés. Et même des dindes, si bien que certains spectateurs craignent sans doute en secret que ce ne soit le diable en personne qui leur rende visite sous la forme d'un oiseau déguisé.

Les périples de Christophe Colomb ont marqué le début de la colonisation européenne des Amériques, avec tous les destins humains qui en résultent : exploration, guerre, migration, esclavage et édification de nations. En revanche, on parle beaucoup moins des répercussions de tous ces autres passagers – les plantes et les animaux qui ont commencé eux aussi à traverser l'Atlantique. L'« échange colombien », comme on surnomme ce transfert biologique, a dispersé les animaux européens sur le continent américain. Dans les plaines d'Amérique du Nord, les tribus autochtones, autrefois sédentaires, adoptent le cheval. Grâce à leur monture, les Amérindiens deviennent de mythiques chasseurs de bisons. Pendant ce temps, les moutons, les porcs, les vaches, les lapins et bien d'autres animaux se propagent dans les coins les plus reculés du continent. Les cochons, en particulier, ont tendance à s'échapper et à s'adapter à la vie en liberté. Aujourd'hui, il y a donc des millions de cochons sauvages à travers les Amériques.

Sur le Vieux Continent, le plus grand retentissement de l'échange colombien a été l'afflux de nouvelles cultures américaines. En quelques siècles, les cuisines nationales d'Europe, d'Asie et d'Afrique sont bouleversées. Les Italiens découvrent les tomates pour la première fois. Les Indiens commencent à incorporer des piments dans leurs currys. Et dans les îles britanniques, l'engouement pour la modeste pomme de terre grandit. Le maïs, les poivrons, les avocats, le cacao, les cacahuètes, les courges, la vanille ainsi que l'ananas déjà cité sont autant d'exemples de productions américaines. Tous ces aliments étaient totalement inconnus des Européens, des

Asiatiques et des Africains il y a seulement quelques centaines d'années.

Le cocaïer est une plante moins connue, mais qui a, elle aussi, traversé l'Atlantique. Présent au Pérou et en Bolivie, ce petit arbre touffu jouait un rôle culturel important grâce à ses feuilles. En mâchant les feuilles de coca, on obtient un léger effet stimulant, traditionnellement indiqué pour prévenir la fatigue, dans le cadre de cérémonies et pour lutter contre tous les problèmes, du mal de l'altitude jusqu'à la faim ou la soif.

Le cocaïer ne s'est pas d'emblée imposé en Europe. Quant aux tomates, elles ont d'abord été considérées comme toxiques et il a fallu l'aval royal et de fortes pressions pour que les agriculteurs se mettent à produire des pommes de terre. Au fil du temps, cependant, les plantes d'Amérique ont fini par conquérir les cœurs et les esprits. Pour la coca, le grand virage est pris en 1855, lorsque des chimistes allemands commencent à faire des expériences avec les feuilles et parviennent à en isoler le composé actif. En d'autres termes, ils découvrent la substance chimique responsable de l'effet énergisant et parviennent à l'extraire.

Les chimistes baptisent la nouvelle substance en référence au cocaïer : la *cocaïne* est née. Dès lors, on se doute bien que l'histoire de cette plante diverge quelque peu de celle des pommes de terre et des tomates.

Il faut savoir qu'au départ, les chimistes allemands souhaitent trouver des applications médicales à leur nouvelle substance. La cocaïne entre effectivement dans la composition de différents médicaments au cours de ses premières années d'existence, mais on ne tarde pas à lui trouver d'autres usages. Il s'avère que la cocaïne pure est un stimulant beaucoup plus puissant que la cocaïne fixée dans les feuilles de coca, et ce pour deux raisons. Premièrement, les feuilles de coca ne contiennent que 1 % de cocaïne, de sorte qu'il faudrait consommer autant de feuilles qu'un éléphant pour approcher la dose aisément obtenue à partir de cocaïne pure. Deuxièmement, la cocaïne pure a un effet plus fort que les feuilles de coca parce qu'elle atteint plus rapidement le cerveau. Lorsque vous mâchez des feuilles de coca, vous consommez non seulement de la cocaïne, mais aussi beaucoup de fibres et d'eau, ce qui retarde l'absorption de la substance par l'organisme. En fin de compte, ce délai se traduit par un ralentissement de l'arrivée de la cocaïne au cerveau. Ce point est important, car nous savons que les substances sont généralement plus gratifiantes – et plus addictives – lorsqu'elles atteignent le cerveau plus vite[43]. Ainsi, les cigarettes sont plus addictives que les chewing-gums à la nicotine parce que la nicotine atteint plus rapidement le cerveau quand on la fume. La nicotine des cigarettes est absorbée par les poumons, un mécanisme plus rapide que l'absorption par les muqueuses de la bouche, comme dans le cas des chewing-gums à la nicotine. C'est également pour cette raison que la cocaïne à sniffer peut être rendue encore plus addictive en la transformant en « crack » à fumer.

Bon, vous vous demandez peut-être quel est le rapport entre la cocaïne et les sujets abordés jusqu'à présent. Je ne voudrais pas que vous deveniez trop paranoïaque quant au contenu de votre réfrigérateur, mais il existe un parallèle frappant entre la cocaïne et les hyperstimuli alimentaires. Les industriels du secteur agroalimentaire utilisent exactement la même astuce pour concevoir des hyperstimuli que les chimistes allemands du XIXe siècle pour développer la cocaïne : ils identifient le composé qui procure du plaisir, l'isolent et en concentrent des quantités astronomiques. Le meilleur exemple de ce procédé est celui d'une autre poudre blanche qui a traversé l'Atlantique en sens inverse.

★

Avant d'atteindre le Nouveau Monde, les explorateurs espagnols et surtout portugais passent un siècle à naviguer de plus en plus loin de chez eux. Ils s'aventurent le long de la côte ouest de l'Afrique, et finalement plongent dans l'océan Atlantique. Au cours de ces voyages, les Espagnols et les Portugais découvrent plusieurs îles, pour la plupart encore inhabitées : Madère, les Canaries, les Açores, les îles du Cap-Vert et São Tomé-et-Príncipe. Les monarques respectifs s'empressent de revendiquer la propriété des îles fraîchement explorées et y envoient des colons chargés de les rentabiliser. Plusieurs stratégies sont testées. Mais rapidement, certains des nouveaux arrivants se rendent compte que les îles de l'Atlantique se prêtent bien à la culture de la canne à sucre – la plante qu'on transforme pour produire du sucre raffiné.

Les Européens connaissent la canne à sucre depuis que les croisés sont revenus du Proche-Orient avec des histoires évoquant un délicieux « sel sucré ». Mais la canne à sucre a besoin d'un climat chaud pour pousser et la production européenne reste donc naturellement limitée. Seules quelques petites poches à l'extrême sud du continent se prêtent à cette culture et le sucre raffiné est si cher qu'il est surnommé « l'or blanc ».

Grâce à la culture de la canne à sucre sur leurs nouvelles îles, les Espagnols et les Portugais réalisent d'importants bénéfices. Mais même si la production européenne de sucre a augmenté, aucune des îles nouvellement exploitées n'est suffisamment productive. Aussi, le sucre reste un produit de luxe réservé à l'élite.

La situation commence à évoluer lorsque Christophe Colomb et son équipage accostent dans le port de Palos de la Frontera avec des récits sur le Nouveau Monde. Les Européens y ont trouvé des terres immenses, parfaites pour la culture de la canne à sucre, et les colons ne tardent pas à s'y rendre. Ils ont entendu parler d'hommes qui ont amassé des fortunes en cultivant le sucre sur les îles de l'Atlantique et veulent avoir leur part du gâteau. Certains immigrants arrivent même directement de ces îles, dans l'espoir de faire fortune aux Amériques. Ainsi, neuf ans seulement après la venue de Christophe Colomb, la canne à sucre est récoltée pour la première fois sur le continent américain. En peu de temps, le sucre devient l'un des principaux produits d'exportation du continent. Au cours des siècles suivants, une lutte acharnée s'engage pour augmenter la production et dominer le marché. La culture de la canne à sucre étant à la fois dangereuse et exigeante en main-d'œuvre, les colons ont du mal à embaucher. Pour répondre à la demande et se remplir les poches, ils recourent à l'esclavage. Cette pratique est évidemment effroyable où qu'elle existe, mais l'esclavage est particulièrement horrible dans les plantations de canne à sucre. Les personnes réduites en esclavage y connaissent le pire sort de toutes celles emmenées de force aux Amériques. Entre 5 et 10 % des travailleurs meurent chaque année et les conditions brutales imposent un renouvellement constant de la main-d'œuvre.

Outre le recours à l'esclavage, les producteurs de canne à sucre réduisent aussi leurs coûts en inventant une multitude de nouvelles méthodes et technologies pour améliorer le rendement et extraire le plus de sucre possible de la canne. Ce mouvement d'optimisation entraîne une baisse drastique des prix du sucre qui, de plus en plus accessible, est alors consommé par une population plus large. Les prix chutent drastiquement lorsque des chercheurs allemands développent ce que l'on appelle aujourd'hui la « betterave sucrière ». Cette plante permet d'obtenir plus facilement du sucre raffiné que la canne à sucre, car elle se passe de la chaleur des tropiques et peut être cultivée en Europe, tout près des consommateurs. À partir de ce moment, le sucre cesse d'être de l'« or blanc » pour devenir l'une des sources de calories les moins chères au monde. Et c'est toujours le cas aujourd'hui. Selon la région où vous habitez, quelques denrées de base, comme le riz ou la farine, coûtent peut-être un peu moins cher. Mais presque tous les autres aliments sont aujourd'hui plus chers par calorie que le sucre raffiné[44]. En plus de son goût irrésistible, le faible prix du sucre nous incite à en consommer *beaucoup*. Le Britannique moyen consomme environ 70 g de sucre ajouté par jour[45] et le Canadien moyen en consomme 85 g[46]. Soit plus d'un dixième de toutes les calories consommées, ou l'équivalent de 17 cuillères à café ou 14 carrés de sucre pur par jour.

★

Les humains ne sont pas les seuls animaux à raffoler du sucre. Certains, comme les dauphins et plusieurs félins, sont incapables de percevoir le goût sucré parce qu'ils n'ont plus de récepteurs gustatifs fonctionnels pour cette saveur. Mais à part ces exceptions, la plupart des animaux ont un petit faible pour les sucreries. Il faut dire que le sucre est une source de calories facile à assimiler et ne requiert pas une digestion intense. Par exemple, 1 g de sucre et 1 g de protéines contiennent tous deux 4 calories. Mais la digestion et l'utilisation des protéines demandent tellement d'énergie que ces étapes rognent 15 à 30 % de la teneur totale en calories[47]. Le sucre, en revanche, ne requiert pas une longue digestion, ce qui en fait une source d'énergie rapide. C'est pourquoi les athlètes aiment consommer des sucres simples lorsqu'ils ont besoin d'un coup de fouet.

Si nous aimons tant les saveurs sucrées, c'est aussi parce que nous sommes les descendants de grands singes mangeurs de fruits des forêts tropicales. Dans les fruits, le goût sucré est un indicateur de maturité et de non-toxicité. C'est pourquoi, pour nos ancêtres, il y a des millions d'années, le goût sucré permettait de choisir les aliments les meilleurs et les plus sûrs.

Aujourd'hui, les fruits sont toujours très prisés, comme en témoigne n'importe quel supermarché moderne. Pourtant, les fruits d'aujourd'hui sont loin de ressembler à ceux que mangeaient nos aïeux. Prenons l'exemple des pêches. Il y a des milliers d'années, les pêches n'étaient pas ces fruits juteux de la taille d'une pomme que nous connaissons aujourd'hui. Les pêches sauvages avaient la taille d'une baie et un goût sec et fade, un peu comme les lentilles. Cependant, dans l'est de la Chine, des arboriculteurs se sont intéressés aux pêchers et ont commencé à les cultiver. Au moment de planter la génération suivante, ils utilisaient les noyaux de leurs meilleurs arbres. Ainsi, les pêches ont été progressivement sélectionnées pour satisfaire les préférences gustatives des arboriculteurs – elles sont devenues plus grosses, plus juteuses et plus sucrées[48, 49, 50]. Il en va de même pour la plupart de nos autres fruits. Par exemple, les ancêtres des pastèques actuelles étaient de petits fruits proches des baies, à la chair verte et amère[51]. Les bananes sauvages ne ressemblent pas du tout aux fruits sucrés que nous connaissons : elles sont petites et amères, avec des noyaux durs.

Ne vous méprenez pas : si nos fruits sont plus sucrés que les fruits « naturels », ils ne sont pas pour autant mauvais pour la santé. Au contraire, les fruits sont bons, car ils constituent une bonne source de vitamines et de minéraux et contiennent des fibres qui nous rassasient. Mais les fruits restent le premier exemple d'un phénomène que nous allons observer à maintes reprises dans les prochains chapitres : les humains modifient leurs aliments pour les adapter à leurs goûts. Et si cette tendance a bien démarré, elle a pris une tournure nettement moins réjouissante.

À notre époque, il est possible de rendre les aliments plus sucrés en utilisant du sucre raffiné. Ce procédé nous a permis d'augmenter le goût sucré à des niveaux inédits. La méthode la plus simple consiste à dissoudre du sucre dans de l'eau et à y ajouter des arômes. Pas besoin de plus pour que des industries multimilliardaires, telles que celles des sodas, du thé glacé, des jus de fruits et des boissons énergisantes voient le jour. Le Britannique moyen boit 117 litres de ces boissons chaque année et c'est la plus importante source de sucre ajouté dans le régime alimentaire britannique. Ce n'est pas seulement un fléau parce que les boissons sucrées empêchent les dentistes du pays de dormir, mais parce qu'elles constituent l'un des moyens les plus efficaces de faire grossir un être humain.

Ces boissons ne procurent pas de véritable sensation de satiété[52]. Comme nous l'avons vu, le corps est en principe capable d'équilibrer son apport calorique. Votre régulation naturelle de l'appétit tient compte de ce que vous avez mangé et ajuste votre faim en conséquence. Ainsi, si vous prenez un déjeuner plus copieux que d'habitude, vous aurez tendance à manger moins au dîner. Malheureusement, les boissons sucrées échappent à ce mécanisme. Dans le cadre de plusieurs expériences, on a servi une boisson sucrée à des sujets qui n'ont par la suite pas diminué la quantité de nourriture consommée au cours d'un repas[53]. La boisson ne fait qu'ajouter des calories additionnelles. Les causes de ce phénomène ne sont pas tout à fait établies, mais les scientifiques ont quelques hypothèses. Tout d'abord, la forte teneur en sucre d'une boisson sucrée est un hyperstimulus qui pousse le circuit de la récompense à en réclamer davantage, même si d'autres régions du cerveau tentent de freiner cette envie. Deuxièmement, la plupart de ces boissons ne contiennent aucune des substances qui nous donnent normalement une sensation de satiété, comme les protéines et les fibres. Enfin, les liquides transitent plus rapidement dans l'estomac. L'estomac possède des récepteurs d'étirement qui évaluent la satiété. Lorsqu'il n'y a plus de place, ils envoient des signaux nerveux au cerveau pour que vous arrêtiez de manger. Toutefois, si des liquides remplissent l'estomac, ils se déversent sans tarder dans les intestins, de sorte que la sensation de satiété se dissipe rapidement.

En tout état de cause, les gens ont tendance à augmenter leur apport calorique lorsqu'ils consomment des boissons sucrées, ce qui cause une prise de poids. L'inverse est également vrai. Les personnes qui arrêtent de boire des boissons sucrées ont tendance à perdre du poids. Dans les deux cas, on observe également les effets secondaires prévisibles sur la santé, notamment sur le taux de cholestérol et la pression artérielle. Par exemple, dans une étude suisse, des chercheurs ont demandé à un groupe de personnes qui ne consommaient habituellement pas de boissons sucrées de commencer à en boire. Au cours de l'expérience, les chercheurs ont procédé à des analyses de sang régulières et, au bout de deux ou trois semaines, ils ont constaté que divers marqueurs de santé évoluaient dans le mauvais sens. Le taux de cholestérol des sujets avait augmenté, tout comme leur pression artérielle et les indicateurs d'inflammation[54].

★

Vous ne serez probablement pas surpris d'apprendre que le sucre est également la pierre angulaire d'autres hyperstimuli alimentaires. Les glaces, les bonbons et le chocolat tirent tous leur attractivité, au moins en partie, de la présence de quantités importantes de sucre ajouté. Curieusement, le phénomène ne s'arrête pas aux aliments sucrés : l'or blanc n'est pas seulement l'ingrédient secret des en-cas et desserts, on en trouve dans pratiquement tous les produits vendus au supermarché.

Lors de mes conférences, j'ai l'habitude d'apporter un petit quiz dont voici l'une des questions : « Lequel de ces produits ne contient pas de sucre ajouté ? »

- La charcuterie
- Le pain complet
- Les haricots rouges en conserve
- Les cigarettes
- Les pâtes

Aucune audience n'a jamais réussi à trouver la bonne réponse. Le plus souvent, on me propose « les cigarettes » – mais je vous assure que s'il y a bien une industrie qui sait comment exploiter toutes les faiblesses du cerveau humain, c'est celle du tabac. Ces géants savent depuis longtemps que l'ajout de sucre aux cigarettes rend la fumée plus savoureuse, ce qui incite les gens à fumer davantage et à remplir les caisses des fabricants de tabac.

Non, la bonne réponse est « les pâtes ». Tous les autres produits contiennent en général du sucre ajouté, même s'ils n'ont pas un « goût sucré ». C'est parce que le contenu des repas ne se ressent pas seulement en bouche. La plupart des animaux possèdent des cellules nerveuses spéciales dans les intestins qui surveillent les aliments qui transitent, et certaines détectent les substances sucrées pour en informer le cerveau[55]. *Quoi que vous ayez mangé un peu plus tôt, c'était délicieux, alors recommencez dès que possible.* Des études sur les rongeurs le montrent : si on injecte des liquides directement dans l'estomac des rats, ils ne peuvent évidemment pas les goûter en bouche. Pourtant, ils finissent quand même par préférer ceux qui contiennent du sucre ajouté56.

Attention, la faible quantité de sucre contenue dans un morceau de pain complet ou dans une boîte de haricots rouges ne doit pas faire peur. On parle ici de petites quantités pour des aliments qui contiennent par ailleurs beaucoup de fibres, de protéines, de vitamines et de minéraux.

Il faut plutôt considérer cet exemple comme une illustration de la capacité du sucre à stimuler l'appétit. Son pouvoir est tel que les entreprises alimentaires sont tentées d'en ajouter un peu à tous leurs produits. Par conséquent, on trouve également de grandes quantités de sucre dans les aliments non sucrés que nous *devrions* limiter. Les chaînes de restauration rapide, notamment, sont bien conscientes de l'effet de l'or blanc sur notre appétit et ajoutent du sucre à pratiquement tous leurs menus. Il y a du sucre ajouté dans la pâte à pizza et la sauce tomate, les petits pains pour hamburgers, les vinaigrettes, le riz pour sushis, la cuisine thaïlandaise, les currys indiens, etc. Tragique démonstration : la Cour suprême d'Irlande a jugé que le pain de mie de la chaîne de restauration rapide Subway® contenait tellement de sucre qu'il ne pouvait légalement être considéré comme du pain[57].

Sucre caché

Certains industriels mentionnent le « sucre » dans la liste de leurs ingrédients, mais ce n'est pas toujours la meilleure tactique de vente. Alors, beaucoup essaient de contourner le problème en utilisant des ingrédients qui ressemblent à quelque chose d'autre, mais qui ne sont en fait que du sucre. Il s'agit notamment du « dextrose », du « glucose », du « saccharose », du « fructose », du « nectar d'agave », du « jus de canne concentré » et de divers « sirops ».

Le moyen le plus sournois pour éviter que le sucre ne figure sur la liste des ingrédients est d'utiliser différents types de « concentrés ». Si, par exemple, vous lisez « concentré de fruits » sur une liste d'ingrédients, vous n'y ferez probablement pas trop attention. Pourtant, le concentré de fruits, c'est juste du sucre. On l'obtient en épluchant d'abord le fruit, ce qui élimine la majorité des vitamines et des fibres. Ensuite, le jus est obtenu à partir de ce qui reste, tout en supprimant la pulpe qui contient les quelques fibres restantes. Enfin, l'eau est évaporée, ce qui ne laisse pas grand-chose d'autre que du sucre. Cette astuce est souvent utilisée dans les en-cas prêts à consommer destinés aux consommateurs soucieux de leur santé, car « concentré de fruits » sonne mieux que le mot « sucre ».

★

Plusieurs maladies sont corrélées à la consommation de sucre. L'une d'entre elles, bien connue, est la formation de caries. En effet, le sucre nourrit une bactérie buccale appelée *Streptococcus mutans*, productrice d'un acide qui ronge les dents. En outre, le type de sucre appelé « fructose » est nocif pour le foie à fortes doses, comme dans le cas des boissons sucrées. Mais la plupart des effets néfastes du sucre sur la santé sont en fait bien plus indirects. Ils tiennent à un facteur simple : le sucre est tout simplement trop savoureux. Rien, ou presque, ne stimule l'appétit humain comme l'ajout de sucre à un aliment, ce qui nous incite à trop manger. Nous prenons alors du poids et c'est l'excès de graisse corporelle qui est responsable de la plupart des problèmes de santé liés à la consommation de sucre : risque accru de diabète et de maladies cardiovasculaires, inflammation chronique et dysfonctionnement métabolique général. Ce n'est donc pas le sucre en lui-même qui est un poison, mais l'excès de calories qu'il nous fait ingérer. Et il existe peut-être une solution à ce problème.

En 1879, le chimiste russe Constantin Fahlberg passe une matinée dans son laboratoire à travailler sur des dérivés du goudron de houille. À l'heure du déjeuner, il sort pour manger un sandwich qu'il a rapporté de chez lui, mais, curieusement, le goût n'est pas celui escompté : le sandwich est sucré. Fahlberg prend une serviette pour s'essuyer la bouche, mais la serviette se révèle encore plus sucrée. Il est déconcerté, puis se rend compte qu'il a oublié de se laver les mains. Le goût sucré provient sans doute de l'un des produits chimiques qu'il manipule.

Comme tout bon scientifique, Fahlberg s'empresse de retourner au laboratoire et commence à goûter un à un chacun de ses réactifs. Heureusement pour lui, il ne tarde pas à trouver le coupable : une molécule que nous appelons aujourd'hui « saccharine » et qui fut le premier édulcorant artificiel[58].

Cette anecdote peut surprendre, mais il se trouve que *tous* les édulcorants artificiels ont été identifiés par hasard. Par exemple, les plus courants aujourd'hui sont l'aspartame et l'acésulfame K. L'aspartame a été découvert à l'origine par le chimiste américain James Schlatter, qui, lors d'une expérience, s'est distraitement léché les doigts pour tourner une page de son manuel de recherche. Quant à l'acésulfame K, il a été mis au jour par le chimiste allemand Karl Clauss qui, dans son laboratoire, s'est aperçu qu'il avait une tache sur son pull et s'est léché le doigt pour la retirer[59].

Toutes ces molécules ont un point commun : elles ne sont pas du sucre, mais ont tout de même un goût sucré. C'est parce qu'elles activent les récepteurs gustatifs de la langue qui perçoivent le goût sucré. Imaginez les récepteurs gustatifs comme des serrures conçues pour être ouvertes par des clés spécifiques sous la forme de sucres. Les édulcorants artificiels sont des molécules dont la forme s'adapte à la serrure, même si elles ne sont pas prévues à cet effet. C'est comme si quelqu'un essayait des millions de clés sur votre porte d'entrée jusqu'à ce qu'il en trouve une qui, par pur hasard, s'adapte à la serrure et la déverrouille.

Dans les deux cas, l'activation des récepteurs gustatifs déclenche un signal nerveux qui part de la langue et atteint le cerveau, où il est perçu comme un goût sucré. Mais voici l'astuce : les édulcorants artificiels ne contiennent que peu ou pas de calories. Nombre d'entre eux sont des substances que notre corps ne sait pas métaboliser, et qui traversent donc notre organisme sans apporter d'énergie. D'autres molécules sont métabolisées, mais utilisées en quantités infimes, et ne fournissent donc qu'un apport calorique négligeable. C'est intéressant, étant donné que l'excès de calories est responsable d'un grand nombre des effets néfastes du sucre. Cette différence s'observe dans l'étude suisse citée précédemment. Vous vous souvenez ? Des chercheurs ont recruté des sujets qui ne buvaient habituellement pas de boissons sucrées et leur ont demandé de s'y mettre. Au bout de deux ou trois semaines, les chercheurs ont constaté que toutes sortes de marqueurs de santé évoluaient dans le mauvais sens : le taux de cholestérol augmentait, ainsi que la pression artérielle et les indicateurs d'inflammation. Dans le cadre d'une étude similaire, les chercheurs ont également demandé à des individus qui ne buvaient pas de boissons sucrées de commencer à boire des sodas *light* (ou allégés, c'est-à-dire contenant des édulcorants artificiels). Les résultats ont été tout à fait différents. Lorsque les non-buveurs de boissons sucrées se sont mis à consommer des boissons *light*, aucun marqueur de santé n'a changé – ni aucun autre marqueur d'ailleurs. Les buveurs de boissons sans sucre (mais avec édulcorants) ont en fait présenté des marqueurs de santé comparables à ceux qui s'en étaient tenu à l'eau tout au long de l'étude[60]. Dans le cadre d'autres études, des chercheurs ont également analysé ce qui se passe lorsque les buveurs réguliers de boissons sucrées passent à des boissons allégées. Les marqueurs de santé et le poids s'en trouvent améliorés. En fait, les progrès sont aussi considérables que lorsque les chercheurs demandent aux buveurs habituels de boissons sucrées de ne plus boire que de l'eau[61, 62].

Bien sûr, ces études ne suffisent pas à conclure que les boissons light sont aussi bonnes pour la santé que l'eau. En revanche, il est *possible* d'affirmer que les versions allégées (sans sucre, mais avec des édulcorants) sont nettement plus saines que les versions contenant des sucres. Certains pourraient protester : les édulcorants artificiels n'ont-ils pas mauvaise presse ? C'est vrai. L'aspartame, en particulier, fait souvent l'objet de critiques, mais celles-ci sont fondées sur des données scientifiques erronées. En effet, il s'agit souvent d'études isolées sur des cultures cellulaires ou des rongeurs et impliquant d'énormes quantités d'aspartame[63].

Regardons plutôt ce qui se passe lorsque vous ingérez de l'aspartame, par exemple quand vous buvez un soda *light*. La première interaction de l'aspartame avec votre corps a lieu dans votre bouche. Comme nous l'avons vu, cet édulcorant active les récepteurs gustatifs sur votre langue, ce qui vous fait donne l'impression d'une saveur sucrée. Il est ensuite avalé, passe par l'estomac et atteint les intestins où il est digéré par des enzymes, comme la plupart des autres produits que vous ingérez. La digestion dégrade alors l'aspartame en trois molécules distinctes : l'acide aspartique, la phénylalanine et le méthanol[64]. Ce sont ces molécules-là qui sont effectivement absorbées par votre corps, et non l'aspartame lui-même. Autrement dit, l'aspartame lui-même ne peut que théoriquement causer des perturbations dans le tube digestif. Tout effet néfaste à l'intérieur de votre corps serait dû à l'acide aspartique, à la phénylalanine ou au méthanol. Voyons donc ce qu'il advient de ces trois éléments une fois qu'ils ont pénétré le corps, point par point.

Tout d'abord, l'acide aspartique est un acide aminé que votre corps peut produire lui-même et qui est également présent en abondance dans presque tous les aliments. L'aspartame contenu dans un seul soda *light* libère environ 80 mg d'acide aspartique. Au cours d'une journée normale, une personne moyenne en consomme environ 6 500 mg, ce qui signifie qu'un soda *light* n'en représente qu'un peu plus de 1 %. Il est donc tout simplement impossible que l'acide aspartique issu de l'aspartame provoque le moindre souci de santé.

Ensuite, la phénylalanine. C'est un autre acide aminé, mais que le corps ne produit pas lui-même. La phénylalanine est donc ce que l'on appelle un « acide aminé essentiel » : il faut le puiser dans son alimentation pour survivre. Heureusement, c'est une inquiétude purement théorique, car la phénylalanine est en fait présente en abondance dans presque tout ce que l'on mange. Un soda *light* contient 100 mg de phénylalanine, mais en moyenne vous consommez 3 400 mg de phénylalanine par jour en ingérant d'autres aliments, de sorte que la phénylalanine contenue dans un soda *light* représente environ 3 % de l'apport quotidien. Là encore, impossible que son absorption nuise à votre santé. Pour preuve, un seul verre de lait contient 13 fois plus d'acide aspartique qu'un soda light et 6 fois plus de phénylalanine.

Il nous reste donc le dernier produit de dégradation de l'aspartame : le méthanol. C'est le seul composé qui pourrait théoriquement nuire à votre organisme. Le méthanol est un alcool et, tout comme son cousin l'éthanol, il est toxique en cas d'ingestion en grande quantité. Le danger réside dans la décomposition du méthanol dans le foie : il est transformé en un produit appelé « formaldéhyde », qui peut endommager les protéines, l'ADN et d'autres molécules. Toutefois, la quantité de méthanol contenue dans un soda *light* est minime : environ 20 mg par canette. À titre de comparaison, un seul verre de jus d'orange en contient 2 à 3 fois plus. Même une pomme en contient davantage. En général, tous les fruits et légumes contiennent un peu de méthanol et c'est tout à fait inoffensif. Notre foie s'en accommode facilement en faibles quantités. Si vous souhaitiez consommer une dose d'aspartame susceptible de causer des dégâts en raison de sa teneur en méthanol, il vous faudrait boire au moins 14 canettes par jour. Ce chiffre intègre déjà une marge de sécurité très prudente, de sorte que la limite réelle est probablement bien plus élevée.

L'autre édulcorant artificiel fréquemment utilisé, l'acésulfame K, se révèle encore plus facile à comprendre. Il n'est pas digéré, mais absorbé tel quel. Il passe ensuite dans le sang pendant un certain temps avant d'être excrété dans l'urine. Lors de son passage dans la circulation sanguine, il ne semble interagir avec aucune substance. Du moins, il n'y a pas d'effets visibles sur les marqueurs sanguins.

Il en va de même pour de nombreux autres édulcorants artificiels, mais pas tous. Certains ne sont pas du tout absorbés par l'organisme, ce qui signifie qu'ils arrivent dans le côlon, où se trouvent la plupart de nos bactéries intestinales. Cette rencontre peut induire une variation de la quantité de diverses espèces bactériennes, ce qui peut s'avérer préjudiciable et provoquer des maux de ventre[65]. Toutefois, même dans ces circonstances, il est prouvé que les édulcorants artificiels restent préférables aux grandes quantités de sucre raffiné qu'ils remplacent souvent. Bien entendu, l'eau ou l'absence d'édulcorant est encore meilleure en général.

D'après mon expérience, cette réalité provoque une colère irrationnelle chez certains. C'est peut-être la notion d'« artificiel » qui incite à croire que les édulcorants artificiels sont néfastes. Mais s'il n'est pas toujours pertinent de considérer que tout ce qui est naturel est bon pour la santé, je peux aussi vous assurer qu'il n'y a absolument rien de naturel à ingurgiter de véritables bonbons liquides.

Les opposants aux édulcorants artificiels sont peut-être victimes d'un puritanisme intérieur, qui leur souffle que tout ce qui est agréable est forcément mauvais pour la santé. Pourtant, il arrive parfois que tout le monde soit gagnant, et c'est une leçon importante à retenir pour la suite de ce livre. L'idée, ce n'est pas que le plaisir est toujours dangereux et qu'il vous tuera si vous y succombez. Non, le problème que ce livre tente de dénoncer, c'est que les substances et les expériences qui procurent une vive récompense ont tendance à inhiber nos mécanismes de contrôle naturels, ce qui entraîne une surconsommation. Si nous pouvons éviter la surconsommation, tout ira bien. Ou alors, il faut identifier les conséquences négatives de la surconsommation et les supprimer, ce qui est tout aussi efficace.

La confusion autour des calories

La calorie est une unité de mesure de l'énergie. Selon la définition, une calorie est la quantité d'énergie nécessaire pour élever la température de 1 g d'eau de 1 °C dans des conditions de pression atmosphérique. Toutefois, notre usage de cette notion dans ce livre est techniquement erroné, et il en va de même dans la vie quotidienne. Les « calories » figurant sur les étiquettes des produits alimentaires et celles dont nous parlons ici sont en fait des « kilocalories ». En d'autres termes, il s'agit en réalité de milliers de calories, tout comme les kilomètres sont des milliers de mètres. Ainsi, une pomme ne contient pas 80 calories, mais 80 000 calories. Mais peu importe, car vos besoins énergétiques ne sont pas non plus de 2 000 à 3 000 calories, mais de 2 000 000 à 3 000 000 de calories.

Certaines personnes tentent de remédier à ce malentendu en écrivant « kcal », tandis que d'autres essaient au moins d'indiquer qu'elles sont conscientes du problème en mettant une majuscule au mot « Calories ». Dans ce livre, j'ai choisi d'entretenir la confusion en écrivant simplement « calories », en espérant que le monde me pardonnera.

Chapitre 4
Le jeûne du lapin

Pendant la Seconde Guerre mondiale, l'armée américaine distribue un guide de survie à ses équipages aériens, contenant l'avertissement suivant : « Ne vous limitez en aucun cas à un régime de viande de lapin, même s'ils sont présents en abondance dans la région où vous êtes contraints d'atterrir. Un régime continu à base de lapin provoquera un jeûne du lapin – la diarrhée commencera au bout d'une semaine environ et la prolongation de ce régime PEUT MENER À LA MORT[66]. »

« Mort des suites d'un jeûne du lapin » ne sonne pas très bien dans un éloge funèbre, alors tenez-vous-le pour dit.

Bon, inutile de vous affoler si on vous propose un ragoût de lapin. La viande de lapin n'est ni toxique ni mauvaise pour la santé. Mais il ne faut pas se nourrir *exclusivement* de lapin. En effet, les humains ont besoin d'un peu de graisse dans leur alimentation et les lapins sont tout bonnement trop maigres.

Voyez-vous, comme tous les autres animaux, les lapins n'ont pas particulièrement envie d'être mangés. Toutefois, ils n'ont ni cornes, ni griffes acérées, ni taille imposante pour repousser les prédateurs. La stratégie de survie des lapins repose plutôt sur la difficulté à les capturer : leurs yeux, situés de part et d'autre de la tête, leur permettent d'avoir un champ de vision de près de 360 degrés. Ils ont également d'immenses oreilles qui enregistrent les moindres bruits et peuvent pivoter sur elles-mêmes pour en repérer la provenance exacte. Enfin, les lapins sont plus rapides et meilleurs acrobates que la grande majorité des autres espèces. Ils changent de trajectoire en un instant et sautent à une hauteur plusieurs fois supérieure à celle de leur corps. Toutes ces prouesses physiques imposent aux lapins d'être maigres. Chaque gramme de graisse en trop peut faire la différence entre s'enfuir de justesse et finir au menu d'un autre. La viande de lapin contient donc seulement 1 à 2 g de graisse par portion de 100 g, ce qui en fait donc l'un des animaux les plus maigres au monde. Mais d'autres espèces sauvages sont aussi étonnamment minces. Par exemple, si vous vous nourrissez exclusivement de caribou pendant certaines périodes de l'année, vous risquez de souffrir du jeûne du lapin – qu'on appelle aussi, assez logiquement, « le mal du caribou ».

Les animaux maigres à l'état sauvage sont très différents des animaux dont nous consommons la viande au quotidien. Cela ne saute peut-être pas aux yeux, mais nos bêtes d'élevage sont plutôt corpulentes. Dans certains cas, cela s'explique par un régime alimentaire inadapté et à des conditions de vie déplorables. Pourtant, même lorsqu'ils sont élevés à l'air libre et qu'ils ont de l'espace pour bouger, nos animaux conservent beaucoup plus de graisse corporelle que leurs ancêtres sauvages. Les porcs, par exemple, sont plus gros que les sangliers, même lorsqu'ils sont élevés en plein air[67]. Les vaches ont aussi plus de graisse corporelle que leurs cousins, les bisons[68].

Ça vous rappelle quelque chose ? Allez, un petit indice :

Les pêches.

Tout comme notre goût pour le sucré a transformé les anciennes pêches, qui ressemblaient à des lentilles, en gros fruits juteux et sucrés, nos préférences innées ont façonné nos animaux d'élevage. Depuis que nous avons commencé à domestiquer diverses espèces animales, nous sélectionnons les spécimens qui présentent les caractéristiques que nous aimons. Nous avons ainsi obtenu des animaux beaucoup plus paisibles et faciles à maîtriser que leurs cousins sauvages. Songez à la différence entre un cochon docile et un sanglier agressif. Mais au fil de la domestication, nous avons également modifié la physionomie des animaux d'élevage en fonction de nos goûts – en l'occurrence, de notre amour pour le gras.

Nous avons un faible pour les graisses parce qu'elles constituent la source d'énergie la plus concentrée parmi les trois macronutriments de notre alimentation : les lipides (graisses), les protéines et les glucides. Les glucides et les protéines contiennent 4 calories par gramme, tandis que les lipides en contiennent 9. Voilà pourquoi les graisses étaient si précieuses pour nos ancêtres, qui vivaient pratiquement tous avec la peur de manquer de nourriture. Imaginez, par exemple, deux hommes de l'âge de pierre. L'un d'eux raffole des noix, tandis que l'autre adore le céleri. Les noix sont riches en lipides et constituent donc une source concentrée de calories, ce qui n'est pas le cas du céleri. En fait, il faudrait 1 kg entier de céleri pour obtenir la même quantité de calories qu'une petite poignée de noix. Ainsi, un homme de l'âge de pierre se tirerait une balle dans le pied en préférant le céleri aux fruits à coque.

Une telle préférence l'exposerait à un risque accru de famine et tout descendant ayant hérité de ce trait ne s'en sortirait pas très bien non plus. Au contraire, la quête de sources caloriques concentrées était une stratégie gagnante pour nos ancêtres. En plus d'éviter la disette, cette approche leur permettait d'utiliser très judicieusement toutes les calories excédentaires, en laissant énormément grossir leur cerveau, par exemple. C'est pour cette raison que nous aimons le fromage (comme beaucoup d'autres animaux d'ailleurs).

Les mécanismes physiologiques qui sous-tendent notre goût pour les graisses sont un peu plus opaques que ceux qui régissent notre goût pour le sucré. Le « gras » ne fait pas partie des cinq saveurs officielles : sucré, acide, salé, amer et umami. Mais des études récentes suggèrent que nous pourrions également avoir des récepteurs gustatifs spécifiques aux lipides[69]. Quoi qu'il en soit, les spécialistes de l'alimentation s'accordent à dire que nous détectons aussi la présence de graisse dans notre bouche grâce à ce que l'on appelle la « sensation en bouche ». Pensez à la différence entre une crêpe au lait et une crêpe à l'eau. Le porridge au lait a une texture plus riche et plus crémeuse, bien plus satisfaisante en bouche, mais le pourquoi de cette différence n'est pas encore parfaitement élucidé.

Notre appétence pour le gras n'est cependant pas uniquement liée à ce qui se passe dans la bouche. Tout comme nous l'avons évoqué pour le goût sucré, des neurones présents dans notre intestin détectent la présence de lipides dans les aliments consommés et en informent le cerveau[70]. Aussi est-il difficile de tromper l'organisme avec des aliments allégés en matières grasses. Les industriels parviennent souvent à imiter la « sensation en bouche » des matières grasses avec des ingrédients de texture similaire. Mais les neurones de l'intestin ne se laissent pas si facilement berner. Ils détectent que la version allégée contient moins de graisses et moins de calories. Lorsque cette information est retransmise au cerveau, nous finissons par préférer la version grasse, même si les deux aliments ont par ailleurs un goût identique[71].

★

Les matières grasses sont utilisées dans la plupart des hyperstimuli alimentaires. Mais la catégorie à laquelle tout le monde pense quand on parle de gras, c'est la malbouffe. Prenons l'exemple d'un hamburger de fast-food : viande grasse, fromage gras, bacon gras et sauces grasses.

Je ne vais pas défendre les chaînes de restauration rapide dans cet essai – elles sont incontestablement d'excellents exemples du recours à des savants de l'alimentation pour manipuler les clients et les inciter à manger plus que de raison. Mais cette obsession du fast-food dans certains milieux permet à d'autres secteurs de l'industrie alimentaire de passer relativement inaperçus alors qu'ils utilisent exactement les mêmes stratagèmes. Par exemple, dans une étude de grande envergure, un groupe international de chercheurs a comparé le bilan calorique de la restauration rapide et celui des restaurants traditionnels – vous savez, ceux où l'on s'assied à une table et où un serveur apporte le repas. Comme la plupart des gens, vous pensez probablement que les plats servis dans les restaurants sont plus sains que ceux des chaînes de restauration rapide. C'est du moins ce que je me disais jusqu'à présent. Au restaurant, il y a généralement des légumes dans l'assiette et les aliments ont l'air *moins* gras. Mais, paradoxalement, cette grande étude internationale a révélé que la plupart des repas pris au restaurant contenaient *plus* de calories qu'un repas typique dans un établissement de restauration rapide[72].

En effet, les restaurants, à l'instar des chaînes de restauration rapide, se livrent une concurrence acharnée. Difficile de gagner cette bataille si on refuse de recourir à toutes les armes à sa disposition. Si un restaurant tient à ce que ses clients reviennent, il doit rivaliser sur tous les aspects du goût, y compris les « bon marché », notamment en utilisant de grandes quantités de matières grasses. Si vous connaissez un chef de restaurant, demandez-lui quelle quantité de beurre il utilise pour cuire un steak. Voilà pourquoi le goût est meilleur qu'à la maison. Bien sûr, les restaurants ajoutent également du sucre pour rendre leurs plats plus savoureux. Mais il s'avère que l'utilisation de matières grasses supplémentaires est particulièrement ingénieuse.

Des études montrent en effet que nous évaluons généralement assez bien la teneur en sucre des repas lors d'un test à l'aveugle. En revanche, notre évaluation de la teneur en matières grasses est souvent inexacte[73]. Les chercheurs peuvent doubler la quantité de lipides dans un plat sans que les participants à l'étude remarquent la moindre différence – du moins, consciemment. Comme nous l'avons vu, c'est l'intestin qui joue les arbitres et nous oriente vers le plat le plus gras.

En outre, « l'ajout de gras » et « l'ajout de sucre » sont des astuces complémentaires. Quand on ajoute du sucre à un aliment sans en modifier la teneur en graisses, les gens ont tendance à le trouver moins gras qu'auparavant[74]. Autrement dit, il suffit d'ajouter du sucre pour qu'un aliment semble moins « gras ». Cette ruse est également utile parce que la combinaison de la graisse et du sucre est extrêmement satisfaisante, tant pour les animaux que pour les êtres humains. C'est la formule magique de presque toutes nos gourmandises préférées. Par exemple, en plus du sucre, la crème glacée contient des matières grasses contenues dans la crème. Le chocolat contient du gras provenant des fèves de cacao. Les gâteaux contiennent des lipides sous forme de beurre ou d'huile, et ainsi de suite. Personne ne sait exactement ce qui rend la fusion des graisses et du sucre si irrésistible. En fait, elle n'existe quasiment pas dans la nature. On trouve des aliments naturels riches en sucre, comme le miel, ainsi que d'autres, riches en graisses, comme les noix. Mais aucun ne réunit les deux.

Si cette association fonctionne si bien, c'est peut-être tout simplement parce que les êtres humains aiment marier différents stimuli agréables. Nous mangeons des bonbons devant un film, nous buvons de l'alcool en dansant sur de la musique et nous organisons nos relations sociales autour d'un bon repas. Néanmoins, il existe une autre explication possible à notre goût pour le mélange de gras et de sucre. Il n'est pas tout à fait vrai qu'aucun aliment naturel ne combine des niveaux élevés de l'un et de l'autre. Il y en a un qui fait précisément ça…

Le lait maternel.

Dans le lait maternel, environ 55 % des calories proviennent des lipides, 40 % des glucides (sous forme de lactose, également appelé « sucre du lait ») et 5 % des protéines[75].

Ces proportions sont étonnamment proches de celles de toutes sortes de collations vendues en supermarché.

Prenons quelques exemples et classons-les en fonction du pourcentage de calories apportées par les lipides, les glucides et les protéines :

Lait maternel	55	40	5
Chocolat	50	45	5
Crème glacée	50	45	5
Viennoiserie (danoise)	50	45	5
Beignet	50	45	5
Gougères au fromage	55	40	5
Chips	55	40	5

Dans certains cas, les glucides sont principalement apportés par le sucre (comme dans le lait maternel), mais parfois aussi par l'amidon, par exemple dans les chips, ou par un mélange comme dans divers gâteaux. En tout état de cause, cette proportion spécifique de calories ne se retrouve pas dans la nature en dehors du lait maternel. Les haricots rouges, par exemple, sont composés de 5:70:25 et le steak de 50:0:50.

Je ne dis pas que les savants de l'alimentation ont délibérément cherché à reproduire le ratio calorique du lait maternel. Ils ont simplement optimisé l'appétence de leurs aliments de leur côté et ont abouti au même résultat. Le perfectionnement des hyperstimuli alimentaires est surnommé la recherche de « points de félicité », c'est-à-dire de combinaisons qui procurent un plaisir optimal à l'animal de laboratoire ou au participant à l'étude sur l'homme. Si on s'écarte du point de félicité dans n'importe quelle direction (plus de lipides/moins de glucides ou moins de lipides/plus de glucides), l'aliment perd de son intérêt. Nous ne pouvons que spéculer sur les raisons pour lesquelles ce rapport fonctionne si bien, mais voici une hypothèse : à quelle période de votre vie gagneriez-vous le plus à avoir un appétit vorace ? Pas à l'âge adulte, quand les calories excédentaires ont tendance à être stockées sous forme de graisse. C'est plutôt quand on est encore bébé qu'un grand appétit est essentiel. Les bébés brûlent 50 % de calories en plus que les adultes, à taille équivalente[76]. Pourquoi ? Parce que les corps plus petits perdent plus facilement de la chaleur et que les bébés ont besoin de grandir. Ils ont donc besoin de manger relativement plus. Ainsi, il ne serait pas si étonnant de supposer que notre cerveau réagit à la composition calorique du lait maternel par un regain d'appétit. Ce phénomène ne devient problématique que lorsqu'il se manifeste plus tard dans la vie, quand l'excès de calories ne peut plus guère favoriser que la croissance de votre tour de taille.

Chapitre 5
Le point commun entre le parachutisme et le sel

Il fait chaud en cette matinée de février dans la ville namibienne de Swakopmund. Une minuscule bande d'asphalte miroite sous le soleil du désert, et un avion à hélice branlant décolle à toute vitesse. L'appareil n'est pas en très bon état. Il lui manque la porte droite et la plupart de ses hublots ne sont maintenus en place que par du ruban adhésif. Inexplicablement, il y a à bord deux jeunes Danois, l'un déguisé en singe et l'autre en girafe.

Le singe, c'est moi, et la girafe, c'est mon ami Lars. Au cours d'un voyage à travers l'Afrique, nous nous sommes encouragés mutuellement à faire un saut en parachute, et nous apprenons maintenant à quel point une demi-heure peut sembler longue. Il s'avère que l'ascension d'un avion à hélice détraqué prend un temps déconcertant.

Avant l'ascension, nous n'avions peur de rien (d'où nos costumes ridicules), mais alors que Swakopmund disparaît loin sous nos pieds, le silence tombe dans la cabine.

Au moins, la vue est belle. En bas, les dunes orange du désert du Kalahari rencontrent l'océan Atlantique le long de ce que l'on appelle la « côte des squelettes », ou la « terre que Dieu a faite en colère », selon le peuple San local – la vue est spectaculaire.

J'oublie brièvement la chute libre qui nous attend, mais ma rêvasserie ne dure pas. Un fort accent à la Arnold Schwarzenegger fend le vacarme assourdissant du moteur.

Deux minutes.

Nous revoyons une dernière fois les protocoles de sécurité.

Lars est le plus proche de la porte et son regard se porte vers les quelques kilomètres qui nous séparent du sol.

Prêt ?

Je n'entends même pas sa réponse. En une fraction de seconde, un grand adolescent danois est aspiré par la porte disparue de l'avion, comme un grain de poussière happé par un aspirateur.

Puis c'est mon tour.

Prêt ?

À ce jour, je ne sais toujours pas si j'ai eu le temps de répondre.

★

Jusqu'à présent, nous avons fait la connaissance de deux des membres de la Sainte Trinité des hyperstimuli alimentaires : le gras et le sucre. Il nous manque *le sel*. Certains estiment que le sel devrait en fait occuper la première place du podium dans le domaine des aliments industriels. En effet, on peut trouver des aliments industriels sans sucre ajouté ou même sans trop de matières grasses.

Mais il est difficile de dénicher des aliments fabriqués par des industriels agroalimentaires qui ne contiennent pas suffisamment de sel pour dégivrer une autoroute scandinave en plein hiver.

Les industriels adorent le sel, car c'est un peu l'ingrédient miracle de la fabrication d'aliments en usine. Il augmente la durée de conservation, améliore l'aspect et la texture des aliments et, surtout, leur donne un meilleur goût, ce qui incite les consommateurs à en acheter toujours plus.

Notre préférence pour le salé remonte aux premiers animaux qui ont abandonné l'océan pour venir s'installer sur la terre ferme. Au cours de notre longue évolution sous-marine, le sel était largement disponible. Les animaux exploitaient cette ressource en intégrant le sel à de nombreuses fonctions physiologiques essentielles, comme la transmission nerveuse ou la contraction musculaire. Mais en arrivant sur la terre ferme, le sel s'est soudainement raréfié. À cette étape de l'évolution, les processus physiologiques avaient déjà tellement besoin de sel pour fonctionner qu'il était impossible de reprogrammer le tout en s'en passant.

C'est pour cette raison que les animaux terrestres doivent chercher du sel dans leur régime alimentaire pour survivre. Pour motiver cette quête de sel, nous avons développé des papilles gustatives pour les goûts salés, qui nous conduisent à aimer les aliments qui en contiennent. Les herbivores apprécient particulièrement le sel, car les plantes en renferment moins que la viande. C'est pourquoi les herbivores, du mouton à l'éléphant, se régalent de sel pur. Nous autres, humains, n'allons pas aussi loin, mais nous sommes toujours instinctivement attirés par les saveurs salées afin d'assurer le bon fonctionnement de notre organisme.

Est-ce que ça veut dire que les industriels de l'agroalimentaire nous rendent service en ajoutant des tonnes de sel à tous leurs produits ? En fait, physiologiquement, nous avons besoin d'environ 0,5 g de sel par jour pour survivre. Nos ancêtres chasseurs-cueilleurs en consommaient environ 1,7 g par jour[77]. À l'heure actuelle, l'apport quotidien moyen en sel pour un Occidental est d'environ 9 g[78, 79]. Certains en mangent même 2 fois plus. En d'autres termes, l'Occidental moyen absorbe une quantité de sel qui pourrait suffire à couvrir les besoins physiologiques d'une famille nombreuse. Toutefois, ce n'est pas parce que les gens se jettent sur leur salière de table. La plupart du temps, le sel que nous ajoutons nous-mêmes à nos aliments ne représente qu'une part infime de notre consommation totale. En fait, la majeure partie du sel présent dans le régime alimentaire de la population actuelle provient des aliments transformés. Une fois de plus, les coupables ne sont pas toujours évidents. Rappelez-vous que le sucre ajouté ne se trouve pas uniquement dans les aliments sucrés et que nous sommes incapables d'estimer la quantité de gras présente dans un plat. Il en va de même pour le sel ajouté, qu'on ne retrouve pas seulement dans les aliments qui ont un goût salé. Le fromage, la charcuterie et les vinaigrettes peuvent facilement contenir autant de sel que les chips et les frites. Même les aliments peu transformés contiennent souvent du sel ajouté. Prenons l'exemple du blanc de poulet. Au supermarché, on se dit qu'une barquette de blanc de poulet, c'est juste de la viande coupée, emballée et expédiée en rayon. Mais dans certains pays, comme les États-Unis, les producteurs industriels de poulet utilisent souvent une technique appelée « support » ou *plumping*, qui consiste à injecter une solution saline dans la viande. Cette technique lui donne un aspect plus dodu et plus lourd. Elle en améliore également le goût, car l'eau s'évapore lors de la cuisson du poulet, et le sel, lui, reste.

★

Comme vous l'avez sûrement deviné, j'ai réussi à atterrir en un seul morceau après mon saut en parachute. Plus tard, j'ai discuté avec l'instructeur et je lui ai demandé ce qu'il ressentait lors d'un saut en parachute. « Oh, ça fait longtemps que je n'ai pas eu cette drôle de sensation dans les tripes, m'a-t-il répondu. Pour moi, sauter d'un avion, c'est à peu près aussi effrayant que de faire un tour en voiture. »

Il peut sembler fou de parler d'une chute libre de plusieurs kilomètres avec autant de désinvolture. Pourtant, cela n'a rien d'étrange ni même d'inattendu. Après tout, nous avons appris que le corps est une machine qui sait très bien s'adapter. C'est *particulièrement vrai* pour le cerveau, qui se plie sans mal à tous les stimuli auxquels nous sommes exposés – même les plus extravagants, comme de sauter d'un avion.

La première fois que vous sautez en parachute, votre corps déclenche une poussée d'adrénaline, suivie d'une montée d'endorphines dans votre cerveau qui renforce la sensation d'euphorie. Mais si vous sautez encore et encore – comme mon instructeur –, votre corps va lentement atténuer sa réaction. Jusqu'à ce qu'un jour, le saut en parachute vous semble comparable au petit trajet que vous faites en voiture pour aller au travail le matin.

Ce phénomène s'appelle la « désensibilisation » et c'est l'un des concepts les plus fondamentaux de cet ouvrage. En résumé, la désensibilisation est la perte de sensibilité face à un stimulus auquel nous sommes exposés à maintes reprises. Le système de récompense du cerveau réduit alors lentement sa réaction lors de la répétition d'une activité gratifiante. La désensibilisation explique pourquoi les hommes d'affaires fortunés se lassent régulièrement de leurs manoirs et de leurs grosses cylindrées, alors que d'autres personnes s'extasient devant leur premier studio ou une Opel Corsa neuve. C'est aussi la raison pour laquelle les amateurs de sensations fortes sont constamment à la recherche d'aventures plus ambitieuses et plus audacieuses. Ce processus est également bien connu des toxicomanes : ils commencent par prendre une petite quantité d'une drogue donnée, qui leur procure une sensation d'euphorie incroyable.

La dose continue de faire effet plusieurs fois, mais la désensibilisation finit par s'installer. Le toxicomane doit alors soit augmenter sa dose, soit passer à une substance plus forte pour retrouver la sensation de la première défonce.

La désensibilisation joue également un rôle majeur dans l'épidémie d'obésité. Prenons l'exemple de la crème glacée : autrefois, elle était vendue sous forme de parfums uniques, tels que vanille, chocolat et fraise. Aujourd'hui, on peut acheter des glaces comme celles de Ben & Jerry's®, qui ne sont plus seulement des glaces à la vanille, mais des glaces à la vanille accompagnées de coulis de caramel, de pépites de chocolat et de pâte à biscuits (la fameuse « cookie dough »). Ou encore avec des morceaux de brownie, du beurre de cacahuète et des marshmallows. Ce sont des *bombes* à hyperstimuli. Par sa teneur élevée en sucre et en matières grasses, la glace à la vanille constitue déjà un hyperstimulus. Mais elle fait pâle figure à côté de la diversité et de la densité calorique d'un pot de Ben & Jerry's, par exemple. Le schéma est donc bien connu. Tout d'abord, nous découvrons la crème glacée, ce qui déclenche une récompense intense dans notre système de récompense. Elle devient peut-être l'un de nos desserts préférés. Mais avec le temps, nous nous habituons à cet hyperstimulus et ressentons l'envie d'en manger un peu plus.

Que diriez-vous d'ajouter un peu de chocolat fondu par-dessus ?

Bingo.

La super récompense est de retour.

Mais elle ne dure pas.

Comme nous sommes de plus en plus désensibilisés, nous ressentons le besoin de repousser les limites. Cette escalade s'achève par une bombe à hyperstimuli, comme un dessert Ben & Jerry's, jusqu'à ce que quelqu'un trouve le moyen de créer un hyperstimulus encore plus puissant.

Pourtant, tout le monde ne continuera pas nécessairement sur cette voie. Tout comme chaque personne qui goûte à la drogue ne développe pas une dépendance invalidante. Mais si vous êtes sujet à la désensibilisation, vous avez un plus grand risque d'escalade et donc de surpoids, dans un monde toujours prêt à vous servir un hyperstimulus plus fort sur l'échelle.

Si ce constat vous semble déprimant, sachez que je suis d'accord avec vous. Mais heureusement, il y a aussi de bonnes nouvelles. Notre cerveau ne fait pas que se désensibiliser. Le processus peut aussi aller dans l'autre sens : c'est ce que l'on appelle la « resensibilisation ». Comme son nom l'indique, il s'agit d'un processus au cours duquel nous retrouvons la sensibilité à une récompense. Et c'est là que le sel entre à nouveau en jeu.

Comme vous vous en souvenez peut-être, l'Occidental moyen ingurgite aujourd'hui assez de sel pour plaire à une sirène. C'est parce que les grandes quantités de sel contenues dans les aliments ultratransformés nous désensibilisent aux saveurs salées. Imaginez une spirale négative dans laquelle les industriels de l'agroalimentaire prennent l'avantage sur leurs concurrents en ajoutant un peu plus de sel pour donner plus de goût à leurs produits. Mais à mesure que nous sommes exposés à ce niveau de salinité, nous perdons peu à peu notre sensibilité, ce qui oblige les entreprises agroalimentaires à augmenter sans cesse la teneur en sel de leurs produits.

Heureusement, des scientifiques américains ont découvert que nous pouvons retrouver notre sensibilité au sel.

Pour une étude, des chercheurs ont recruté des individus qui suivaient un régime américain normal – encore plus salé que le régime britannique – et ont aidé la moitié d'entre eux à réduire leur consommation de sel. Les experts ont ensuite suivi ces personnes pendant cinq mois, en leur demandant de temps à autre de goûter des soupes et des biscuits plus ou moins salés.

Sans connaître la teneur en sel des aliments, les participants à l'étude ont d'abord préféré les produits les plus salés. Cependant, au fil du temps, le groupe qui a réduit sa consommation de sel a commencé à retrouver sa sensibilité. Les produits les plus salés sont devenus trop salés pour eux et ils ont commencé à évaluer les aliments comme étant plus salés qu'auparavant[80].

Autrement dit, ils ont retrouvé leur sensibilité naturelle et sont capables d'apprécier des aliments moins salés. Au début, les participants ont probablement trouvé leurs assiettes bien fades, mais à long terme, il peut être tout à fait « libérateur » de faire demi-tour dans l'escalade du mont Sel. Si vous parvenez à survivre à la période de sevrage, vous serez de nouveau plus sensible aux saveurs salées et vous apprécierez votre nourriture autant qu'avant.

★

Il n'y a pas que la sensibilité au sel qui peut être ravivée après s'être abstenu d'hyperstimuli. Il est possible de se resensibiliser à toutes sortes d'expériences gustatives. Prenons l'exemple du sucre. Dans une étude qui rappelle celle sur le sel, des scientifiques ont aidé la moitié de leurs sujets d'étude à réduire leur consommation de sucre. Pendant trois mois, les sujets ont été invités à goûter des desserts contenant des quantités variables de sucre et à évaluer leur goût sucré. Les résultats ont été analogues à ceux de l'étude sur le sel : ceux qui ont réduit leur consommation de sucre sont devenus de plus en plus sensibles au goût sucré.

Ils ont fini par évaluer les gâteaux comme étant 40 % plus sucrés que les sujets qui avaient continué à manger comme avant[81]. Ce type d'expérience est facile à mener soi-même et je l'ai tenté à de nombreuses reprises. Je ne saurais la recommander à la société et il n'est pas nécessaire de s'abstenir complètement de sucre pour être en bonne santé. Mais il est intéressant de constater la rapidité avec laquelle la resensibilisation survient. Après quelques semaines sans sucre ajouté, vous remarquerez que les fruits et les fruits rouges ont un goût beaucoup plus sucré qu'auparavant. Et si vous revenez ensuite à des hyperstimuli sucrés, tels que les bonbons, vous aurez l'impression que le goût est trop sucré, au point d'en avoir presque la nausée.

En effet, non seulement la saveur est plus forte, mais un autre principe entre en jeu : la *tolérance*. La tolérance est une autre forme de désensibilisation aux effets négatifs d'un stimulus. Lorsque nous devenons « tolérants », nous perdons notre sensibilité aux méfaits d'une substance. Vous vous souvenez peut-être de la première fois où vous avez bu de l'alcool. À l'époque, il n'en fallait probablement pas beaucoup pour être ivre. Vous vous êtes senti mal sur le moment et vous avez peut-être recroisé le contenu de vos verres plus tard dans la soirée, mais pas comme vous l'aviez prévu au départ. À mesure que vous consommez de l'alcool, votre corps commence à développer une tolérance et les effets secondaires désagréables deviennent moins intenses. C'est pour cette raison que les alcooliques continuent tranquillement de boire tandis que les autres roulent sous la table après s'être enfilé les mêmes quantités. Vous constatez peut-être aussi que votre tolérance à l'alcool évolue en fonction de la quantité d'alcool que vous consommez au cours d'une période donnée.

La tolérance est également observée chez les fumeurs qui inhalent de la fumée toxique sans avoir envie de vomir. Lorsque les gens tirent leur première bouffée de cigarette, ils toussent généralement jusqu'à manquer de cracher un poumon. Mais, comme pour l'alcool, l'exposition répétée engendre une tolérance. Attention, ce phénomène ne signifie pas que les effets nocifs de l'alcool ou du tabac disparaissent. En fait, nos réactions initiales sont assez révélatrices des effets de ces substances sur l'organisme. De la même manière, la réaction non désensibilisée à un bonbon sucré est plus révélatrice que celle émoussée par une exposition répétée. Ainsi, la désensibilisation et l'acquisition d'une tolérance font que les hyperstimuli sont doublement néfastes. Lorsque vous ingérez des hyperstimuli alimentaires, vous vous désensibilisez progressivement à la récompense découlant des grandes quantités de sucre, de graisse et de sel, de sorte que vous avez envie d'en manger toujours plus. En même temps, vous développez une tolérance, et perdez votre sensibilité aux effets négatifs sur la santé de chaque surenchère.

Les hyperstimuli du monde entier

On parle désormais couramment de « régime occidental » pour désigner les hyperstimuli alimentaires bourrés de sel, de sucre et de gras. En effet, les hamburgers, les frites, les pizzas, etc., sont nés en Occident et ont depuis conquis le monde entier.

Pour autant, les hyperstimuli alimentaires ne sont en rien spécifiquement « occidentaux ». L'Occident a simplement été la première région du monde suffisamment riche pour développer la technologie indispensable à la production d'hyperstimuli alimentaires à grande échelle. Au fil de la croissance économique du reste du monde, d'autres gastronomies nationales ont évolué dans le même sens que la nôtre.

En Inde, il est désormais possible de consommer des tonnes de sel, de sucre et de graisse en commandant du *butter chicken* (qui contient du beurre, de la crème, des exhausteurs de goût et des colorants artificiels), accompagné de naan (sucre raffiné et beurre) et d'un lassi à la mangue, une sorte de milkshake indien.

En Chine, vous pouvez manger des rouleaux de printemps frits dans des litres d'huile, suivis de plats comme le porc aigre-doux, très riche en sel, en sucre, en huile et en graisses saturées. Enfin, le tout sera arrosé de *bubble tea*, un thé aussi sucré qu'un soda.

Les hyperstimuli alimentaires sont tout simplement si rentables qu'ils fleurissent partout, dès qu'un pays est suffisamment riche et développé. Les problèmes d'obésité et les pathologies liées au mode de vie ne tardent alors pas à apparaître.

★

La désensibilisation n'est pas uniquement un phénomène de long terme. Il existe également un mécanisme connexe qui se produit chaque fois que vous prenez un repas. La première bouchée est toujours la meilleure, puis la récompense diminue de bouchée en bouchée jusqu'à ce que vous arrêtiez finalement de manger.

Ce type de désensibilisation à court terme n'est pas permanent, bien sûr. Quand vous aurez une nouvelle fringale, la première bouchée sera tout aussi délicieuse que la dernière fois. Mais pour comprendre l'épidémie d'obésité, il faut aussi comprendre comment fonctionne la désensibilisation à court terme.

Nous avons déjà appris que la sensation de satiété est en partie conditionnée physiquement par les capteurs d'étirement de l'estomac qui nous signalent notre niveau de satiété. Mais imaginez que vos amis vous invitent à dîner. Ils ont préparé votre plat préféré et la première bouchée est fantastique. Toutefois, aussi savoureux soit-il, il arrivera inévitablement un moment où vous ne pourrez plus rien avaler. Votre estomac sera plein et criera « Stop ! ».

C'est alors que l'hôte apporte le dessert…

Soudain, votre appétit revient et vous avez de la place pour quelques centaines de calories supplémentaires.

Ce phénomène est appelé « effet dessert » ou « satiété sensorielle spécifique » (ou même « rassasiement sensoriel spécifique ») – si l'on veut être plus scientifique. Ces deux concepts montrent que la sensation de satiété n'est pas seulement physique. Elle est aussi en partie mentale et dépend de ce que vous mangez précisément. Les signaux physiques de la satiété, tels que l'apport en protéines et l'étirement de l'estomac, ne disparaissent pas à l'arrivée du dessert. En revanche, la partie mentale de la satiété, elle, s'estompe. Cet effet est également connu sous le nom d'« effet buffet », car les gens ont tendance à manger davantage avant d'atteindre la satiété lorsqu'ils se servent à un buffet que lorsqu'ils sont servis à table, selon un menu limité.

L'évolution a poussé le cerveau à rechercher la variété dans les aliments. Les êtres humains ont besoin de nombreux nutriments différents et peu d'aliments sont capables de satisfaire tous nos besoins. Nous veillons donc instinctivement à ce que notre alimentation soit diversifiée.

Comme nous l'ont appris nos amis Hadza, ce désir était tout à fait compréhensible pour nos ancêtres. Les chasseurs-cueilleurs ont un régime alimentaire monotone par la force des choses. Ils se limitent principalement à ce qu'ils peuvent trouver dans un rayon de quelques kilomètres. La tribu des Kung, en Namibie, en est un bon exemple. Tout comme les Hadza, ils sont globalement en excellente condition physique. Mais je doute que vous enviiez leur régime alimentaire. Environ la moitié des calories *totales* consommées par les Kung provient d'une source unique : la noix de mongongo[82].

Je suis persuadé que les noix de mongongo sont délicieuses. Certains disent qu'elles ressemblent un peu à des noix de cajou, d'autres les comparent à un bon fromage. Mais, quel que soit leur goût, vous risqueriez de vous en lasser si vous deviez en tirer la moitié de vos calories pendant des années et des années. En outre, vous risqueriez de développer des carences en micronutriments, car la noix de mongongo ne les contient pas tous. Il serait donc parfaitement logique que votre cerveau soit conçu pour réagir plus vivement en présence d'autres aliments et que vous recherchiez instinctivement la variété.

Aujourd'hui, cette quête de variété est omniprésente dans notre paysage alimentaire. Dans certains cas, c'est bénéfique. Des études montrent que les enfants choisissent de manger plus de fruits et de légumes quand on leur en présente un large choix, même si en face, on leur propose leur fruit ou leur légume préféré[83].

Toutefois, il arrive plus fréquemment que notre amour de la variété soit instrumentalisé pour nous faire surconsommer de mauvais aliments. Pensez aux bonbons. Ce n'est pas un hasard s'ils sont souvent vendus en sachets panachés. Et même lorsqu'il n'y a qu'un seul produit, on peut observer une variation superficielle de couleur, comme dans les nounours gélifiés ou les M&M's®.

Revenons à notre crème glacée Ben & Jerry's de tout à l'heure. Si je parle de bombe à hyperstimuli, c'est parce que chaque ingrédient – crème glacée, pâte à biscuits, chocolat, etc. – est déjà un hyperstimulus en soi. Mais pour faire monter la sauce, plusieurs hyperstimuli alimentaires sont combinés en un seul produit, ce qui permet de tirer parti de cette attirance pour la variété.

Est-ce que les additifs alimentaires sont mauvais ?

Les industriels de l'agroalimentaire ne se contentent pas d'optimiser le goût d'un aliment. Ils optimisent tout, depuis le bruit – pensez au croquant des chips – jusqu'à la texture, l'odeur et l'aspect. Pour atteindre ces objectifs, les entreprises utilisent divers additifs qui ont souvent été accusés de provoquer des problèmes de santé.

Bien entendu, il est important de rappeler que les additifs alimentaires ne sont pas des produits chimiques anodins ; ils doivent faire l'objet de tests de sécurité rigoureux afin de s'assurer qu'ils ne nuisent pas à la santé aux doses utilisées. Et comme toujours, c'est la dose qui compte. Comme nous l'avons appris pour les édulcorants artificiels, les gros titres défavorables sont parfois tirés d'études sur des cultures cellulaires ou des souris qui consomment des doses tout à fait anormales. Même l'eau peut être « toxique » si vous en buvez trop, trop rapidement.

Tous les additifs ne sont donc pas intrinsèquement mauvais. Paradoxalement, un grand nombre d'entre eux sont également commercialisés en tant que compléments alimentaires. Vous connaissez peut-être quelqu'un qui condamne avec véhémence le « E300 » (également connu sous le nom d'« acide ascorbique ») ou le « E306 » (également connu sous le nom de « tocophérol ») tout en vantant les mérites des vitamines C et E. Or, ce sont strictement les mêmes substances.

Cela étant, même si de nombreux additifs n'ont pas d'effet néfaste direct, il est essentiel de se souvenir de la raison de leur emploi : nous inciter à consommer toujours plus. Prenons l'exemple des exhausteurs de goût, qui ne sont peut-être pas toxiques, mais qui peuvent nuire à la santé s'ils nous poussent à trop manger. Ou encore les colorants artificiels qui sont ajoutés aux aliments pour nous manipuler, car les êtres humains sont très sensibles aux couleurs vives. Si vous rehaussez les teintes de votre produit alimentaire, plus de gens l'achèteront. Encore une fois, nous ne sommes pas si différents de ces pauvres oiseaux déboussolés, pas vrai ?

Chapitre 6
Les conseils santé d'Amazonie

Les causes de l'épidémie d'obésité doivent désormais vous paraître claires. Si nous avons pris autant de poids, c'est parce que notre alimentation est conçue pour nous inciter à manger trop. Les industriels de l'agroalimentaire font tout ce qui est en leur pouvoir pour manipuler notre régulation de l'appétit. Ils jouent sur nos envies de sucre, de gras et de sel. Sur notre quête de diversité. Sur notre tendance à rechercher des stimuli toujours plus forts. *Tout* est optimisé, jusqu'à la couleur, la texture et le son des aliments. Résultat : nous sommes aujourd'hui confrontés à une crise sanitaire mondiale qui a atteint les contrées les plus reculées de la planète. Mais si vous avez réussi à éviter le surpoids malgré cet afflux des hyperstimuli alimentaires, que se passe-t-il ? Est-ce que vous devriez encore vous sentir concerné ?

★

Au fin fond de la zone bolivienne de la forêt amazonienne, vit un réseau de petites tribus appelées les « Tsimané ». Ces gens habitent l'un des endroits les plus isolés du globe et subsistent en cultivant des produits simples, en pêchant et en chassant dans la jungle environnante.

Ce mode de vie proche de la nature fait des Tsimané l'un des rares exemples encore existants d'humains avec un mode de vie plus « ancestral » ou « naturel » que vous et moi. Tout comme nos bons amis les Hadza, ces tribus d'Amazonie intéressent de nombreux chercheurs et reçoivent fréquemment la visite de scientifiques du monde entier.

Ceux-ci ont tout étudié, de la vie sociale des Tsimané à leur sommeil, en passant par leur régime alimentaire et leur état de santé général. Ils ont rapidement constaté que les membres de la tribu souffraient généralement d'infections parasitaires chroniques de l'intestin. Ce phénomène fait partie intégrante du quotidien, dans ce qui est facilement l'équivalent terrestre d'un hôtel cinq étoiles pour petites bestioles. Cependant, ces infections chroniques impliquent que la plupart des Tsimané ont un système immunitaire constamment actif et en lutte, ce qui se traduit par des niveaux d'inflammation très élevés.

Dans les pays riches, des marqueurs d'inflammation élevés sont associés à de nombreuses maladies, notamment l'athérosclérose. C'est une sorte de plaque graisseuse qui peut s'accumuler à l'intérieur des artères en vieillissant. C'est un peu comme si un tuyau se bouchait lentement avec de la saleté. Dans une artère saine, le sang circule facilement, mais plus la plaque est importante, plus le sang a du mal à circuler. À terme, l'artère peut être complètement bouchée ou une partie de la plaque peut se détacher. Le sang se met alors à coaguler, créant un amas qui peut obstruer la circulation sanguine et tuer le tissu alimenté par le vaisseau sanguin. Ce phénomène est particulièrement dangereux s'il se produit dans l'un de nos deux organes les plus importants, le cœur (crise cardiaque) ou le cerveau (accident vasculaire cérébral ischémique).

Si les Tsimané vivaient en Occident, leurs médecins les exhorteraient à remédier à leurs problèmes d'inflammation. Bien entendu, ce type de privilège n'existe généralement pas dans la forêt tropicale. Mais les scientifiques qui ont effectué des analyses de sang sur les Tsimané se sont inquiétés et ont décidé d'étudier la santé cardiovasculaire des membres de la tribu, au cas où. Heureusement, il n'y avait pas lieu de s'inquiéter : les Tsimané n'avaient pas les artères bouchées.

En fait, leur cœur et leur système cardiovasculaire étaient parmi les plus sains jamais décrits. Même chez les membres les plus âgés, l'athérosclérose était minime, voire inexistante, ce qui signifie que les maladies cardiovasculaires leur sont tout bonnement inconnues[84].

Pour bien saisir à quel point c'est incroyable, il faut savoir qu'un tiers de tous les décès dans le monde sont imputables à des maladies cardiovasculaires[85]. On parle ici de centaines de millions de personnes, rien que depuis que vous êtes né. Si les maladies cardiovasculaires touchent autant de gens, c'est parce qu'il est très difficile d'éviter l'athérosclérose, du moins si l'on vit dans le monde contemporain. La guerre de Corée, dans les années 1950, a été l'une des premières occasions de l'apprendre. Lorsque les médecins américains ont autopsié les soldats décédés, ils ont trouvé de l'athérosclérose chez 80 % d'entre eux. La plupart des soldats étaient des jeunes hommes d'une vingtaine d'années, en bonne forme physique avant leur décès. Mais les premiers signes de maladies cardiovasculaires avaient déjà commencé à apparaître de leur vivant. Si leur destin avait été autre, ces jeunes hommes seraient rentrés chez eux vivants et en bonne santé, mais avec une horloge biologique en marche – *tic-tac*. Au fil des ans, leur athérosclérose aurait continué à se développer, jusqu'au jour où elle aurait coûté la vie à nombre d'entre eux.

★

Pour comprendre pourquoi les tribus isolées d'Amazonie ne développent pas d'athérosclérose, suivons l'évolution de la maladie[86].

La première étape implique une détérioration ou une irritation de l'intérieur de vos artères provoquée par un facteur externe. Il peut s'agir de toxines dues au tabagisme ou à la pollution que vous avez inhalées et qui se sont retrouvées dans votre sang. Une hypertension artérielle peut aussi simplement fatiguer les parois de l'artère.

Lorsque la paroi est irritée ou endommagée, des particules sanguines appelées « LDL » (lipoprotéines de faible densité) peuvent se retrouver piégées dans cette zone. Vous connaissez peut-être le LDL sous le nom de « mauvais cholestérol ». En effet, le rôle normal de ces particules est de transporter le cholestérol dans la circulation sanguine. Ainsi, lorsque les particules LDL sont piégées dans la paroi de l'artère, des stries graisseuses composées de cholestérol commencent à apparaître. Cette plaque de cholestérol alarme l'organisme qui envoie des cellules immunitaires à l'endroit concerné, avec pour mission de faire le ménage. Les cellules immunitaires se mettent au travail en dévorant le cholestérol. Mais s'il y en a trop, elles peuvent être débordées et finir par mourir d'épuisement avant d'avoir achevé leur tâche. Ainsi, la plaque n'est plus qu'un amas de cholestérol et de cellules mortes. Lorsque l'organisme tente d'éliminer la plaque, il mobilise de plus en plus de cellules immunitaires, transformant la plaque en un cimetière. Pendant ce temps, la plaque de cholestérol continue de grossir. Finalement, l'organisme trouve une solution d'urgence : il encapsule la plaque en l'enfermant sous une sorte de couvercle, afin qu'elle cesse au moins de croître.

Ce mécanisme permet de sauver l'artère, mais ce n'est pas une bonne solution à long terme. Vous avez maintenant une artère rétrécie où se loge une bombe à retardement. Si la paroi de l'artère continue d'être endommagée, ce n'est qu'une question de temps avant que le couvercle ne se fissure. Les déchets qui se trouvent à l'intérieur sont alors libérés dans la circulation sanguine, ce qui favorise la formation de caillots sanguins, et c'est alors que nous atteignons le stade ultime : l'obstruction de l'artère.

Tous ces éléments sont peut-être difficiles à saisir. Mais voici ce qu'il faut retenir : l'athérosclérose est une plaque de graisse qui s'accumule dans les artères. Elle se déclare lorsque quelque chose abîme ou irrite la paroi de l'artère, après quoi des dépôts de cholestérol commencent à se former.

Cette progression de la maladie nous offre deux possibilités pour éviter le problème : éviter le dommage initial ou prévenir les dépôts de cholestérol.

Comme nous l'avons évoqué, l'une des causes les plus fréquentes de lésions de la paroi artérielle est l'hypertension artérielle. Environ un tiers des personnes dans le monde touchées sont hypertendues, mais beaucoup l'ignorent. Ce n'est pas comme si de la fumée sortait de leurs oreilles et, en fait, la plupart des gens ne présentent aucun symptôme. Pourtant, l'hypertension est dangereuse. C'est en fait le premier facteur de risque de décès prématuré qui peut être corrigé : il fait plus de victimes chaque année que le tabagisme, l'obésité et l'alcool[87].

Pour prévenir l'hypertension, différentes modifications peuvent être apportées, mais l'une des plus importantes est la quantité de sel consommée. Nous avons déjà vu que le sel rend les aliments plus gratifiants, ce qui peut nous inciter à trop manger et nous fait prendre du poids. Cependant, la prise de poids n'est pas le seul danger pour la santé associé à une consommation excessive de sel. Un apport anormalement élevé se traduit également par un risque accru de calculs rénaux, de maladies auto-immunes et, surtout, d'hypertension artérielle[88, 89, 90]. Le lien avec la pression artérielle a été démontré dans le cadre d'études dans lesquelles on a demandé à des sujets de modifier leur consommation de sel : lorsqu'ils commencent à manger plus de sel, leur pression artérielle augmente, et lorsqu'ils en mangent moins, elle diminue. Ce n'est pas seulement vrai chez l'humain, mais aussi chez nos proches parents, les chimpanzés[91]. Ainsi, si la consommation de sel peut sembler inoffensive, elle est en réalité très mortifère à l'échelle mondiale. En raison du lien avec l'hypertension artérielle, nos estimations les plus fiables suggèrent que la surconsommation de sel coûte la vie à 1 à 5 millions de personnes chaque année[92].

Comme nous l'avons évoqué, si la plupart d'entre nous consomment plus de sel que nos ancêtres, ce n'est pas parce que nous avons la main lourde sur la salière à l'heure du dîner. Notre consommation de sel est plus élevée en raison des hyperstimuli alimentaires. Donc, puisque les Tsimané et d'autres tribus ne consomment pas ce type d'aliments, leur consommation de sel est faible et ils ne souffrent pas d'hypertension artérielle[93]. En Occident, nous supposons que l'hypertension apparaît avec l'âge. Mais ce n'est pas une fatalité : nos problèmes de pression artérielle sont le résultat de notre mode de vie.

★

L'autre grand méchant de l'histoire de l'athérosclérose est le cholestérol LDL (LDLc) précédemment mentionné. Nous le constatons en observant une maladie génétique que les cardiologues ont nommée spécifiquement pour empêcher les participants au concours d'orthographe de dormir : l'« hypercholestérolémie familiale ». Appelons-la simplement HF. Les personnes souffrant de HF ont un taux de cholestérol LDL dans le sang beaucoup plus élevé que la normale. Certaines ont un taux tellement élevé qu'elles présentent des dépôts de cholestérol jaune autour des yeux, sur les articulations et sur divers tendons. Les taux élevés de cholestérol LDL impliquent que les individus souffrant de HF ont un risque considérablement accru de développer des maladies cardiovasculaires. S'ils ne prennent pas de médicaments pour faire baisser le cholestérol, la moitié des hommes atteints de HF souffriront d'une maladie cardiovasculaire à l'âge de 50 ans, et un tiers des femmes avant 60 ans.

Heureusement, la plupart d'entre nous ne sont pas atteints de HF. Mais le mécanisme reste valable : plus vous avez de cholestérol LDL dans le sang et plus vous y êtes exposé longtemps, plus vous risquez de développer une plaque graisseuse dans vos vaisseaux sanguins et de mourir d'une maladie cardiovasculaire[94]. C'est là que l'on découvre l'autre grand secret des Tsimané. Le sang d'un membre typique de la tribu contient beaucoup moins de cholestérol LDL que celui d'un Occidental moyen[95]. Leur taux de cholestérol LDL est tout simplement trop bas pour que l'athérosclérose puisse se développer. Nous le savons, car les Occidentaux qui possèdent des taux de cholestérol LDL aussi bas (grâce à leur hygiène de vie ou à leur patrimoine génétique), ne développent pas, non plus, de maladies cardiovasculaires.Si les Tsimané constituent une minorité à l'échelle planétaire, ils ne sont cependant pas une anomalie. Nous, en revanche, en sommes une. Le taux de cholestérol LDL des chasseurs-cueilleurs est similaire à celui des nouveau-nés et de nombreuses espèces animales[96]. C'est le taux naturel. Si les peuples modernisés s'écartent de cette tendance, c'est uniquement en raison de leur alimentation. Malheureusement, ce phénomène se manifeste même dans la jungle. En effet, au cours de la dernière décennie, certains Tsimané ont acquis des moteurs à essence pour se rendre en bateau dans les différentes localités commerçantes de la forêt tropicale, où sont vendus des hyperstimuli alimentaires. Et les Tsimané y sont naturellement aussi vulnérables que nous. Ainsi, nombre d'entre eux se sont mis à consommer davantage d'aliments ultratransformés et leur cholestérol LDL a commencé à grimper[97].

Pour résumer, ce phénomène se produit parce que de nombreux hyperstimuli alimentaires créent une tempête propice à l'augmentation du cholestérol. On sait que les boissons sucrées, telles que les sodas, y parviennent en quelques semaines seulement. Tout comme les graisses saturées[98]. Par ailleurs, les hyperstimuli alimentaires sont vidés de toute fibre, qui réduit naturellement le taux de cholestérol.

Les fibres alimentaires sont un terme générique regroupant divers types de matières végétales impossibles à digérer. On en trouve dans presque tous les fruits et légumes, ainsi que dans les céréales complètes et les légumineuses. Dans l'intestin, les fibres se lient à l'eau, ce qui leur permet de prendre de la place et de provoquer la satiété. Mais comme les industriels de l'agroalimentaire veulent s'assurer que vous ne vous sentiez *jamais* rassasié, ils suppriment les fibres de leurs produits. Par conséquent, notre consommation de fibres est nettement inférieure à celle de nos ancêtres. L'Occidental moyen consomme environ 16 à 22 g de fibres par jour, alors que les peuples traditionnels comme les Hadza en ingèrent entre 80 et 150 g[99, 100, 101]. Cet apport permet aux chasseurs-cueilleurs de rester minces en leur procurant une sensation de satiété. La minceur limite la production de cholestérol LDL par le foie – tandis que l'excès de graisse corporelle, en particulier autour des organes, la stimule. En outre, les fibres réduisent le taux de cholestérol par un autre mécanisme[102, 103, 104]. Les principes en sont un peu complexes, mais voilà comment ça se passe :

Les intestins ont recours à des molécules appelées « sels biliaires » pour absorber les graisses contenues dans les aliments. Les sels biliaires sont fabriqués par le foie et stockés dans la vésicule biliaire. Après un repas, ils sont excrétés dans les intestins. Là, ils se lient aux molécules de graisse et en facilitent la décomposition et l'absorption. Comme nous le savons, le corps est programmé pour conserver l'énergie et les ressources. Une fois la tâche accomplie, il réabsorbe donc ses sels biliaires afin de les réutiliser. Mais ce n'est pas toujours possible si vous mangez beaucoup de fibres. S'il y a des fibres dans les intestins, certains sels biliaires se retrouvent piégés dans leurs enchevêtrements et ne sont *pas* réabsorbés. On pourrait penser que ce n'est pas souhaitable, mais les sels biliaires sont fabriqués à partir de cholestérol, de sorte que lorsque vous en perdez, votre corps doit en fabriquer de nouveaux. Le foie doit alors absorber les particules de LDLc présentes dans le sang afin d'utiliser ce cholestérol comme matière première.

Inutile de marcher sur des œufs

Dans les années 1990, un médecin américain a croisé la route d'un homme atteint de démence qui avait des habitudes alimentaires assez particulières. Chaque jour, depuis des années, cet homme ne mangeait pratiquement rien d'autre que 25 œufs à la coque. Étant donné que les œufs contiennent du cholestérol, cette consommation est considérable. Ses artères étaient-elles bouchées pour autant? Pas du tout. Même si cet homme ingurgitait de grandes quantités de cholestérol, ses analyses de sang étaient tout à fait normales[105]. En effet, pour la plupart des gens, le cholestérol dans l'alimentation n'a qu'un très faible effet sur la quantité de cholestérol dans le sang[106]. Notre corps fabrique son propre cholestérol. Ainsi, en règle générale, si vous consommez beaucoup de cholestérol, votre corps en réduira la production et l'absorption à partir de votre régime alimentaire. À l'inverse, si vous consommez très peu de cholestérol, il en augmentera l'absorption et la production. En d'autres termes, même si les œufs contiennent beaucoup de cholestérol, ils n'augmentent guère le taux de cholestérol LDL. Chez certaines personnes, appelées « hypersensibles », cela n'est pas vrai. Mais pour la majorité des gens, les œufs sont bons pour la santé.

★

Vous vous dites peut-être qu'il faut forcément vivre comme un chasseur-cueilleur pour rester en bonne santé. Il ne fait aucun doute que les différentes tribus que nous avons observées jusqu'à présent sont très saines sur le plan métabolique et présentent un faible risque de maladies comme le diabète, les crises cardiaques et les accidents vasculaires cérébraux. Mais ces informations sont peut-être en contradiction avec ce que vous avez entendu précédemment. Ne dit-on pas en général que l'espérance de vie moyenne à l'âge de pierre était inférieure à 40 ans ? Ce chiffre ne suggère pas vraiment une santé optimale.

Il est vrai que la longévité moyenne de nos ancêtres était faible. Il en va de même pour les populations contemporaines de chasseurs-cueilleurs : l'espérance de vie à la naissance des Hadza, par exemple, n'est que de 34 ans[107]. Mais ce chiffre n'indique pas que la plupart des Hadza meurent de complications liées à la trentaine. Non, c'est parce que la plupart des sociétés de chasseurs-cueilleurs ont un taux de mortalité infantile très élevé : 4 Hadza sur 10 meurent avant d'avoir atteint l'âge de 15 ans. Cette situation tire la moyenne vers le bas. Dans un groupe de 4 personnes, si 2 meurent à 80 ans et les 2 autres en bas âge, l'espérance de vie moyenne est de 40 ans environ.

Mais dès lors que la mortalité infantile est exclue de l'équation, l'espérance de vie des populations de chasseurs-cueilleurs est plus proche de la nôtre. Chez les Hadza qui vivent plus de 15 ans, l'âge de décès le plus fréquent est de 76 ans, et de 78 ans chez les Tsimané[108]. Ce qui est impressionnant quand on sait qu'ils n'ont aucun accès à la médecine moderne ou à une assistance technologique.

La cause de mort la plus fréquente chez les Hadza – tant chez les adultes que chez les enfants – est l'infection : 70 % de tous les décès chez les chasseurs-cueilleurs contemporains sont causés par des virus ou des bactéries.

En fait, l'individu en meilleure santé au monde serait un Hadza bénéficiant d'une couverture médicale moderne.

Bien sûr, il est irréaliste pour vous et moi de vivre comme les Hadza. Vos voisins vous regarderont peut-être d'un drôle d'œil si vous vous mettez à chasser les écureuils du coin pour vous nourrir. Toutefois, il existe un mouvement alimentaire qui tente de combiner la vie moderne avec les meilleurs atouts des chasseurs-cueilleurs. C'est ce qu'on appelle le « régime paléo ».

Ce programme exclut tous les aliments auxquels nos ancêtres de l'âge de pierre n'auraient pas eu accès : les féculents comme le pain et le riz, les différentes sortes de légumineuses, les produits laitiers et pratiquement tous les aliments ultratransformés. Le régime est plutôt centré sur la viande, le poisson, les fruits et les légumes. Il ne fait aucun doute qu'il est plus sain que le régime occidental traditionnel. Mais en réalité, même le régime paléo doit s'avouer vaincu. En effet, malgré son nom, il n'a rien à voir avec ce que les hommes du paléolithique mangeaient réellement. Ainsi, les céréales ne sont pas aussi récentes qu'on le pensait. Les archéologues ont trouvé des traces de pain remontant à des milliers d'années avant le début de la culture de la terre. Cette découverte laisse à penser que nous mangions diverses sortes d'herbes – ancêtres de nos céréales – depuis bien plus longtemps encore[109, 110, 111].

A contrario, de nombreux aliments préconisés dans le régime paléo étaient totalement inconnus de nos ancêtres. Les tomates, les piments et les pommes de terre sont tous encouragés dans le régime paléo, car ce sont des légumes. Mais rappelez-vous qu'il s'agit d'aliments nouveaux, sauf si vous êtes d'origine amérindienne. Ces denrées n'ont quitté le continent américain qu'il y a quelques centaines d'années et les Européens consomment donc des aliments « interdits », tels que le blé et les produits laitiers, depuis bien plus longtemps que les tomates, les piments ou les pommes de terre.

En outre, les aliments que nous consommions autrefois ont été profondément modifiés au fil du temps. Les fruits sont beaucoup plus gros et sucrés, et la viande est plus grasse. Notre corps lui-même a changé. Des populations comme les Européens et les Asiatiques – qui pratiquent l'agriculture depuis longtemps – ont évolué génétiquement depuis l'âge de pierre afin de mieux digérer les amidons, tels que ceux contenus dans le pain et le riz. En Europe, dans certaines parties de l'Inde et en Afrique, des adaptations génétiques ont été observées et facilitent la consommation de produits laitiers.

Et ce n'est pas grave, car il n'est pas indispensable de remonter jusqu'au paléolithique pour trouver l'inspiration. De nombreuses communautés agricoles primitives d'aujourd'hui sont en aussi bonne santé que les chasseurs-cueilleurs. Nos amis d'Amazonie, les Tsimané, par exemple, chassent dans la forêt tropicale, mais tirent la plupart de leurs calories des cultures, notamment des bananes plantains, du riz, de la racine de manioc et du maïs.

Dans notre quête d'une vie plus saine, inutile donc de faire un saut en arrière de plusieurs milliers d'années. Une période beaucoup plus courte suffira.

Plongeons dans le vif du sujet.

Chapitre 7
Le régime pommes de terre

« Rendez votre alimentation inintéressante et votre vie intéressante » : voilà la devise de Andrew Taylor quand il décide de perdre du poids[112].

Taylor est originaire de Melbourne, en Australie, et pesait 151 kg. Comme bien des gens, il savait qu'il ne mangeait pas ce qu'il fallait, mais ne pouvait pas s'en empêcher. En réfléchissant à sa relation avec la nourriture, Taylor a conclu à une forme de dépendance. Il n'aimait pas seulement les glaces et la malbouffe. Il en avait terriblement *envie*. Pour tenter de résister, il a donc décidé de se tourner vers le plus ancien des remèdes contre la dépendance : l'abstinence pure et simple.

Le problème de ce traitement, bien sûr, c'est que la privation pure et simple de nourriture n'est pas franchement une solution à long terme. Il faudra bien finir par avaler *quelque chose*. Pour éviter de s'affamer, Taylor a estimé qu'il pouvait imiter un sevrage brutal non pas en supprimant totalement la nourriture, mais en se concentrant sur la suppression de son mode d'alimentation axé sur la quête du plaisir. Il lui suffisait de trouver le régime le plus ennuyeux possible et de s'y tenir.

Je pense que nous sommes tous d'accord pour admettre que certains aliments seraient de bons candidats, mais Taylor a finalement opté pour un régime composé uniquement de pommes de terre. Ce n'est pas si improbable, si vous voulez mon avis. Au départ, Taylor n'avait l'intention de suivre son régime strict à base de pommes de terre que pendant quelques semaines, mais lorsque le chiffre sur la balance a commencé à dégringoler, il a décidé de continuer. Toutefois, les pommes de terre ne suffisent pas à elles seules à apporter à l'organisme tous les nutriments indispensables. En cours de route, Taylor a donc fait quelques ajustements pour rester en bonne santé. Les pommes de terre ne contiennent pas assez de vitamine A, mais Taylor a surmonté ce problème en intégrant des patates douces à son programme. Il n'y a pas non plus de sel ni de vitamine B12 dans les pommes de terre, alors Taylor a salé ses pommes de terre et a commencé une cure de multivitamines.

En dehors de ces aménagements, Andrew Taylor ne se nourrissait que de pommes de terre. Il s'autorisait à manger dès qu'il avait faim et consommait des pommes de terre à volonté. En d'autres termes, la faim n'était jamais un problème. C'est un gros avantage par rapport à la plupart des régimes amaigrissants. Mais même si Taylor n'avait jamais faim, il se retrouvait en déficit calorique. Il ne pouvait tout simplement pas ingérer suffisamment de pommes de terre pour conserver son poids. L'expérience a duré une année entière et, à la fin, l'Australien avait perdu 53 kg. Dans le même temps, il a ramené à la normale son taux de cholestérol et sa pression artérielle, auparavant élevés.

Depuis cette époque, Taylor a repris une alimentation plus variée. Comme il le dit lui-même, le but de l'expérience n'a jamais été de trouver le régime optimal à long terme, mais simplement de repartir sur des bases saines en matière d'alimentation.

Et ça a marché ! Depuis, Taylor a réussi à ne pas reprendre de poids, ce qui, vous vous en souvenez peut-être, est rare.

Son secret ? Toujours les pommes de terre. Lorsque je me suis entretenu avec lui, je l'ai interrogé sur ses derniers repas et la réponse a été : une large portion de pommes de terre nature, comme au bon vieux temps.

Bien entendu, un régime aussi monotone que celui à base de pommes de terre n'est pas sain dans la durée. Je sais très bien, par expérience, que même si je répète à l'envi « n'essayez pas ça chez vous » et « c'est une mauvaise idée », certains lecteurs vont tout de suite se dire « ça a l'air sympa, je vais essayer ». J'ai donc décidé de tester moi-même le régime pommes de terre, pour savoir quelle sorte de torture je risquais de vous imposer. D'accord, peut-être aussi un peu parce que l'idée est farfelue. Quoi qu'il en soit, j'ai convaincu mon frère de se joindre à moi. Un dimanche, après avoir pris notre dernier vrai repas, nous avons commencé à préparer différentes sortes de pommes de terre pour les 5 jours suivants.

Leçon n° 1 : les gens qui déjeunent au travail vous regardent bizarrement lorsque votre assiette ressemble à celle d'un paysan irlandais du XIXe siècle.

Leçon n° 2 : il est absolument impossible d'absorber suffisamment de calories en ne mangeant que des pommes de terre. En tout cas, moi, je n'ai jamais réussi.

Les pommes de terre sont précisément l'un des aliments les plus rassasiants qui soient. Je peux en témoigner puisque j'ai essayé de me gaver de pommes de terre ordinaires à cuire au four. Mais des études scientifiques le confirment également. Un groupe de scientifiques australiens a créé l'« indice de satiété », c'est-à-dire un aperçu du degré de satiété que procure un aliment par calorie[113]. En d'autres termes, il évalue la sensation de satiété ressentie en mangeant 100 calories de pommes par rapport à 100 calories d'oranges.

Pour élaborer leur indice de satiété, ces chercheurs ont recruté un groupe d'étudiants à qui ils ont servi 240 calories d'une seule source alimentaire. Les étudiants ont ensuite été invités à évaluer leur sensation de faim toutes les 15 minutes au cours des 2 heures suivantes. Enfin, ils ont eu accès à un buffet, où les scientifiques ont secrètement enregistré les quantités consommées par chacun d'entre eux.

On pourrait penser que les sujets se sentiraient tout aussi rassasiés, quel que soit le plat servi par les scientifiques. Après tout, ils recevaient tous le même nombre de calories. Toutefois, le niveau de faim variait considérablement. Certains participants se sentaient encore rassasiés en arrivant au buffet, tandis que d'autres se sont rués dessus.

Les aliments les moins satiétogènes ne vous surprendront pas : il s'agit des biscuits, des barres chocolatées et autres hyperstimuli alimentaires qui, comme nous le savons, sont conçus pour ne pas rassasier. Plus haut dans l'indice de satiété se trouvaient divers aliments complets du type légumineuses, viande et fruits. Mais même parmi les aliments complets, un seul était considérablement plus rassasiant que tous les autres. Il s'agissait – roulement de tambour – des pommes de terre bouillies. Et bien loin devant tous les autres ! D'autres sources d'amidon telles que le pain, le riz et les pâtes étaient beaucoup moins rassasiantes.

À ma première lecture de cette étude, je me suis étonné de cet écart. Pourquoi les pommes de terre seraient-elles à ce point plus rassasiantes que d'autres sources d'amidon ? Après avoir suivi le régime pommes de terre, je ne me pose plus la question. Je n'ai pas eu faim une seule fois au cours des 5 jours où je n'ai mangé que ce tubercule. Pour autant, l'expérience n'a pas été particulièrement agréable. Bien au contraire.

Je ne le recommanderais pas. Mais je n'ai pas eu faim. Pourquoi ? Je ne sais pas exactement pourquoi, mais voici quelques hypothèses.

Premièrement, les pommes de terre contiennent des fibres qui, comme nous le savons, rassasient. Toutefois, de nombreux autres aliments entiers figurant sur la liste contiennent aussi des fibres. Souvent même davantage que les pommes de terre, si bien que ça ne peut pas tout expliquer. En outre, une grande partie des fibres contenues dans les pommes de terre se trouve dans la peau et, dans le cadre d'un régime à base de pommes de terre, il est important d'éplucher les pommes de terre en raison de la présence dans la peau de composés qui ne posent habituellement aucun problème, mais qui peuvent en causer si l'on ne mange rien d'autre.

Deuxièmement, les pommes de terre contiennent une protéine appelée « inhibiteur de protéase II ». Des expériences menées sur des souris ont montré que cette protéine réduit l'appétit et le même phénomène pourrait se vérifier chez l'homme[114, 115].

Troisièmement, il y a un facteur hédonique. Si vous voulez mon avis, les pommes de terre bouillies sont l'un des aliments les plus ennuyeux qui soient. On pourrait même dire que les pommes de terre bouillies sont un antihyperstimulus. Insipides, fibreuses et monotones.

Quatrièmement, la densité énergétique des pommes de terre est étonnamment faible. Autrement dit, les pommes de terre contiennent très peu de calories par rapport à leur taille. Une pomme de terre bouillie peut sembler lourde, mais elle est en grande partie composée d'eau et ne renferme pas beaucoup de calories : 100 g de pommes de terre apportent 77 calories. Ainsi, 1 kg contient donc 770 calories, et il faudrait en manger plusieurs kilos pour avoir un apport calorique suffisant, ne serait-ce que pour atteindre la dose journalière recommandée et maintenir son poids corporel. Ce n'est pas une mince affaire.

Dans l'expérience australienne, la faible densité calorique des pommes de terre a contraint les participants à manger plus de 300 g de pommes de terre bouillies pour ingérer autant de calories que les personnes ayant mangé une seule barre Mars®. Aucune surprise, donc, à ce que les mangeurs de pommes de terre se sentent plus rassasiés. Leur estomac était tout simplement plus rempli !

Dans l'ensemble, c'est là une bonne règle à retenir. Les aliments à faible densité calorique sont plus rassasiants que les aliments à forte densité calorique[116]. Petite astuce : rechercher des aliments qui procurent le plus de satiété possible pour le moins de calories possible.

La plupart des aliments non transformés, à l'exception des fruits à coque, sont très efficaces à cet égard. Par exemple, 100 g de fraises ne contiennent que 32 calories. Si c'est votre goûter, vous pouvez donc en manger 750 g (40 à 60 fraises) pour égaler les calories d'une seule barre Mars.

★

Vous avez sans doute compris que l'univers des régimes alimentaires est une véritable jungle. On assiste pratiquement à des guerres sur Internet pour savoir quel régime est le meilleur. Certains ne jurent que par un régime pauvre en glucides, dans lequel vous ne mangez pas de pâtes, de pain, de riz, etc. D'autres prônent un régime pauvre en graisses, complètement à l'opposé. Certaines personnes perdent du poids en devenant végétariennes et en évitant la viande. D'autres en mangeant plus de viande. Et la liste est encore longue, du régime méditerranéen au régime pommes de terre évoqué précédemment, en passant par les régimes encore plus farfelus types oursons en gélatine ou boules de coton.

En réalité, cet espace est beaucoup moins compliqué qu'il n'y paraît. Permettez-moi de vous révéler un petit secret : la plupart de ces régimes fonctionnent, mais pas pour les raisons que l'on croit. Les gens ont tendance à accuser les glucides, le sucre, les graisses, etc., mais en réalité, si ces régimes restrictifs fonctionnent, c'est parce qu'ils rendent l'alimentation plus ennuyeuse.

Croyez-moi, je les ai tous essayés. Manger est moins satisfaisant lorsque l'on supprime tout un groupe d'aliments. Même si les auteurs de livres sur les régimes prétendent que les aliments pauvres en glucides ou en lipides sont irrésistibles, le pain et les pâtes ont un bon goût. La viande et le poisson ont bon goût. Le bacon et le fromage ont bon goût. Aussi, si vous supprimez certains aliments de votre assiette, l'alimentation sera tout simplement moins intéressante. En outre, votre alimentation sera moins variée et, comme nous l'avons appris, la diversité en soi nous incite à manger davantage.

Nous observons ce phénomène de diminution des récompenses dans des études portant sur les végétaliens (ou « végans ») et les végétariens. Plus les gens se rapprochent du végétalisme pur, moins ils consomment de calories.

Les omnivores sont ceux qui ingèrent le plus de calories.

Viennent ensuite les pescétariens (ou « pesco-végétariens »), qui suppriment la viande, mais conservent le poisson, les crustacés, les œufs et les produits laitiers.

Ensuite, les végétariens, qui suppriment également le poisson et les crustacés, mais continuent à manger des œufs et des produits laitiers.

Et finalement, ceux qui ingèrent le moins de calories sont les végétaliens, qui ne consomment aucun produit d'origine animale[117].

La règle est donc la suivante : plus vous éliminez d'aliments de votre assiette (plus votre régime est restrictif), moins vous consommerez de calories. Ce constat se vérifie aussi dans les IMC moyens observés dans ces groupes diététiques. Les végétaliens ont les IMC les plus bas, suivis des végétariens, des pescétariens et des omnivores[118, 119].

Le régime pommes de terre ne fait que pousser ce principe à l'extrême en restreignant encore davantage le végétalisme. Si un groupe de personnes suivait à plein temps le régime pommes de terre, leur apport calorique et leur IMC seraient sans aucun doute les plus bas de tous.

En résumé, les régimes restrictifs fonctionnent parce que l'on mange moins lorsque la nourriture est moins satisfaisante. Le même phénomène s'observe chez nos bons vieux amis les Hadza, ainsi que chez d'autres populations de chasseurs-cueilleurs. Les chercheurs qui étudient ces tribus ont toujours beaucoup de compliments à faire sur leurs membres : ils sont chaleureux et accueillants, prennent grand soin de leurs invités et sont d'une compagnie agréable et amusante. Cependant, certains chercheurs admettent sans sourciller que s'ils devaient se plaindre sur un point, ce serait sur la nourriture. Elle est vraiment sans intérêt.

Comme l'écrit l'anthropologue Herman Pontzer, que nous avons croisé plus tôt, dans son livre *Burn: The Misunderstood Science of Metabolism* (non traduit en français) :

> La cuisine Hadza n'est pas très exaltante. À l'exception du miel et de certains fruits acidulés, tout est assez fade. Les épices sont inconnues,

> à part quelques rares pincées de sel. Presque tous les aliments sont servis tels quels, crus, rôtis ou bouillis. Les Occidentaux ne les qualifieraient pas de savoureux, ni même d'appétissants. Aucun aliment n'est trop sanguinolent, trop vieux ou trop inesthétique. Vous avez déjà ouvert votre gril le lendemain d'un grand barbecue pour trouver un pilon froid et oublié et une pomme de terre solitaire noircie sur la grille ? Voilà l'étendue de la gastronomie Hadza[120].

La description de Pontzer nous donne une idée de ce que nos ancêtres ont mangé pendant des millions d'années. Ils ne concoctaient pas de plats alléchants avec des tonnes d'ingrédients et n'avaient pas accès à une grande variété de produits. Au contraire, ils mangeaient toujours la même chose, presque toujours préparée de la même manière. Et comme la quête de nourriture leur demandait beaucoup d'efforts, ils étaient prêts à manger des denrées que nous ne toucherions pas avec un bâton aujourd'hui. *Bon appétit.*

À vrai dire, il n'est pas évident que les chasseurs-cueilleurs *eux-mêmes* trouvent leur nourriture sans intérêt. S'ennuient-ils en mangeant sans cesse de la viande de gibier et des tubercules fibreux ? On ne dirait pas. La plupart des Hadza citent la nourriture comme l'une des principales sources de bonheur et célèbrent les bons repas. C'est tout à fait logique si l'on se souvient que notre cerveau est une machine adaptative. Si vous avez été exposé toute votre vie à des hyperstimuli alimentaires, vous vous désensibilisez et les aliments « naturels » ne vous attirent guère. Mais si vous ne connaissez que ce type d'aliments, vos préférences se cristallisent autour d'eux. C'est très utile, car moins on est désensibilisé, moins on a besoin de sucre, de graisse, de sel, etc., pour se sentir bien dans son assiette. Comme nous l'avons expliqué, il est heureusement possible de se resensibiliser, du moins dans une certaine mesure. Vous et moi ne serons probablement jamais aussi enthousiastes devant un fruit acide qu'un Hadza. Mais il est tout de même très bénéfique de viser une certaine resensibilisation lorsque l'on souhaite perdre du poids ou améliorer sa santé. Et même si nous avons admis que personne ne pourra jamais copier fidèlement les Hadza, nous avons tout à gagner à réduire un peu la variété de notre alimentation de temps en temps.

Pourquoi les menus servis à bord des avions sont-ils si insipides ?

Le Colorado est l'État le plus élevé par rapport au niveau de la mer aux États-Unis, avec une altitude moyenne de 2 100 m. C'est aussi l'État le plus mince et, étonnamment, les deux faits sont peut-être liés. En tout cas, il semble que l'altitude soit un phénomène commun qui protège de l'obésité[121, 122]. Par exemple, une étude portant sur le personnel militaire américain a révélé que les soldats stationnés à une altitude plus élevée avaient tendance à prendre moins de poids[123]. C'est peut-être parce que les aliments sont moins appétissants lorsque la pression atmosphérique

→

est plus faible. Si vous avez déjà essayé de manger à bord d'un avion, vous aurez certainement noté que ce n'est pas exactement le comble de l'expérience culinaire. En fait, une étude menée par la compagnie aérienne Lufthansa a révélé que la sensibilité des papilles gustatives aux aliments sucrés et salés est jusqu'à 30 % plus faible en vol[124]. Par ailleurs, la faible pression atmosphérique et l'humidité réduisent l'odorat.

Les montagnards parviennent donc peut-être plus facilement à rester sveltes parce que leur environnement les rend moins vulnérables à la manipulation des hyperstimuli alimentaires.

Chapitre 8
De la dynamite aux pilules pour maigrir

Quelques semaines après le début de la Première Guerre mondiale, les troupes allemandes avancent dans le nord de la France afin d'atteindre et de conquérir Paris. Le sort de la République est en jeu et l'armée française oppose une résistance acharnée aux Allemands, livrant quelques-unes des batailles les plus sanglantes que l'Europe ait jamais connues.

En coulisses, les ouvriers des usines françaises de fabrication de bombes travaillent jour et nuit pour fabriquer les explosifs nécessaires à l'effort. Les normes de sécurité y étaient déjà peu contraignantes avant la guerre, mais la survie de la nation étant menacée, elles ont encore baissé d'un cran. Tout ce qui compte, c'est la livraison rapide des explosifs sur les lignes de front. Les ouvriers sont donc souvent en contact étroit avec les produits chimiques utilisés, qu'ils inhalent ou touchent, et avec le temps, nombre d'entre eux commencent à se plaindre de divers symptômes de santé inhabituels.

Ils transpirent abondamment, surtout la nuit, se sentent complètement épuisés et perdent rapidement du poids. Pour certains, les symptômes s'aggravent au point de leur coûter la vie. Pendant la guerre, les regards sont portés ailleurs, mais à la fin des combats, les scientifiques décident de se pencher à nouveau sur la question. Qu'est-ce qui a bien pu causer la souffrance des ouvriers des usines de fabrication de bombes ? Les chercheurs étudient les différents produits chimiques présents dans les usines afin de déterminer leurs effets sur les animaux de laboratoire et les êtres humains. Après des années d'investigation, ils concluent que les symptômes sont imputables à un produit chimique appelé « dinitrophénol », ou « DNP »[125].

Le DNP est utilisé dans les explosifs parce que ce produit est hautement combustible. Si on le comprime sous pression et avec le bon détonateur, on peut en faire une bombe redoutable. Toutefois, il s'avère que le DNP a un tout autre effet lorsqu'il est inhalé ou ingéré par des organismes biologiques. Les scientifiques ont montré que le DNP affecte des structures spéciales dans nos cellules appelées « mitochondries ». Si vous avez immédiatement pensé « la centrale électrique de la cellule », vous devriez peut-être réduire votre temps d'écran. Mais vous avez bien raison. Les mitochondries sont appelées « organites ». Elles ont gagné leur surnom de « centrale électrique » parce qu'elles sont garantes des étapes finales de l'extraction d'énergie de notre nourriture. Ce processus aboutit à la production de molécules appelées « adénosine triphosphate », ou « ATP ». Imaginez la situation suivante : vous commencez par consommer de la nourriture. Ces aliments sont digérés dans l'estomac et les intestins, après quoi les nutriments sont absorbés par l'organisme et passent dans la circulation sanguine. De là, les nutriments sont absorbés par les cellules qui commencent à en extraire de l'énergie. Dans la plupart des cas, les deux premières étapes se déroulent dans le compartiment principal de la cellule, appelé « cytoplasme ». Mais la majeure partie de l'extraction d'énergie a lieu à l'intérieur des mitochondries. L'énergie obtenue n'est pas utilisée immédiatement, mais stockée dans des molécules appelées « ATP », que l'on peut comparer à de petites piles. En produisant de l'ATP, la cellule peut conserver l'énergie pour plus tard et l'utiliser pour diverses tâches à forte intensité énergétique. Par exemple, une cellule musculaire peut utiliser l'ATP pour se contracter ou une cellule immunitaire peut utiliser l'ATP pour lutter contre une infection.

Bon, c'était une bonne dose de biologie moléculaire. Ce qu'il faut retenir, c'est que vos mitochondries – les centrales électriques des cellules – extraient de l'énergie de votre alimentation et la « conservent » pour plus tard en fabriquant de l'ATP. C'est le processus fondamental qui vous maintient en vie et qui alimente toutes vos fonctions corporelles. Or, le DNP interfère avec les mitochondries. Il provoque la combustion de l'énergie extraite de votre alimentation sous forme de chaleur au lieu de son stockage sous forme d'ATP. Imaginez que vous mettiez votre voiture au point mort et que vous appuyiez sur l'accélérateur : impossible d'avancer. Le moteur ne fera que chauffer. Ainsi, lorsque les ouvriers français inhalaient le DNP des explosifs, ils brûlaient de l'énergie sous forme de chaleur au lieu de produire de l'ATP. C'est pourquoi ils avaient chaud et transpiraient autant. En retour, leur taux d'ATP était faible et ils manquaient donc d'énergie pour les fonctions cellulaires. C'est ce qui explique les sensations de fatigue extrême. Lorsque le corps des travailleurs de la bombe a tenté de remédier au manque d'énergie en brûlant de la graisse corporelle, cette énergie s'est également transformée en chaleur, ce qui a aggravé la sudation et expliqué l'amaigrissement rapide.

Aucun de ces symptômes ne semble particulièrement agréable. Mais vous devinez ce qui s'est passé par la suite ? Certains des ouvriers de l'usine de bombes ont brûlé 50 % de calories de plus que la normale à cause de l'exposition au DNP. Rapidement, des entrepreneurs avisés ont commercialisé le composé comme un moyen de « faire fondre la graisse » sans effort. En quelques années, plus de 100 000 personnes ont adopté le DNP dans l'espoir de maigrir. C'est devenu la première « pilule amaigrissante ». Bien entendu, ce surnom ne rend pas le DNP plus sûr. Les décès se succédaient à un rythme effarant. Un médecin s'est souvenu avoir admis un consommateur de DNP dont la température corporelle avait atteint 45 °C avant sa mort. Les médecins ont également commencé à découvrir de nouveaux effets secondaires qui n'avaient pas été décrits à l'origine. Certaines personnes ont développé des éruptions cutanées. D'autres se sont réveillées avec une vision floue ou sont devenues soudainement aveugles[126,127]. Sans surprise, les médecins se sont inquiétés et le DNP a fini par être déclaré illégal. En fait, cette décision a été prise dès que les autorités sanitaires ont obtenu le pouvoir de prohiber des substances. L'interdiction a entraîné une chute spectaculaire de l'utilisation du DNP, mais il n'a jamais complètement disparu du marché noir. Il est notamment souvent utilisé par les culturistes pour perdre du poids avant les compétitions et, comme à l'époque, il fait encore parfois des victimes.

Malgré tous ces sombres destins, l'histoire du DNP n'a pas conduit qu'à la tragédie. En fait, cette découverte a donné le coup d'envoi à la recherche de traitements médicaux contre l'obésité. Après tout, si l'on fait abstraction des horribles effets secondaires, le principe fondamental est prometteur. Le développement de médicaments permettant de stimuler le métabolisme en toute sécurité constituerait une solution simple et satisfaisante : manger à volonté, puis augmenter sa dépense énergétique à l'aide d'une pilule afin de ne pas prendre de poids.

Hélas, cette théorie s'est avérée plus compliquée qu'escompté. Les chercheurs spécialisés dans l'obésité ont découvert plusieurs médicaments autres que le DNP capables d'augmenter le métabolisme, mais ils semblent tous s'accompagner d'effets secondaires fâcheux. Le plus souvent, ces produits finissent par provoquer des problèmes cardiaques. Les chercheurs ont donc commencé à se concentrer sur l'autre versant de l'équation : la fabrication de médicaments destinés à réduire l'appétit afin que les gens mangent moins.

★

Les fumeurs de cannabis ont été l'une des principales sources d'inspiration pour les remèdes coupe-faim. Le cannabis a tendance à provoquer ce que les fumeurs appellent les « fringales » : une sorte de frénésie alimentaire caractérisée par des envies de friandises et de grignotages. En ce sens, le cannabis a l'effet totalement opposé à celui recherché, puisqu'il augmente l'appétit. Les chercheurs se sont alors demandé s'il était possible de fabriquer un anticannabis. Un produit antigrignotage ?

Une société pharmaceutique française s'est penchée sur la question et a trouvé un composé qui agit sur le cerveau à l'inverse du cannabis. Ce composé a été baptisé « rimonabant » et, lors d'essais cliniques, il a réellement produit un effet antigrignotage. Les participants à l'étude avaient moins d'appétit que d'habitude, mangeaient moins et finissaient par perdre du poids[128]. Tout laissait à penser que cet anticannabis deviendrait le premier véritable traitement pharmaceutique contre l'obésité. Il a même réussi à être approuvé dans l'UE et des milliers de personnes ont reçu des ordonnances de leur médecin. Mais lors de l'étude clinique finale aux États-Unis, des complications sont apparues. Avec le recul, celles-ci paraissent sans doute évidentes.

Le cannabis est principalement utilisé parce qu'il procure des sensations de bien-être. Au moins temporairement. On peut donc s'attendre à ce qu'un anticannabis ait un impact négatif sur l'humeur. Dans l'étude américaine, les scientifiques ont constaté que jusqu'à 10 % des utilisateurs de rimonabant avaient développé une dépression. L'essai a dû être interrompu après le suicide de deux participants[129]. L'autorisation de mise sur le marché du médicament a ensuite été suspendue dans l'Union européenne[130] [131].

Cet échec a été un coup dur pour le monde de la recherche sur l'obésité. Une fois de plus : si proches et pourtant si loin. Tout portait à croire que personne ne parviendrait jamais à trouver un traitement médical contre l'obésité. Le DNP rendait les gens aveugles ou les faisait presque bouillir dans leur chair. Le rimonabant rendait les gens dépressifs. Et toutes les autres tentatives échouaient également.

Toute cette épreuve est parfaitement illustrée par un produit d'amaigrissement appelé « Olestra ». Il s'agit d'un ingrédient alimentaire expérimental censé ressembler aux édulcorants artificiels, mais qui contient de la graisse au lieu du sucre. En d'autres termes, un ingrédient qui nous ferait croire que nous mangeons du gras, mais qui contient en réalité beaucoup moins de calories. Olestra a donné de bons résultats lors d'essais cliniques au cours desquels des sujets ont réussi à réduire leur apport calorique en remplaçant les graisses par Olestra. Mais lorsque l'ingrédient a été mis sur le marché et que les gens ont commencé à l'utiliser à la maison, des effets secondaires indésirables sont apparus. En effet, il s'avère que les gens ne se comportent pas de la même manière dans un environnement clinique que lorsqu'ils sont chez eux sur leur canapé. Lors d'un essai suivi par des chercheurs, les participants à l'étude se contentaient d'un ou deux biscuits Olestra, et puis voilà. Mais chez eux, à l'abri des regards critiques, le scénario était tout autre. Il n'est pas particulièrement difficile de manger une boîte entière de biscuits au lieu de quelques-uns seulement. Et lorsque les gens se sont mis à consommer des produits contenant de l'Olestra, certains ont commencé à se sentir mal. Les symptômes allaient des maux d'estomac à une diarrhée explosive. En fin de compte, la plupart des industriels de l'agroalimentaire ont décidé de retirer leurs produits contenant de l'Olestra.

À l'époque, un chercheur dans le domaine de l'obésité aurait sans doute eu l'impression de vivre la chute d'une sorte de blague cosmique. Les taux d'obésité explosaient et tout ce que la communauté scientifique parvenait à faire, c'était de donner aux gens des problèmes cardiaques et de la diarrhée.

*

Malgré ces nombreux déboires, la médecine de l'obésité n'était pas vouée à l'échec pour toujours. En 2021, la société pharmaceutique danoise Novo Nordisk a annoncé les résultats d'un essai clinique portant sur un médicament contre l'obésité appelé « sémaglutide ». Ce médicament est également connu sous les noms de Wegovy et Ozempic. Dans le cadre de l'essai de Novo Nordisk, les participants ont reçu des conseils pour suivre un régime et faire du sport pour perdre du poids. Deux tiers d'entre eux ont ensuite reçu le médicament, tandis que les autres ont reçu un placebo. Au début de l'étude, le sujet moyen pesait 105 kg. Au bout d'un an et quatre mois, ceux qui avaient reçu uniquement des conseils sur leur alimentation et l'exercice physique avaient perdu 2,6 kg. Ceux qui avaient pris de l'Ozempic en plus avaient perdu 15 kg, soit 15 % de leur poids initial[132, 133]. Ce type d'amaigrissement était sans précédent pour presque tous les traitements. Quant aux effets secondaires, ils se limitaient à des symptômes tels que la nausée et la constipation, et restaient généralement transitoires. Lorsque cette nouvelle a été annoncée, elle a déclenché une véritable frénésie. L'action de Novo Nordisk a tellement bondi qu'elle est devenue l'entreprise la plus valorisée d'Europe. À un moment donné, son évaluation a été équivalente à la totalité du PIB danois. De nombreux investisseurs expérimentés ne s'attendaient pas à une telle réaction et, pour la plupart des gens normaux, l'Ozempic est pour ainsi dire sorti de nulle part. Pourtant, la saga avait débuté plusieurs décennies auparavant.

À la fin des années 1980, le chercheur danois Jens Juul Holst et ses collègues réalisent une série d'expériences sur des organes de porc isolés afin d'étudier une hormone appelée « GLP-1 »[134]. Cette expression peut ressembler à un de ces mots de passe que le service informatique vous oblige à changer tous les 90 jours. Mais il s'agit en fait d'une hormone libérée par certaines cellules de l'intestin après un repas. Holst et son équipe démontrent que le GLP-1 stimule à son tour la libération d'une autre hormone, l'insuline. Cette découverte est capitale, car à l'époque, l'insuline est l'hormone la plus précieuse au monde (ironiquement, c'est aujourd'hui le GLP-1 qui détient ce titre).

L'insuline est importante, car elle sert à traiter les personnes souffrant de diabète de type 2. Voici comment elle fonctionne : à tout moment, vous avez environ une cuillère à café de sucre dans le sang, que vos cellules peuvent exploiter pour obtenir de l'énergie. Toutefois, après les repas contenant des glucides, tels que le pain, le riz ou les pommes de terre, le sucre afflue au cours de la digestion. Ce phénomène semble effrayant, mais il n'en est rien. L'augmentation du niveau de sucre dans le sang entraîne la libération d'insuline par l'organisme, ce qui permet aux muscles, à la graisse et au foie d'absorber l'excès de sucre et de le brûler pour produire de l'énergie ou de le stocker pour plus tard. Il s'agit d'un processus physiologique tout à fait normal qui se produit chaque fois que vous mangez. Les problèmes ne surviennent que lorsque ce mécanisme se dérègle. Si vous présentez un diabète de type 2, votre sensibilité à l'insuline diminue progressivement et, au bout d'un certain temps, la production d'insuline peut elle aussi diminuer. *In fine*, le taux de sucre dans le sang augmente, ce qui n'est pas une bonne chose. L'excès de sucre dans le sang est toxique pour les vaisseaux sanguins et, aux stades avancés du diabète de type 2, les dommages peuvent être si graves que les patients deviennent aveugles ou doivent subir des amputations. Il est donc primordial d'aider les diabétiques de type 2 à améliorer le contrôle de leur glycémie et le GLP-1 semble être un nouveau moyen prometteur pour y parvenir.

Il est rapidement apparu que le GLP-1 ne se contentait pas de réguler le taux de sucre dans le sang. Les scientifiques ont décrit la perte de poids observée chez des rongeurs ayant reçu une perfusion de GLP-1 sur de longues périodes[135]. Rétrospectivement, c'est encore plus réjouissant que les effets sur la glycémie. Mais souvenons-nous des précédents résultats des médicaments amaigrissants. La plupart des entreprises pharmaceutiques considéraient les essais de traitements contre l'obésité comme une perte d'argent. Elles se sont donc concentrées sur la transformation du GLP-1 en traitement antidiabétique.

Dans cette perspective, les chercheurs se sont heurtés à un obstacle particulier : lorsque l'on injecte du GLP-1 à un patient, l'hormone disparaît en seulement quelques minutes[136]. En effet, le GLP-1 est suffisamment petit pour être filtré par les reins et de plus, une enzyme présente dans les vaisseaux sanguins le détruit volontairement. On peut considérer cette enzyme comme de minuscules ciseaux qui ne découpent pas n'importe quelle molécule, mais seulement quelques-unes, parmi lesquelles le GLP-1. Il est donc impossible de traiter un sujet si la molécule utilisée disparaît immédiatement, que ce soit par filtrage ou par découpage, et c'est pourquoi les laboratoires pharmaceutiques ont commencé à faire des expériences.

La première solution est venue d'une petite société américaine, Amylin Pharmaceuticals. Ses scientifiques ont trouvé la réponse à ce problème dans l'endroit le plus logique qui soit : la bave d'un lézard venimeux du désert appelé « monstre de Gila ». Ce lézard est originaire de l'ouest des États-Unis et, on ne sait pourquoi, produit dans sa salive (et non dans son venin) un peptide similaire au GLP-1[137]. À ce jour, personne ne comprend vraiment ce mécanisme. Toutefois, ce qui est intéressant, c'est que ce peptide est suffisamment proche du GLP-1 pour agir de la même manière si on l'injecte à l'homme, mais suffisamment différent pour ne pas être découpé dans les vaisseaux sanguins. Le peptide du monstre de Gila a donc été exploité pour créer un nouveau médicament contre le diabète, l'exénatide. Ce produit était néanmoins loin d'être parfait et n'a jamais connu un grand succès. En effet, s'il n'était pas immédiatement éliminé par les reins, il disparaissait quand même au bout de quelques heures. Il fallait trouver mieux.

★

En mai 1994, une jeune chercheuse débarque en trombe dans le bureau de son patron, un article de recherche fraîchement publié à la main. Lotte Bjerre Knudsen est chimiste chez Novo Nordisk. L'article qu'elle brandit est coécrit par Jens Juul Holst et montre comment les injections de GLP-1 aident les diabétiques de type 2 à normaliser leur glycémie. Novo Nordisk, spécialisé dans les médicaments contre le diabète, se montre évidemment très intéressé, et c'est ainsi que commence le long périple vers l'Ozempic[138]. Bjerre Knudsen a pour mission de faire en sorte que l'hormone GLP-1 survive dans l'organisme pendant 24 heures. Avec ses collègues, elle n'a pas recours au monstre venimeux de Gila, mais combine le GLP-1 avec une molécule de graisse. Cette association est judicieuse, car elle repose sur les modalités de transport des graisses dans l'organisme. Vous vous souvenez peut-être de vos cours de chimie : les lipides ne sont pas solubles dans l'eau. Par exemple, si vous versez de l'huile dans de l'eau, les deux substances ne se mélangent pas. Au contraire, l'huile forme une strate distincte. Ce phénomène nous pose des difficultés lorsque nous voulons acheminer des lipides à travers notre corps, car le sang est principalement constitué d'eau et il est donc impossible de faire circuler les lipides en l'état. Nous devons donc faire appel à d'autres molécules pour nous aider. L'une d'entre elles est une protéine sanguine présente en abondance, l'albumine. Cette protéine peut se lier aux molécules de lipides et les emporter avec elle. C'est un peu comme un autobus qui ramasse et dépose des molécules de graisse et d'autres types. En combinant le GLP-1 avec une molécule de graisse, Bjerre Knudsen est donc sûre que le peptide monte dans le petit bus, l'albumine. En retour, cette fixation protège la molécule de GLP-1 du découpage, évite qu'elle ne soit filtrée par les reins et l'aide à rester en circulation pendant plusieurs jours. Novo Nordisk baptise ce nouveau médicament « liraglutide » et il finit par être approuvé en tant que médicament, d'abord pour le traitement du diabète, puis pour la perte de poids. Lors de l'essai clinique final, les participants pesant 106 kg ont perdu en moyenne 5,6 kg de plus que ceux qui s'étaient contentés de manger mieux et de faire de l'exercice[139].

Pour fabriquer l'Ozempic, Novo Nordisk modifie le liraglutide en utilisant un autre type de molécule lipidique tout en altérant légèrement la molécule de GLP-1 elle-même. Le médicament est ainsi plus puissant, car il agit plus longtemps, ce qui permet aux patients de perdre 15 % de leur masse totale, contre 5 % pour le liraglutide. Peu de temps après, la société pharmaceutique américaine Eli Lilly lance un médicament à base de GLP-1, le tirzépatide, qui cumule cet effet avec l'imitation d'une autre hormone intestinale supprimant par ailleurs l'appétit. Ce médicament permet aux participants de perdre 21 % de leur masse corporelle lors de l'étude clinique finale[140]. Novo Nordisk réplique avec son propre médicament à double action qui surpasse légèrement *ce résultat.* Et à l'heure actuelle, pratiquement toutes les entreprises pharmaceutiques ont un nouveau concurrent en préparation.

Deux questions restent cependant en suspens : comment ces médicaments fonctionnent-ils ?

Pourquoi font-ils perdre du poids ? On a d'abord cru que le GLP-1 faisait maigrir en ralentissant le transit des aliments dans l'intestin. Après tout, le GLP-1 constipe certains sujets. On pensait alors que les gens restaient rassasiés plus longtemps en raison de la plus grande quantité de nourriture présente dans leurs intestins à tout moment. Cependant, des études menées sur des animaux de laboratoire ont montré depuis longtemps que l'effet sur l'intestin n'est pas nécessaire pour perdre du poids. Ces médicaments amaigrissants agissent plutôt sur *le cerveau*[141]. Plus précisément, ils agissent sur les régions cérébrales liées à la régulation de l'appétit et à la récompense. Le mécanisme est donc le suivant : ils diminuent l'envie de manger, réduisent l'apport calorique et font donc maigrir. L'effet semble être particulièrement prononcé pour les « en-cas salés et les sucreries » – autrement dit, les hyperstimuli alimentaires[142]. De fait, les effets de ce mouvement se font déjà sentir dans le monde réel. Le PDG de Walmart rapporte que son entreprise constate une baisse des ventes d'hyperstimuli alimentaires comme les bonbons ou les chips.

Par ailleurs, des données américaines révèlent que les taux d'obésité ont légèrement baissé récemment, pour la première fois depuis le début de la collecte de telles statistiques[143].

Davantage de calories pourraient aussi être bénéfiques

Cet ouvrage se concentre sur les hyperstimuli alimentaires qui nous poussent à consommer trop de calories, ce qui provoque toutes sortes d'effets négatifs à la longue. Toutefois, le problème peut également être abordé sous un autre angle. On pourrait dire que le corps se tire une balle dans le pied. En effet, le stockage des calories excédentaires sous forme de graisse était tout à fait logique au cours de notre évolution. Notre cerveau est volumineux et requiert beaucoup d'énergie, un besoin qu'il est difficile d'ignorer. Ainsi, quand on vit dans un environnement où la nourriture est rare, c'est une excellente stratégie que d'économiser une partie de l'énergie de notre alimentation pour plus tard. Mais aujourd'hui, ce mécanisme de stockage nous rend malades. Dans un monde parfait, notre corps utiliserait le surplus d'énergie dont nous disposons de manière productive. Les possibilités sont infinies : une énergie décuplée pour l'activité, des cerveaux encore plus gros, des os plus solides ou une santé de fer. L'humain est faible par rapport

→

aux autres animaux, probablement parce que son cerveau exige tellement d'énergie qu'il doit en économiser en réduisant sa masse musculaire. Pourtant, dans le monde contemporain, il serait possible d'avoir les deux à la fois. Je suis sûr que vous ne seriez pas contre l'idée de manger un peu plus de crème glacée en échange d'une silhouette plus avantageuse à la plage. Mais pour l'instant, ça reste du domaine du rêve et la recherche se concentre sur des coupe-faim toujours plus performants. Actuellement, il nous est impossible de forcer notre corps à dépenser plus d'énergie et à être plus productif, mais nous verrons bien ce que l'avenir nous réserve.

Deuxième partie

SEXE, DROGUE ET HYPERSTIMULI

Chapitre 9
Le sexe et le charme de la bouteille

L'Australie-Occidentale est célèbre pour son « bush », un paysage mythique de terre rouge et brune et de buissons épars qui fait sensation sur les cartes postales. Mais pour les plantes et les animaux, le bush n'est pas exactement un paradis. Il y règne une sécheresse extrême, une chaleur torride et le sol est l'un des plus pauvres en nutriments de la planète. Aussi, l'Australie-Occidentale ne déborde pas vraiment de vie sauvage. Même les humains sont peu nombreux sur le territoire : 80 % de la population australienne vit le long de la côte est, plus fertile, et la seule grande ville d'Australie-Occidentale, Perth, est l'une des plus isolées au monde.

Paradoxalement, l'absence d'êtres humains ne protège pas les animaux du bush des dangers causés par l'homme. Prenons l'exemple des buprestidés, des insectes appelés en anglais « jewel beetles », ou « coléoptères pierres précieuses ». Il faut probablement être entomologiste pour donner à cet animal un nom de bijou. La plupart des gens diraient que cet insecte ressemble plutôt à un cafard, avec son corps brun et oblong et sa tête noire. S'il ne remporte aucun concours de beauté, il représente cependant un excellent exemple d'adaptation. Sur la toile de fond rouge-brun de l'Australie-Occidentale, il est bien camouflé et passe la plupart de son temps tranquillement, sans être dérangé, se régalant de diverses plantes de ce paysage aride.

Toutefois, une fois par an, cette routine monotone est interrompue par la saison des amours. Les mâles s'envolent alors à la recherche de femelles avec lesquelles s'accoupler. Comme ces dernières ne peuvent pas voler, les mâles, éperdus d'amour, bourdonnent autour des fourrés tout en scrutant frénétiquement le sol en quête d'une compagne brune. C'est là que commence le problème causé par l'homme. Les Australiens assoiffés laissent parfois traîner des bouteilles de bière vides et c'est un véritable coup de foudre pour les pauvres coléoptères. Les bouteilles de bière vides sont grandes, brillantes et brunes, tout comme une femelle coléoptère. Mieux : les bouteilles sont plus grandes et plus brillantes que les femelles ne pourraient jamais le devenir. Il s'agit d'un hyperstimulus sexuel.

Ainsi, si un mâle aperçoit une bouteille de bière vide, il se rue sur le verre et tente ardemment de s'accoupler avec. Si une vraie femelle passe par là, il l'ignore complètement. Elle ne peut tout simplement pas rivaliser avec le charme de la bouteille. De fait, rien ou presque ne peut faire renoncer les mâles à leurs bouteilles chéries. Il faut les retirer physiquement pour mettre fin à cette tentative désespérée de reproduction. Sans intervention humaine, les coléoptères mâles finissent généralement par mourir de déshydratation sous le soleil brûlant ou dévorés vivants par les fourmis parce qu'ils refusent farouchement d'abandonner leur flacon adoré[144, 145].

★

Que les animaux puissent être dupés par des hyperstimuli sexuels n'est pas très étonnant. On s'y attend plutôt. En effet, dans la nature, les animaux ont deux objectifs fondamentaux : se nourrir et se reproduire. Et si l'on a besoin de nourriture, c'est pour avoir l'énergie nécessaire à la sexualité et à la procréation.

Les créatures biologiques ont évolué dans ce sens parce que ceux qui parviennent à procréer produisent la génération suivante. Illustrons notre propos par une petite expérience de pensée : disons que nous fabriquons deux versions d'un animal. La première version n'est pas intéressée par le sexe. Elle passe son temps à chercher de la nourriture, à dormir et à explorer son environnement. Lorsque cet animal meurt, il n'a pas eu de relations sexuelles et n'a donc pas eu de descendance. À la génération suivante, personne n'a donc hérité de sa faible libido.

La seconde version de notre animal, quant à elle, est obsédée par le sexe. Cet animal a également besoin de se nourrir, de dormir et de se familiariser avec son environnement. Il ne peut donc pas consacrer *tout* son temps et toute son énergie à la recherche de partenaires sexuels.

Mais s'il investit tout son temps et son énergie dans la reproduction, il laissera évidemment plus de descendants que l'animal non sexuel. Ainsi, étant donné que la libido, comme la plupart des autres caractéristiques, est en partie héréditaire, la génération suivante comptera davantage de spécimens obsédés par le sexe. C'est ainsi que l'évolution fonctionne depuis l'apparition de la vie multicellulaire et de la reproduction sexuée.

Des millions de générations de sélection en faveur du désir sexuel nous ont dotés d'un cerveau optimisé pour réagir aux stimuli liés au sexe. Tout comme nous sommes attirés par les stimuli liés à la nourriture parce que la survie de nos ancêtres en dépendait. Pour notre coléoptère, ceci implique que les surfaces brunes et brillantes sont attirantes ; pour un babouin mâle, ce sera un gros popotin rouge ; et pour les humains, cela peut aller d'un joli corps ou d'un visage attirant à des qualités plus abstraites comme la prévenance, la confiance ou le pouvoir.

Quoi qu'il en soit, la première étape de cette quête innée du sexe consiste à trouver quelqu'un avec qui s'y adonner. C'est une affaire un peu plus compliquée – ou sophistiquée – pour les humains que pour les coléoptères. Il suffit à ces derniers de s'identifier l'un l'autre pour que l'affaire soit conclue. Les humains, en revanche, ont une période de séduction, parfois longue, au cours de laquelle ils établissent un lien et s'évaluent mutuellement. Comme en témoignent les 8 milliards de Terriens, cet effort n'a jamais été un frein à notre essor. Mais en réalité, il semblerait que nous soyons de moins en moins doués pour nous mettre en couple. En tout cas, la proportion d'adultes célibataires n'a jamais été aussi forte, tout comme le nombre d'adultes vivant seuls[146]. C'est vrai dans presque tous les pays développés, mais il y a un hic. Prenons mon Danemark natal. Les chiffres danois révèlent que *toutes* les tranches d'âge ne sont pas de plus en plus célibataires. Parmi les générations les plus âgées, le nombre de célibataires est plus faible qu'auparavant parce que les gens meurent plus tard de nos jours et qu'il y a donc moins de veuves et de veufs.

En revanche, chez les personnes de moins de 50 ans, le nombre de célibataires bat chaque année des records. Bien sûr, les raisons en sont multiples. Tout d'abord, nous sommes plus riches aujourd'hui que jamais, et il est donc plus facile de vivre et de se débrouiller seul si on le souhaite. Par ailleurs, la culture met nettement moins l'accent sur le mariage, les valeurs traditionnelles et la famille nucléaire. Mais lorsqu'un phénomène touche sensiblement plus les jeunes générations que les anciennes, il est tentant de soupçonner la technologie d'avoir sa part de responsabilité.

Imaginons par exemple que vous soyez un jeune homme plein d'allant dans la Grande-Bretagne médiévale. Vous avez grandi sur une ferme dans un petit village et vous devez trouver une femme pour vous marier et enfin hériter de la ferme familiale.

Lorsque vous regardez autour de vous dans le village, les possibilités ne sont pas inépuisables. En fait, il n'y a que trois femmes en âge convenable et qui sont libres. La première est mignonne, mais ne vous apprécie pas. La deuxième est votre cousine. Et la troisième a perdu la moitié de ses dents.

Certes, c'est peut-être un peu exagéré. En réalité, le choix aurait été plus large et vous auriez également pu tenter votre chance dans les bourgs environnants. Néanmoins, il ne fait aucun doute que vos options seraient relativement limitées. Si vous aviez été une femme, vous n'auriez peut-être même pas eu le luxe de choisir. Et pour les hommes comme pour les femmes, les parents auraient également eu leur mot à dire. En Grande-Bretagne, ceux-ci pouvaient rejeter un prétendant potentiel s'ils estimaient qu'il ne répondait pas aux attentes. Mais dans d'autres parties du monde, les mariages arrangés étaient tout à fait normaux (et le sont encore dans certaines régions). Ainsi, si la jeune femme édentée du village avait été la fille de l'associé de votre père, il aurait peut-être été judicieux de commencer à économiser pour lui offrir un dentier en bois.

Comparez cette situation à celle d'un jeune d'aujourd'hui. À l'heure actuelle, il est possible de rencontrer un partenaire lors d'une soirée ou à la librairie, votre livre préféré – *Tous hyperstimulés* – entre les mains. Mais désormais, c'est surtout en ligne qu'on se rencontre. Tous les pays ne disposent pas de données fiables sur cette question, mais on constate l'essor des rencontres en ligne dans les questionnaires des États-Unis. En 1999, 5 % des nouveaux couples américains ont déclaré s'être rencontrés en ligne. En 2009, ce chiffre grimpait à 22 %. En 2019, à 40 %[147], et aujourd'hui, plus de 1 couple sur 2 s'est rencontré via Internet[148].

La multiplication des rencontres en ligne a accéléré dans les années 2010 avec la démocratisation des smartphones et des applications telles que Tinder®, Bumble®

ou Hinge®. Pour notre jeune fermier médiéval plein de fougue, quelques minutes sur l'une de ces applications seraient une expérience extraordinaire. Au bout des doigts, des milliers de partenaires potentielles s'affichent les unes après les autres, à un rythme effréné. Bien sûr, toutes ne seraient pas intéressantes pour lui. Et toutes ne lui répondraient pas. Mais par rapport à sa situation initiale, ces applications sont une mine intarissable de possibilités. « Un cadeau du ciel, estimerait-il probablement. Avec autant d'options, tout le monde doit pouvoir trouver chaussure à son pied ! Et les gens doivent être très satisfaits de leurs relations. »

Oui… ou, non ?

Si c'était vrai, on devrait observer une diminution du nombre de célibataires aujourd'hui, et non une augmentation. Mais paradoxalement, cette pléthore de choix pourrait expliquer en partie la baisse du nombre de personnes qui se mettent en couple dans le monde moderne. Des études montrent en tout cas qu'une multitude d'options tend à nous rendre plus indécis et plus enclins à regretter nos décisions – c'est ce que l'on appelle le « paradoxe du choix ».

Dans le cadre d'une étude célèbre, un groupe de psychologues a mené une expérience sur ce phénomène en utilisant de la confiture. Le premier jour, ils ont exposé 24 sortes de confitures différentes dans un supermarché. Le lendemain, ils ont répété l'opération, mais en ne présentant plus que six choix. Les psychologues ont découvert que le large choix de confitures permettait de mieux capter l'attention des gens et de les inciter à goûter les échantillons. Mais le choix plus restreint a été plus efficace pour amener les gens à faire leur choix et à acheter un produit. Une large sélection éveille l'intérêt, mais un choix plus limité favorise l'engagement[149].

Vous connaissez peut-être cette situation : vous cherchez un film sur Netflix® et il est difficile de choisir parmi les innombrables options proposées, si bien que vous finissez par errer sur la page d'accueil.

Des scientifiques américains ont prouvé que le même phénomène se produit sur le marché des relations amoureuses. Dans une étude inspirée par celles sur les confitures, ils ont recruté des étudiantes célibataires. On a alors expliqué aux jeunes femmes que l'université mettait au point un service de rencontres qu'elles étaient invitées à évaluer. Certaines d'entre elles se sont ensuite vu présenter six partenaires potentiels, tandis que les autres en ont vu 24. À la fin, toutes les femmes ont dû choisir le partenaire qui leur plaisait le plus parmi les profils proposés.

La semaine suivante, les participantes à l'étude sont revenues et les scientifiques leur ont demandé d'évaluer leur degré de satisfaction vis-à-vis de leur choix. Il s'est avéré que les femmes à qui l'on avait montré le plus grand nombre de profils avaient tendance à regretter davantage leur décision. Elles étaient à la fois moins satisfaites et plus enclines à modifier leur choix si on leur proposait[150].

Trop de poissons dans la mer ?

Même dans le monde réel, certains signes indiquent que l'abondance de possibilités de rencontres favorise l'indécision et l'instabilité des relations. Il suffit de penser aux mariages hollywoodiens. Les stars de cinéma sont l'incarnation du partenaire idéal pour beaucoup : attirantes, socialement compétentes, riches et puissantes, elles ne manquent pas d'atouts. Vous ne trouverez donc probablement pas de catégorie de personnes au monde disposant de plus de choix en matière de relations amoureuses. Les célébrités d'Hollywood peuvent sélectionner leur partenaire comme nul autre et, par conséquent, leurs mariages sont notoirement précaires.

Les scientifiques ont également observé ce phénomène chez les gens ordinaires. Dans une étude sur les mariages danois, il a été établi que le risque de divorce est plus élevé lorsque les conjoints travaillent dans un secteur comptant une plus grande proportion de collègues du sexe opposé. Cette observation vaut pour les deux genres, mais surtout pour les hommes[151].

★

Bien sûr, même sans partenaire, il est possible d'avoir des relations sexuelles. Pour la plupart des animaux, toutefois, le sexe nécessite au moins *la présence* d'un autre individu. Mais comme d'habitude, les humains sont créatifs.

Un des premiers signes de cette créativité remonte à l'âge de pierre en Europe. Sur les sites de fouilles du Vieux Continent, les archéologues ne cessent de dénicher des figurines dites « de Vénus ». Il s'agit de petites figurines représentant des femmes nues, souvent avec des courbes généreuses, une forte poitrine et de larges hanches. La raison d'être de ces figurines a longtemps été débattue : s'agissait-il de déesses de la fertilité ? Ou peut-être de flatteuses tentatives d'autoportrait ? Pour des raisons évidentes, il nous est impossible de poser la question. Mais il est probable que ces figurines soient tout simplement le premier exemple de pornographie à notre disposition. Des objets à emporter lors des longues expéditions de chasse, alors que les femmes restaient à la maison. Cette hypothèse est corroborée par le fait que les figurines ont manifestement fait l'objet d'un commerce. La plus célèbre d'entre elles, la Vénus de Willendorf, a été retrouvée dans un village autrichien, à une centaine de kilomètres à l'ouest de Vienne. Mais elle n'est pas façonnée à partir de matériaux locaux. Le calcaire de la Vénus de Willendorf provient d'une région située à des centaines de kilomètres plus au sud. Il est donc fort probable que le propriétaire final de la figurine ne soit pas celui qui l'a fabriquée, mais un tiers qui l'a acquise par le biais d'échanges marchands[152]. Quelqu'un a sans doute compris que la pornographie pouvait être une activité très lucrative.

Dans ce cas, il serait loin d'être le seul. En fait, l'argument commercial de la pornographie est si universel qu'il transcende même les espèces. Dans une étude américaine, des scientifiques ont entraîné nos lointains parents, les macaques rhésus, afin de démontrer cette réalité. Ils ont exploité la *passion* de ces singes pour le jus d'orange. Ainsi, lorsque les scientifiques leur donnent un peu de soleil à boire, il est à peu près impossible de récupérer la bouteille. Cependant, ils ont appris aux singes qu'ils pouvaient se servir du jus d'orange comme monnaie d'échange, dans le cas où ils préféreraient acquérir d'autres objets. La plupart du temps, les macaques n'étaient pas disposés à renoncer à leur jus bien-aimé. Mais les singes mâles acceptaient de troquer leur jus d'orange contre des photos de fesses de singes femelles[153].

Au sein de notre espèce et à notre époque, les sites interdits aux mineurs comptent parmi les plus consultés au monde, ce qui témoigne de l'attrait de la pornographie. Depuis la Vénus de Willendorf, l'escalade n'a jamais cessé. Il y a d'abord eu les représentations sexuelles dans les peintures, puis l'invention de la photographie. Les photos ont commencé avec les pin-up dans *Playboy*, puis les vidéos pornographiques sont apparues, d'abord sous forme de cassettes VHS avant l'explosion actuelle du streaming.

Nous avons observé cette même tendance dans le domaine de l'alimentation : il y a des milliers d'années, nous apportions déjà des modifications aux stimuli en sélectionnant des fruits plus sucrés et du bétail plus gras. Mais la technologie moderne a considérablement accéléré le processus. Le porno moderne sur Internet utilise un large éventail de techniques pour captiver les internautes. Tout d'abord, les modèles eux-mêmes sont spécifiquement choisis en fonction de leur apparence et de leur pouvoir d'attraction sexuelle. Il ne s'agit pas de personnes ordinaires, mais de personnes dont les caractéristiques sexuelles sont largement exagérées. Les femmes ont de gros seins et de grosses fesses, tandis que les hommes ont de gros pénis. Les stars féminines du porno ont en outre généralement un faible rapport taille-hanches, une mesure associée à la fertilité. Des études montrent que les hommes préfèrent habituellement un ratio de 0,7[154] qu'on retrouve parmi les stars de porno, mais pas dans la population générale.

Par ailleurs, le physique des acteurs est soigneusement « amélioré » à l'aide de maquillage et de chirurgie plastique (nous y reviendrons plus tard). L'ensemble est présenté avec tous les artifices connus des productions cinématographiques et télévisuelles (dont nous parlerons aussi plus loin). Pour résumer, l'éclairage est rigoureusement maîtrisé, le montage permet d'éliminer les « défauts » physiques et de ne retenir que les scènes les plus attirantes. En outre, les changements d'angles de caméra et de scènes introduisent de la variété, qui joue un rôle important dans la satiété, même en matière de sexe. En fait, la variété est tellement cruciale pour capter l'attention du public qu'une astuce encore plus redoutable est mise en œuvre.

★

Un jour, l'ancien président américain Calvin Coolidge visite une ferme expérimentale avec sa femme.

Le couple a droit à des visites séparées et, à un moment donné, Mme Coolidge marque un temps d'arrêt devant un poulailler. Elle remarque que le coq court partout et s'accouple avec toutes les poules, les unes après les autres. Curieuse, elle demande au fermier :

— Il fait ça souvent ?

— Oh oui, des dizaines de fois par jour, madame Coolidge.

Ce à quoi la première dame répond :

— Je vous en prie, dites-le au président.

Plus tard, lorsque le fermier raconte cette anecdote au président Coolidge, ce dernier sourit et demande :

— Toujours la même poule ?

L'homme s'empresse de répondre :

— Oh non, monsieur le président, une poule différente à chaque fois.

Le président éclate alors de rire.

— Dites donc ça à Mme Coolidge.

Cette histoire est très probablement une légende urbaine, mais elle illustre un phénomène psychologique réel observé chez les mammifères. Au cours d'une étude classique, les scientifiques placent un rat mâle dans une cage remplie de rats femelles en chaleur. Le rat mâle ne perd pas de temps et commence immédiatement à s'accoupler avec les femelles, souvent à plusieurs reprises. À la fin, cependant, il se fatigue et se retire dans un coin de la cage pour se reposer. Par la suite, il refuse de recommencer, même si les rats femelles s'approchent de lui avec une certaine insistance.

Enfin, jusqu'à ce que les scientifiques introduisent une *nouvelle* femelle dans la cage. Le mâle retrouve alors soudainement son énergie et s'empresse de s'accoupler avec elle. Au bout d'un certain temps, il se fatigue à nouveau et cherche à se reposer, mais chaque fois que les scientifiques lui présentent une nouvelle femelle, il repart de plus belle. En fait, les scientifiques parviennent à relancer le pauvre rat jusqu'au bord de l'épuisement. Tout ce qu'il faut, c'est un approvisionnement continu en nouvelles femelles[155, 156].

Ce phénomène – selon lequel un nouveau partenaire suscite un regain d'intérêt sexuel – est nommé d'après la légende populaire « l'effet Coolidge ». Au fond, c'est la version sexuelle de l'effet buffet, que nous avons déjà abordé. Vous vous souvenez ? Lors d'un buffet, il nous faut plus de temps pour nous sentir rassasiés, car la présence de tant de variété retarde la satiété. De même, la présence de variété sexuelle retarde la satiété sexuelle chez le rat mâle dans ces expériences.

Comme le suggère l'histoire récente, l'effet Coolidge pourrait s'appliquer tout particulièrement aux présidents des États-Unis. Mais cet effet n'est pas *seulement* observé dans le bureau ovale et chez les rats. Il existe chez tous les mammifères, du mouton au hamster en passant par le macaque rhésus. Personne n'a répliqué exactement chez l'homme l'expérience sur les rats décrite ci-dessus, du moins pas dans un but scientifique. Mais plusieurs groupes de recherche ont tenté de simuler ce concept en laboratoire. Par exemple, des chercheurs ont montré des films pornographiques à des participants masculins et se sont servis d'entretiens ou de tests physiques pour évaluer leur degré d'excitation sexuelle au cours de différentes scènes. Il apparaît que les hommes – exactement comme les rats mâles, les béliers[157] et les macaques – sont davantage excités sexuellement lorsque les films pornos mettent en scène de nouvelles femmes.

L'effet Coolidge a également été étudié chez les animaux femelles et les femmes, mais la démonstration est plus délicate. Pour parler franchement, la limite entre le sexe et le viol n'est pas aussi nette chez de nombreux autres mammifères que chez les humains. Un rat mâle, par exemple, n'attend pas le consentement de la femelle pour essayer de s'accoupler. Il peut donc être difficile pour les scientifiques d'évaluer les préférences propres des femelles. Certains scientifiques ont tenté de répondre à cette question en utilisant des cages spéciales reliées par des tunnels adaptés aux rats femelles, mais pas aux rats mâles, qui sont plus grands. Ainsi, les femelles peuvent choisir le rat mâle qu'elles veulent fréquenter et éviter d'être suivies ou harcelées. Les études réalisées à l'aide de cette méthode suggèrent que les rats femelles manifestent également un intérêt pour la variété[158]. Enfin, elles changent de cage de temps en temps, mais l'effet est beaucoup moins prononcé que chez les hommes. Cette différence pourrait expliquer pourquoi le porno moderne est particulièrement apprécié par les hommes. Ou du moins pourquoi il est pensé pour eux. Les sites pornographiques gagnent de l'argent en diffusant des publicités. Ils ne doivent donc pas se contenter d'attirer les spectateurs en utilisant des modèles séduisants. Ils ont également besoin que les spectateurs restent le plus longtemps possible. Plus les internautes regardent la page, plus vous pouvez leur montrer de publicités et plus vous gagnez finalement d'argent. L'effet Coolidge est donc particulièrement intéressant pour les sites pornographiques. En exposant stratégiquement les hommes hétérosexuels à de nombreuses femmes différentes, les sites retardent leur satiété sexuelle.

Ne sommes-nous pas monogames ?

L'effet Coolidge ne suggère pas que les humains ont évolué pour avoir des partenaires multiples. Il illustre simplement le fait que les adaptations évolutives ne sont pas organisées ou planifiées en amont. Certaines adaptations nous poussent également dans la direction opposée, comme lorsque l'on tombe éperdument amoureux ou que l'on éprouve une jalousie maladive. C'est pourquoi les anthropologues ont décrit diverses structures relationnelles chez les peuples traditionnels du monde entier, dont certaines sont tout à fait inconnues des Occidentaux. Par exemple, les Mosuo de Chine pratiquent une forme de mariage fluide et non monogame où les hommes et les femmes restent toute leur vie auprès de leur famille maternelle. Les relations sexuelles se déroulent pendant les visites : un homme se rend chez une femme et repart le lendemain matin. Ces relations n'impliquent aucune obligation et peuvent être entretenues avec plusieurs partenaires à la fois.

Autre exemple atypique : dans certaines régions de l'Himalaya, certains peuples pratiquaient une forme de mariage dans laquelle tous les frères d'une même famille partageaient une seule et même femme. Cette pratique visait probablement à éviter que les terres ne soient divisées entre plusieurs héritiers masculins.

La grande majorité des cultures pratiquent cependant la monogamie telle qu'elle est connue en Europe. La deuxième structure relationnelle la plus courante est la polygynie, où un seul homme a plusieurs épouses. Toutefois, dans ces sociétés-là, la polygynie est souvent réservée à l'élite et la plupart des gens restent en couple monogame[159].

★

Au cours des dernières décennies, un nombre croissant de patients ont sollicité l'aide de médecins et de psychologues pour ce qu'ils décrivent comme une « addiction à la pornographie ». La plupart de ces patients sont des hommes, mais il y a aussi des femmes. Parmi les célébrités, on peut citer le comédien Chris Rock[160], l'acteur Terry Crews[161] et la chanteuse Billie Eilish (qui déclare que le porno a « détruit son cerveau »)[162].

En 2018, l'Organisation mondiale de la santé a jugé qu'il existait suffisamment de preuves pour ajouter le « trouble du comportement sexuel compulsif » à ce que l'on appelle la « Classification internationale des maladies » (une sorte de liste officielle des maladies)[163]. Ce trouble englobe de multiples formes d'hypersexualité, c'est-à-dire une attention et un désir exagérés pour le sexe ou la pornographie. Dans le langage courant, on pourrait parler d'addiction au sexe ou à la pornographie. Parmi les experts, la question de savoir s'il s'agit d'une addiction ou d'un comportement compulsif est encore débattue[164]. Mais pour le commun des mortels, cette distinction est sans intérêt. Le fait est qu'il existe des personnes qui aimeraient arrêter de regarder du porno ou réduire leur temps de consommation, mais n'y parviennent pas. Ces individus décrivent généralement un besoin irrépressible et une désensibilisation qui les pousse à rechercher des contenus plus extrêmes au fil du temps. Exactement comme dans le cas des hyperstimuli alimentaires, où une simple glace à la vanille devient ennuyeuse et se transforme en un pot de Ben & Jerry's avec du coulis de caramel, des pépites de chocolat, des marshmallows, de la pâte à biscuit, etc.

Bien entendu, tous ceux qui regardent du porno ne deviennent pas dépendants. Tout comme nous avons établi que chacun réagit différemment aux hyperstimuli alimentaires. Certains perdent tout contrôle et se retrouvent avec une interminable liste de problèmes de santé, tandis que d'autres restent minces sans le moindre effort. La plupart d'entre eux, cependant, oscillent probablement entre les deux extrêmes, et il en va sans doute de même pour les hyperstimuli sexuels.

Une enquête danoise menée auprès de jeunes et de leurs habitudes en matière de pornographie illustre ce point. Dans ce sondage, 59 % des jeunes déclarent avoir une envie occasionnelle « irrésistible » de regarder de la pornographie. La moitié d'entre eux affirment que le porno qu'ils regardent est devenu plus extrême au fil du temps, et 43 % indiquent ressentir un certain degré de dépendance[165].

Si on se penche à nouveau sur l'Australie et qu'on se compare à notre coléoptère, on peut supposer que l'attirance pour les hyperstimuli sexuels est susceptible d'entraîner une diminution des rapports sexuels dans le monde réel. Après tout, les coléoptères mâles préfèrent leurs bouteilles de bière adorées aux véritables femelles. Le même phénomène pourrait-il se produire chez l'humain ?

Pour répondre à cette question, il suffit de consulter les enquêtes visant à déterminer la fréquence des rapports sexuels. Au Royaume-Uni, aux États-Unis et en Allemagne, ces enquêtes donnent le même résultat : nous avons moins de rapports sexuels aujourd'hui qu'auparavant[166, 167, 168]. Les gens ont tendance à entamer leur vie sexuelle plus tard – chez les Américains de 20 à 24 ans, il y a aujourd'hui 2,5 fois plus de personnes n'ayant jamais eu de relations sexuelles que dans les années 1960[169]. Même les personnes sexuellement actives ont moins de rapports sexuels, et ce qu'elles soient célibataires ou en couple[170]. Difficile de dire avec certitude si cette tendance au ralentissement de l'activité sexuelle a un lien avec la pornographie. J'aimerais vous apporter une réponse précise, mais malheureusement, il n'existe pas d'études suffisamment fiables sur ce sujet pour se prononcer catégoriquement. Les quelques études dont nous disposons suggèrent que les hommes en couple qui regardent beaucoup de porno désirent moins leur partenaire[171]. Il pourrait s'agir d'un phénomène de causalité inversée, c'est-à-dire que les hommes qui ne désirent pas beaucoup leur partenaire décident de regarder de la pornographie à la place. Pour autant, il semble que la consommation de pornographie précède généralement la baisse de la libido[172].

Pour l'instant, on ne peut que spéculer. Comme nous l'avons vu, les êtres humains sont des machines adaptatives et nous sommes façonnés par les expériences que nous traversons au cours de notre vie. Aujourd'hui, bon nombre de gens vivent la majeure partie de leurs expériences sexuelles derrière un écran. Un jeune Britannique hétérosexuel peut rapidement voir plus de femmes nues sur Internet que ses ancêtres n'ont pu en voir dans le monde réel pendant leur vie – toutes leurs vies, mises bout à bout. Même l'empereur le plus puissant de l'Antiquité, avec son harem bien garni, ne peut rivaliser avec Harry, 16 ans, de la petite bourgade de Scunthorpe, et sa connexion Internet à haut débit.

Difficile d'imaginer que ces expériences n'ont *pas* d'incidence sur nos attentes et nos habitudes sexuelles. Comme nous l'avons mentionné, les stars du porno sont d'abord sélectionnées pour leur pouvoir d'attraction sexuelle, puis améliorées grâce à la technologie pour l'augmenter encore. Les partenaires ordinaires du monde réel sont contraints de rivaliser avec ces adversaires hyperstimulants, tout comme les véritables aliments naturels sont contraints de rivaliser avec les hyperstimuli alimentaires scientifiquement optimisés. On conçoit aisément que la version sexuelle de cette bataille se termine comme se termine si souvent la version alimentaire. Mais même en l'absence de substitution, il ne fait aucun doute que la pornographie structure la sexualité de notre société moderne.

Les stimuli sexuels sont extrêmement satisfaisants et, lorsqu'ils ont le choix, les animaux font tout leur possible pour les obtenir. Les expériences sexuelles précoces, en particulier, semblent avoir des effets durables. C'est pourquoi la plupart des recherches dans ce domaine préfèrent utiliser de jeunes sujets n'ayant jamais eu de rapport sexuel.

Par exemple, des scientifiques américains ont illustré le pouvoir des expériences sexuelles précoces dans une étude sur les ouistitis, de petits singes qui ressemblent à des écureuils. Les chercheurs ont appliqué une fragrance de citron sur les femelles, puis ont laissé des mâles sexuellement naïfs s'accoupler avec elles à plusieurs reprises. Plus tard, les singes ont été exposés au parfum du citron en l'absence des femelles, mais ils avaient développé une telle attirance sexuelle pour ce produit qu'ils étaient en érection dès qu'ils le sentaient[173].

Le même phénomène a été prouvé de multiples façons chez les rats. Non seulement à l'aide de senteurs, mais aussi à l'aide d'autres stimuli neutres. Dans une étude, les scientifiques ont mis de petites vestes à des rats femelles et ont laissé des mâles sexuellement naïfs s'accoupler avec elles à maintes reprises. Plus tard, il a été démontré que ces rats mâles étaient plus attirés sexuellement par les femelles portant une veste que par celles qui n'en portaient pas[174].

Vous connaissez peut-être ce type de conditionnement : il se rapproche de celui décrit par le scientifique russe Ivan Pavlov dans sa célèbre expérience sur les chiens. Pavlov faisait sonner une cloche au moment de nourrir ses chiens et a montré que ceux-ci finissaient par associer la cloche à la nourriture. Ils commençaient à saliver en entendant la cloche, même en l'absence de tout aliment. En d'autres termes, la réponse innée des chiens à la nourriture – la salivation – a été associée à un élément qui était auparavant neutre pour eux. Aujourd'hui, les dresseurs de chiens utilisent cet effet en associant des friandises à un *clicker,* un petit appareil qui émet un clic distinct lorsqu'on appuie dessus. Au fil du temps, le chien est conditionné de telle sorte que le clic lui-même est une récompense, ce qui permet au dresseur de ne pas suralimenter le chien, mais de le satisfaire à l'aide d'un objet qui était auparavant neutre.

Bien entendu, cet effet existe également chez l'homme. C'est par exemple la raison pour laquelle les publicitaires disent que « le sexe fait vendre ». Les signaux sexuels, tels que les personnes séduisantes légèrement vêtues, sont intrinsèquement satisfaisantes pour nous. En les associant à un produit, les spécialistes du marketing espèrent que le produit deviendra l'objet neutre pour lequel nous développerons une préférence parce que nous l'aurons vu associé à un signal de récompense à maintes reprises. De même, il est inévitable que la pornographie conditionne l'excitation sexuelle des spectateurs. Toutefois, on ne sait pas comment ce processus fonctionne. Peut-être que des indices neutres, tels que l'écran lui-même, sont liés à l'excitation sexuelle. Quoi qu'il en soit, cet effet impliquerait que le porno ne se contente pas de jouer avec les désirs humains, mais qu'au fil du temps, il les façonne aussi. Il en va de même pour les hyperstimuli alimentaires. Nous avons vu comment les cuisines du monde entier évoluent vers des hyperstimuli alimentaires à mesure que les pays s'enrichissent. Mais des différences persistent dans les préférences gustatives d'une culture à l'autre. On peut supposer qu'elles sont le résultat d'un conditionnement au début de la vie, à l'époque où certains goûts sont encore des indices neutres associés au sel, au sucre, à la graisse, etc., et finissent par devenir une récompense à part entière. En gros, chacun est conditionné à aimer certains goûts auxquels sa culture l'expose dès son plus jeune âge. Ce conditionnement est tout à fait normal et ne se produit pas uniquement sous l'effet des hyperstimuli. La nourriture et la sexualité ordinaires y contribuent également. Mais les hyperstimuli sont particulièrement puissants.

Chapitre 10
Raccourci vers l'euphorie

Jusqu'à présent, nous avons découvert que de nombreux secteurs utilisent la même approche pour tirer profit des hyperstimuli. Tout d'abord, il convient d'identifier un élément vers lequel les êtres humains sont intrinsèquement attirés. Ensuite, il faut en créer des versions artificiellement exagérées – les hyperstimuli – qui dépassent de loin ce qui existe dans le monde naturel. Enfin, chaussez un monocle et riez aux éclats.

D'accord, peut-être pas la dernière étape, mais il ne fait aucun doute que les hyperstimuli sont un moyen extrêmement efficace de gagner de l'argent. Cette méthode marche pour l'alimentation (les hyperstimuli alimentaires) et pour le sexe (le porno). En réalité, il est même possible de simplifier encore davantage l'approche.

En effet, les hyperstimuli que nous avons évoqués jusqu'à présent sont limités dans la mesure où ils requièrent la mobilisation de nos sens innés. Par exemple, lorsque vous mangez un bonbon, le sucre ajouté se lie aux récepteurs gustatifs du goût sucré sur votre langue et les active. Des signaux nerveux sont alors envoyés vers le cerveau, ce qui stimule le circuit de la récompense et provoque une sensation agréable. Comme nous l'avons vu, des signaux sont également envoyés au cerveau par les nerfs de l'intestin et, pendant que vous mangez, vos yeux, votre nez et même vos oreilles jouent un rôle. Dans toutes ces situations, les hyperstimuli doivent être perçus par un sens et des signaux nerveux doivent ensuite être transmis au cerveau. Cependant, il est également possible d'activer *directement* le circuit de récompense du cerveau en court-circuitant les sens. En général, cette méthode repose sur une modeste contribution botanique.

Le cannabis en est un bon exemple. La plupart des effets physiologiques attribués au cannabis sont dus à une molécule au nom illisible : -9-tétrahydrocannabinol[175], souvent abrégée en THC. Lorsque le THC est absorbé par le corps, une partie se retrouve dans le cerveau, où il peut activer des parties du système de récompense et procurer des sensations de bien-être, voire d'euphorie.

Plus précisément, le THC se lie à des structures situées à la surface des cellules cérébrales, appelées « récepteurs cannabinoïdes ». Cette interaction est comparable à celle décrite précédemment pour les édulcorants artificiels. Imaginez le THC comme une clé qui s'insère dans une serrure (les récepteurs cannabinoïdes). Cette clé active les récepteurs et déclenche une série de réactions dans les cellules cérébrales sur lesquelles ils reposent.

Bien sûr, si nous avons des récepteurs cannabinoïdes dans le cerveau, ce n'est pas pour qu'ils soient spécifiquement activés par le cannabis. C'est une coïncidence que le THC s'insère dans ces récepteurs. Ceux-ci sont en fait là pour réagir à certaines molécules que le cerveau produit lui-même. Ces composés sont appelés « endocannabinoïdes » et sont généralement libérés en lien avec des récompenses, c'est-à-dire lorsque vous vivez une expérience agréable. Ils jouent un rôle sur l'humeur, l'appétit et la mémoire. Toutefois, le THC active les récepteurs cannabinoïdes beaucoup plus puissamment que nos endocannabinoïdes naturels, et le THC subsiste plus longtemps dans le cerveau. Voilà pourquoi il provoque des effets aussi intenses. C'est une sorte de raccourci chimique vers l'hyperstimulation.

Comme pour la nicotine et la cocaïne mentionnées précédemment, l'intensité de l'effet du THC dépend en partie de la vitesse à laquelle la molécule atteint le cerveau. Si vous mangez du cannabis, le THC doit d'abord être digéré et sera ensuite métabolisé dans le foie. Il faut donc entre 30 minutes et quelques heures avant qu'il atteigne le cerveau en grandes quantités. En revanche, si vous fumez du cannabis, le THC passe presque immédiatement dans la circulation sanguine et atteint le cerveau en quelques secondes[176]. C'est pourquoi le consommateur de cannabis préfère le fumer : le délai entre le stimulus et la récompense est bien plus court. En outre, l'intensité de l'effet du THC dépend aussi de la quantité absorbée. Plus il y a de THC, plus l'effet est puissant. Alors, à votre avis, comment a évolué le cannabis au cours des dernières décennies ?

Dans mon pays d'origine, le Danemark, la police analyse régulièrement la teneur en THC du cannabis confisqué dans les rues. Voici les valeurs moyennes relevées au fil du temps[177] :

1970 : 0,6 %
1980 : 1–2 %
2000 : 8 %
2017 : 25 %

Vous reconnaissez cette tendance ? C'est exactement la même que nous avons évoquée pour les amateurs de glace ou de pornographie : la désensibilisation. Avec le temps, nous perdons la sensibilité aux stimuli auxquels nous sommes régulièrement exposés, de sorte que nous devons passer à des versions plus fortes si nous voulons obtenir la même récompense. Et, comme avec la glace, la pornographie et tous les autres hyperstimuli, aucune chance que l'escalade s'arrête là. Aujourd'hui, les cultivateurs de cannabis ont réussi à faire pousser des plants de cannabis contenant 34 % de THC[178, 179]. Mais même ce chiffre est dérisoire par rapport aux produits à base de THC désormais commercialisés dans certaines régions du monde.

Pour comprendre ce qui s'est passé, il faut remonter à l'année 2014. Le 1er janvier de cette année-là, l'État américain du Colorado légalise le cannabis pour le grand public. Depuis, de nombreux États ont suivi le mouvement, si bien que le cannabis est désormais légal dans près de la moitié des États américains. Le mouvement s'est par ailleurs étendu au Canada, et d'autres pays, comme le Mexique, l'Afrique du Sud, la Thaïlande et l'Allemagne, prennent des mesures dans cette direction. La légalisation ne change pas seulement la loi, elle change aussi le profil des personnes impliquées dans l'industrie. Avant la légalisation, la vente de cannabis était principalement le fait de petits délinquants. Mais la légalisation a permis l'arrivée d'une nouvelle génération de commerçants : des hommes d'affaires expérimentés, des jeunes diplômés et ambitieux qui veulent se bâtir une carrière ainsi qu'un éventail d'investisseurs munis de mallettes et de tableaux Excel très compliqués.

Il s'avère que ces personnes sont bien plus douées pour les affaires que les vulgaires criminels. La consommation d'un produit est logiquement limitée lorsque les vendeurs ont du mal à se lever le matin. En revanche, les nouveaux acteurs du secteur n'ont pas perdu de temps pour appliquer des stratégies qui nous sont déjà trop familières. Et notamment, ils ont travaillé d'arrache-pied pour incorporer le plus de THC possible dans leurs produits. Après tout, c'est le THC que les gens veulent et qui les incite à acheter encore et encore. Si vous voulez gagner des clients et écraser la concurrence, vous avez donc intérêt à multiplier les hyperstimuli. Les entreprises du cannabis fabriquent des huiles, des cires et des cristaux dont la concentration en THC peut varier de 50 à 95 % et qui sont souvent consommés à l'aide d'appareils de vapotage aux lignes épurées et aux couleurs vives.

Le résultat ? Aujourd'hui, les consommateurs de cannabis absorbent des doses de THC bien plus importantes qu'auparavant[180]. Malheureusement, cette méthode ne fait pas qu'intensifier *l'expérience* du cannabis, elle en intensifie également *les effets secondaires*, qui sont en grande partie imputables au THC. Un exemple : le cannabis diminue la qualité du sperme, et plus la consommation de THC est élevée, plus la qualité du sperme se dégrade[181, 182]. *Idem* pour les effets secondaires psychiques, tels que les troubles de la mémoire et le risque de développement d'une psychose[183, 184, 185, 186, 187]. Cette dernière se manifeste chez les individus génétiquement vulnérables, chez qui l'ingestion de THC peut induire des délires, des hallucinations et de la paranoïa. Avec un peu de chance, les symptômes se résorbent, mais ils peuvent aussi se transformer en véritable schizophrénie, une pathologie qui se traduit par une difficulté à faire la différence entre ce qui est réel et ce qui ne l'est pas[188].

Enfin, et c'est paradoxal, la consommation de grandes quantités de THC augmente le risque de développer des troubles anxieux et dépressifs[189]. En effet, bien des gens sont susceptibles de consommer du cannabis pour prévenir ces mêmes maux. Mais là encore, le corps est difficile à tromper. Si vous le poussez dans une direction, il a tendance à vous repousser tout aussi fort dans l'autre sens. À court terme, le cannabis réduit la dépression et l'anxiété en activant le système de récompense. Mais avec le temps, le cerveau s'adapte. Imaginez que vous souffrez d'anxiété. Sur une échelle de 1 à 10, vous vous situez habituellement à 7 – passablement anxieux – et vous commencez à fumer du cannabis pour vous sentir plus serein. En fumant, vous descendez à 3 sur l'échelle de l'anxiété. Mais si vous continuez à fumer, votre cerveau va s'adapter et, entre autres, réduire l'activité de la zone du cerveau stimulée par le cannabis. Ainsi, le cannabis pourrait ne plus vous faire descendre qu'à 6 sur l'échelle de l'anxiété. Et sans cannabis, vous seriez encore plus anxieux qu'avant. Peut-être un 8 ou un 9. Il faudra donc augmenter la dose de THC, et si vous retirez la drogue de l'équation, vous vous sentirez encore plus mal qu'au départ.

★

Outre l'augmentation constante de la quantité de THC dans leurs produits, les entreprises du secteur du cannabis s'efforcent également de les rendre plus attirants par d'autres moyens. Tout comme les industriels de l'agroalimentaire, elles utilisent des additifs tels que des arômes artificiels et des aromates pour enrichir l'expérience. Elles développent de nouveaux solvants et de nouvelles techniques pour accélérer l'absorption du THC. Et elles sont en concurrence sur tous les fronts commerciaux habituels : livraison, service client, prix, accessibilité, etc.

Ce type de concurrence peut être bénéfique si c'est votre magasin de vêtements ou d'électronique de quartier qui s'efforce de vous offrir la meilleure prestation. Mais lorsqu'il s'agit d'hyperstimuli, ce n'est pas une bonne nouvelle que les fabricants soient si efficaces. Chacun sait que notre consommation de divers « produits du vice » est influencée par la facilité avec laquelle on peut se les procurer.

Pour illustrer ce phénomène, le meilleur équivalent pour le cannabis est l'époque de la Prohibition aux États-Unis, entre 1920 et 1933. Pendant cette période, l'alcool est devenu illégal à la suite de campagnes menées par des groupes religieux et des femmes qui espéraient réduire la violence conjugale liée à l'alcool. Si vous avez entendu parler de la Prohibition, c'est probablement comme d'un exemple d'échec politique. Elle a poussé les gens à concocter des alcools maison, dont certains pouvaient rendre le buveur aveugle. Elle a en outre instauré un marché noir de l'alcool, que des gangsters comme Al Capone ont utilisé pour gagner des fortunes. En fin de compte, la Prohibition a été abolie par la voie démocratique, ainsi qu'elle avait été instaurée à l'origine.

Toutefois, il y a un détail rarement abordé à propos de la Prohibition : elle a réellement fonctionné. Il est impossible de savoir exactement quelle quantité d'alcool les gens ont consommée pendant cette période. Mais il ne fait aucun doute qu'elle était moindre. On le sait parce que les chiffres des maladies liées à l'alcool ont alors fortement baissé. Par exemple, moins de personnes souffraient de cirrhose, moins de personnes étaient diagnostiquées comme souffrant de psychoses liées à l'alcool et même les arrestations pour ivresse et trouble de l'ordre public étaient en baisse. Lorsque l'alcool a de nouveau été autorisé, on estime que les Américains buvaient moitié moins d'alcool qu'avant la Prohibition. Et ce n'est que des décennies plus tard, dans les années 1960 et 1970, que la consommation d'alcool a retrouvé son niveau d'avant 1920[190, 191, 192].

Le schéma inverse s'observe avec les paris sportifs, qui étaient illégaux aux États-Unis jusqu'à ce que la Cour suprême invalide l'interdiction au niveau fédéral en 2018. Depuis, 38 États les ont légalisés et des études montrent que le nombre de joueurs et le montant des paris ont augmenté dans ces États par rapport aux États où ils ne sont pas légaux[193]. Dans le même temps, le nombre de faillites personnelles et les violences domestiques ont également augmenté[194].

Bien entendu, ces deux exemples n'impliquent pas que l'interdiction d'un produit soit forcément la meilleure solution. Ils démontrent néanmoins qu'il existe un lien entre accessibilité et consommation. Moins il y a d'obstacles et de frictions entre les gens et un « vice » donné, plus la consommation est élevée. Il est bon de s'en souvenir sur le plan personnel. Si, par exemple, vous souhaitez perdre du poids, il est préférable de réduire l'accessibilité aux hyperstimuli alimentaires. Éliminez-les de votre domicile et instaurez des barrières et des « frictions » entre eux et vous.

Pour la société dans son ensemble, le dilemme se pose en termes philosophiques : il faut trouver le juste équilibre entre liberté et santé. Pour en revenir au cannabis, ses partisans ont tenté de faire valoir qu'il n'existait pas de lien de causalité – l'argument en faveur de la légalisation a souvent été que les gens trouveraient de toute façon des moyens de se procurer leur drogue, légalement ou non. Tenter de les dissuader ne serait alors qu'un gaspillage de ressources et ferait directement le jeu des criminels. Toutefois, on peut aujourd'hui observer avec du recul ce qui s'est réellement passé au Canada et dans les États américains qui autorisent le cannabis à des fins récréatives[195]. Dans l'ensemble des États-Unis, la consommation de cannabis a explosé depuis le début des efforts de légalisation et atteint aujourd'hui un niveau record[196]. Toutefois, l'augmentation reste plus importante dans les États où le cannabis a été légalisé[197]. Pour mesurer la portée de la légalisation, il suffit de comparer deux États similaires, tels que le Colorado – premier État à avoir légalisé le cannabis – et le Minnesota. Ces deux États ont des populations, des superficies et des économies proches. En 2014, la consommation de cannabis dans les deux États était presque identique. Mais depuis la légalisation, le Colorado a dépassé le Minnesota et ses habitants consomment aujourd'hui 24 % de cannabis en plus[198]. Le même constat est valable si l'on compare le Colorado à d'autres États similaires, tels que le Kansas. Les détracteurs de ces analyses ont souvent souligné qu'elles reposent sur des questionnaires. Or, même si l'on interroge les gens anonymement, certains pourraient hésiter à admettre qu'ils ont commis un acte illégal. Pourtant, toutes les autres données vont dans le même sens. Par exemple, dans les États où le cannabis est légal, on observe davantage de cas de troubles liés à la consommation de cannabis, d'empoisonnement au cannabis chez les jeunes enfants et les animaux domestiques, d'arrestations pour conduite sous l'emprise du cannabis (et, par conséquent, une augmentation du nombre d'accidents de la route)[199, 200, 201, 202, 203, 204, 205]. Enfin, lorsque les citoyens qui vont aux urgences se soumettent à des tests urinaires, ils sont plus souvent positifs au THC qu'auparavant[206].

Il est donc incontestable que la légalisation entraîne une augmentation de la consommation. C'est d'ailleurs intuitivement logique. Si vous souhaitez réduire votre consommation d'alcool, vous réussirez mieux en Arabie saoudite que dans un pays occidental. Et si vous voulez limiter votre consommation de malbouffe, vous réussirez mieux en Éthiopie qu'aux États-Unis.

Petit manuel stratégique de Big Tobacco

À bien des égards, Big Tobacco a élaboré le manuel stratégique que les entreprises de cannabis appliquent aujourd'hui. Les fabricants de tabac ont cultivé des plantes à forte teneur en nicotine pour appâter leurs consommateurs, tout comme les fabricants de cannabis ont augmenté la teneur en THC. L'astuce des additifs pour améliorer le goût de la fumée est également inspirée de Big Tobacco, tout comme l'idée d'ajouter des produits chimiques pour élargir les voies aériennes et aider le cerveau à absorber plus rapidement la substance addictive.

Mais le lien entre l'industrie du tabac et celle du cannabis ne s'arrête pas là. Des documents internes révèlent que les fabricants de tabac considèrent le cannabis comme une perspective commerciale depuis les années 1970. Aujourd'hui, de nombreux cigarettiers ont fait des acquisitions et des investissements dans des sociétés de cannabis, dans l'espoir de tirer également profit de ce type de consommation[207]. Rien de bien nouveau dans cette tactique, Big Tobacco l'applique depuis que les gouvernements et les consommateurs ont commencé à lui tourner le dos. Dans les années 1980, lorsque la répression gouvernementale s'est intensifiée, plusieurs fabricants de tabac ont commencé à racheter des fabricants de produits alimentaires. Kraft Foods – avec les marques Cadbury®, Toblerone® et toutes sortes

→

de biscuits – a été rachetée par le plus grand cigarettier, Philip Morris. Nabisco, qui fabrique entre autres les Oreos, a lui aussi été racheté par la même société, avant d'être revendu au deuxième plus grand producteur de tabac, RJ Reynolds. Il semble bien que le savoir-faire acquis dans la manufacture de produits addictifs dans un domaine soit transférable à d'autres.

Chapitre 11
La plante du bonheur

Il y a 5 000 ans, sur le territoire de l'actuel Irak, vivait un peuple qui s'appelait sag-giga, c'est-à-dire « le peuple à tête noire ». Leurs voisins les appelaient les « Sumériens », et c'est ainsi que nous les appelons aujourd'hui. Les Sumériens ont été la première véritable civilisation sur Terre. Ils ont construit des villes de plusieurs milliers d'habitants, avec de grands temples pyramidaux où régnaient des prêtres-rois. Ces villes étaient plus vastes que tout ce que le monde avait connu jusqu'alors et, pour que tout se passe bien, les Sumériens avaient mis en place un système bureaucratique – le tout premier de l'histoire.

Il ne faut pas trop leur en vouloir. Pour compenser, les Sumériens nous ont également légué la première langue écrite du monde, le cunéiforme. Les symboles étaient gravés sur des tablettes d'argile mouillées qui séchaient au soleil. Les tablettes sont ainsi devenues des documents inaltérables, si durables que des milliers d'entre elles ont survécu jusqu'à aujourd'hui. Par exemple, si vous avez lu *Pourquoi les méduses ne vieillissent pas*, vous vous souvenez peut-être de l'*Épopée de Gilgamesh*, la plus ancienne histoire écrite connue dans laquelle un roi quitte ses sujets pour partir en quête de l'immortalité. Ou vous avez peut-être entendu parler du tristement célèbre négociant sumérien Ea-nasir, dont les pratiques commerciales douteuses lui avaient valu de faire l'objet de la première plainte d'un client au monde. Grâce aux milliers de tablettes conservées, les linguistes ont réussi à décoder la langue sumérienne, ce qui nous offre un aperçu unique de la première civilisation. On peut ainsi lire des lettres personnelles, des prières aux dieux, des accords commerciaux, des lois et des recettes de cuisine et de médecine. Les tablettes médicinales sont particulièrement intéressantes pour vous et moi, car on y découvre une plante que les Sumériens appelaient *hul gil*. Sa traduction littérale serait à peu près « plante du bonheur ». En français, la dénomination de cette plante n'est pas aussi directe et elle est simplement appelée « pavot à opium ».

Le pavot à opium est une plante mesurant de 30 à 80 cm de hauteur qui donne de grandes et belles fleurs. Toutefois, ce n'est pas pour la beauté de ses fleurs que l'homme la cultive. Ce n'est pas non plus pour la manger, même si les graines de pavot sont utilisées dans le pain et les pâtisseries. Non, la réponse est dans le nom : la plante contient de *l'opium*, une substance euphorisante issue du liquide contenu dans la capsule de la graine. Si l'on extrait le liquide, on peut le transformer en une substance noire et collante qui procure un plaisir intense, ainsi qu'une sensation de confort et une absence de douleur[208, 209]. L'opium agit ainsi grâce à un mécanisme qui ressemble à celui que nous avons évoqué pour le cannabis. La plante contient certains composés qui peuvent activer des récepteurs dans les cellules cérébrales du système de récompense. Il ne s'agit pas de récepteurs *cannabinoïdes*, mais de récepteurs *opioïdes*. Encore une fois, ils ne sont pas appelés ainsi parce que le cerveau est conçu pour réagir à l'opium. Les récepteurs opioïdes existent parce qu'ils sont naturellement activés par certaines molécules libérées par le cerveau en lien avec la récompense, notamment des enképhalines et des endorphines.

L'association naturelle des substances chimiques opioïdes du cerveau et des récepteurs opioïdes nous aide à réguler la douleur et nos humeurs. Ainsi, lorsque l'opium active artificiellement ces substances chimiques, on a affaire à un autre hyperstimulus.

★

On ne sait pas exactement *pourquoi* le pavot à opium contient de l'opium. Cette substance n'est pas indispensable à la survie de la plante et elle n'est produite que pendant une courte période. Certains estiment que l'opium protège le pavot des insectes et des prédateurs[210]. Cependant, cela serait plutôt étrange, car les pavots sauvages ne produisent pas d'opium. Curieusement, l'opium ne se retrouve que dans les espèces cultivées par l'homme.

Une autre hypothèse avancée serait donc que le pavot à opium est un parasite astucieux. Ou un organisme qui nous exploite pour son propre bénéfice. En produisant une substance euphorisante, la plante s'assure que les humains prendront soin d'elle et favoriseront sa prolifération. Par le passé, la quasi-totalité des cultivateurs d'opium était accro à leur culture. Et pas seulement d'un point de vue économique, puisque la plante était leur source de revenus. Non, les cultivateurs d'opium étaient physiquement dépendants et cette addiction se développait grâce à l'inhalation de l'opium pendant la récolte ou à son absorption par la peau. Certains étaient probablement aussi des consommateurs du produit fini, car la dépendance à l'opium était alors la deuxième forme d'addiction la plus fréquente, après l'alcoolisme. Les Grecs et les Romains de l'Antiquité l'ont décrite, mais elle n'a jamais été aussi préoccupante en Europe qu'au Moyen-Orient et en Asie, où l'addiction à l'opium était encore *plus fréquente* que l'alcoolisme. Certains des consommateurs finissaient par devenir dépendants à cause de la quête de sensations fortes, comme aujourd'hui. Mais ils pouvaient aussi devenir accros parce que l'opium était de loin l'analgésique le plus répandu. Ainsi, à l'époque, la douleur chronique présentait un dilemme tragique : échapper à l'enfer de la douleur, mais risquer de finir dans l'enfer de la dépendance. Médecins, alchimistes et autres savants ont cherché pendant des milliers d'années à contourner ce problème en trouvant une forme d'opium qui soulage la douleur sans entraîner d'accoutumance. Comme souvent dans ce livre, c'est un chimiste allemand qui a ouvert la voie au XIXe siècle. Friedrich Sertürner a réussi à isoler le composé actif principal de l'opium. Il l'a appelé *morphium*, d'après le dieu grec des Rêves, Morphée. Aujourd'hui, nous le connaissons sous le nom de « morphine. » Sertürner a émis l'hypothèse suivante : la morphine serait moins addictive que l'opium parce qu'elle est concentrée et donc 5 à 10 fois plus forte. Autrement dit, on peut utiliser moins de substance pour un effet équivalent, et Sertürner espérait ainsi réduire l'accoutumance.

Pour tester sa théorie, Sertüner a commencé à goûter sa propre drogue. Comme vous l'aurez deviné, cette expérience ne s'est pas très bien terminée. Nous savons aujourd'hui qu'une force accrue augmente le risque d'addiction, et Sertürner l'a appris à ses dépens. Après avoir célébré sa nouvelle découverte, il a envoyé un avertissement au monde entier en écrivant : « Je considère qu'il est de mon devoir d'attirer l'attention sur les effets terribles de cette nouvelle substance que j'ai appelée *morphium*, afin qu'une catastrophe puisse être évitée[211]. »

Malheureusement, le monde ne l'a pas écouté. Dans les décennies qui ont suivi, une multitude de consommateurs d'opium sont passés à la morphine, s'enfonçant encore un peu plus dans la dépendance et le désespoir.

Néanmoins, les secours n'ont pas tardé à arriver. Cette fois, sous la forme d'un Écossais du nom d'Alexander Wood. Il contribue à l'invention des aiguilles hypodermiques, celles que nous utilisons aujourd'hui pour les injections. Elles ont révolutionné la médecine en permettant d'administrer des médicaments directement dans la circulation sanguine. Mais, comme toujours, les inventions ne sont pas entièrement bonnes ou entièrement mauvaises. Alexander Wood pense que ses aiguilles peuvent également servir à prévenir la dépendance à la morphine. Il soutient que la dépendance à une drogue n'est possible *que* par voie orale. L'*injection* d'une drogue rendrait donc la dépendance impossible[212].

Une fois de plus, la théorie de Wood est un excellent exemple de la célèbre boutade de Niels Bohr : « La prédiction est un exercice très compliqué, surtout quand elle concerne le futur. » En fait, cette théorie était si fondamentalement erronée qu'elle figure sans aucun doute en tête d'une quelconque liste. En effet, lorsqu'on injecte une drogue directement dans le sang, elle atteint le cerveau plus vite que si on l'avale ou on la fume. Ainsi, au lieu de résoudre le problème, les nouvelles injections rendent la morphine encore plus addictive et ne font qu'aggraver la situation.

Malgré cet échec cuisant, l'espoir reste intact. À la fin du XIXe siècle, des scientifiques de la société pharmaceutique allemande Bayer mènent des expériences avec de la morphine et de l'acide acétique et découvrent que la combinaison produit une nouvelle substance voisine. Après une brève étude, ils concluent que cette nouvelle substance a une structure chimique différente de celle de la morphine et qu'elle ne peut donc *pas* créer de dépendance. En fait, ils estiment que ce nouveau médicament pourrait être *un remède* contre la dépendance à la morphine et qu'il pourrait être utilisé pour traiter toutes sortes de problèmes, de la toux jusqu'à la douleur.

L'enthousiasme suscité par ce nouveau médicament est tel que l'entreprise pharmaceutique décide de lui donner un nom prestigieux. Les candidats retenus sont au nombre de deux : un nom inspiré du mot allemand signifiant « miracle », *wunder*, et un nom inspiré du mot allemand signifiant « héroïque », *heroisch*. L'entreprise choisit la deuxième option et baptise son nouveau médicament[213]...

L'héroïne.

Là encore, comme vous l'aurez compris, tout ne se passe pas exactement comme prévu. L'héroïne atteint le cerveau *plus rapidement* que la morphine et elle est deux fois plus puissante. On pourrait donc dire que Bayer avait techniquement raison d'affirmer pouvoir guérir la dépendance à la morphine. En effet, dès que les personnes morphinomanes goûtent à l'héroïne, elles passent immédiatement à cette substance plus puissante et ne reviennent jamais en arrière. Il ne faut donc pas longtemps pour que le fléau de la dépendance devienne incontrôlable et que Bayer retire de lui-même le médicament du marché. Plus tard, l'héroïne sera déclarée illégale, et cet échec monumental suffira à faire retomber l'élan de la recherche.

Enfin, pour un temps.

Certains scientifiques poursuivent leurs recherches, mais à cette époque, tout le monde a bien compris que les drogues, telles que l'héroïne, la morphine et l'opium, créent une dépendance et qu'il convient de faire preuve de prudence.

Ce statu quo se poursuit jusque dans les années 1990, lorsque la société pharmaceutique américaine Purdue Pharma lance un nouveau médicament contre la douleur, l'OxyContin®. Le principe actif de l'OxyContin est l'oxycodone, une substance à base d'opium, à l'instar de la morphine et de l'héroïne. L'oxycodone elle-même n'est pas nouvelle. En fait, elle a été découverte en 1916.

En revanche, ce qui est innovant, c'est que Purdue Pharma a trouvé comment rendre impossible l'accoutumance à cette substance.

Le système dit « Contin », marque déposée de la société, garantit une absorption lente et progressive du médicament. Voilà qui devrait suffire à prévenir tout risque de dépendance, non ? Pas du tout. Rapidement, les patients se mettent à mâcher les comprimés pour absorber la totalité de la dose en une seule fois. D'autres les dissolvent dans l'eau et se les injectent dans le sang[214]. Mais certains patients prennent les médicaments en suivant scrupuleusement les indications, ce qui ne les empêche pas de devenir dépendants.

L'OxyContin a été une mine d'or pour Purdue Pharma et, très vite, d'autres sociétés pharmaceutiques leur emboîtent le pas. Elles fabriquent leurs propres analgésiques à base d'opium, et tout se passe exactement comme précédemment. Les produits à base d'opium provoquent une épidémie : appelée « crise de l'opium », elle frappe de plein fouet les États-Unis, où elle tue plus de 500 000 personnes[215].

Non, il n'y a aucun zéro en trop.

Contrairement aux échecs de la fin du XIXe siècle, cette nouvelle phase de l'histoire de l'opium n'est pas due à l'ignorance ou à des idées fantaisistes. En effet, Purdue Pharma savait pertinemment depuis le début que ses produits étaient susceptibles d'être utilisés à mauvais escient – et que c'était bien le cas. Nous le savons, car l'entreprise a été poursuivie en justice à de nombreuses reprises et que le grand public a eu accès à ses courriels et documents internes, y compris une correspondance dans laquelle les scientifiques de l'entreprise avertissent des risques de développement d'une dépendance à l'OxyContin qui a été observée en laboratoire.

L'entreprise a toutefois choisi de taire ces informations dans son plan marketing.

★

L'histoire de Purdue Pharma montre bien les profils que les industries des hyperstimuli finissent souvent par attirer.

L'entreprise appartient à la famille américaine Sackler, qui s'est lancée dans le secteur de la lutte contre la douleur quand l'un de ses membres a eu vent d'un quiproquo courant parmi les médecins. Richard Sackler avait lui-même étudié la médecine et remarqué que de nombreux médecins pensaient à tort que l'oxycodone était plus douce que la morphine. Or, c'est tout le contraire – l'oxycodone est plus forte –, mais Richard Sackler a aussi compris d'où venait ce mythe. De nombreux médecins américains associent la morphine à des opérations chirurgicales mettant en jeu le pronostic vital et à des patients mourants, et sont donc assez réticents à la prescrire. Néanmoins, bon nombre d'entre eux ne connaissent pas vraiment l'oxycodone.

« Il est essentiel de veiller à ne pas modifier la perception des médecins », écrit l'un des employés de Purdue dans un courriel interne[216]. En effet, si ce malentendu perdure, les médecins se laisseront convaincre de prescrire les pilules de Purdue Pharma pour traiter toutes sortes de maux, y compris ceux pour lesquels les médecins n'oseraient jamais proposer de morphine.

Comme tous les produits pharmaceutiques, l'OxyContin a dû être approuvé par les autorités avant mise sur le marché, et cette procédure est souvent longue et minutieuse. Le médecin qui a supervisé le processus d'approbation, Curtis Wright, a décroché un emploi très bien rémunéré chez Purdue Pharma un an seulement après l'approbation – un hasard, probablement. (Wright a depuis nié toute irrégularité dans cette procédure[217].)

Une fois cette autorisation obtenue, Purdue Pharma a pu immédiatement commercialiser son médicament. Elle a embauché une armée de représentants commerciaux et récompensé les meilleurs vendeurs en leur offrant des voitures et des vacances exotiques. Pour promouvoir les ventes, la société a organisé des centaines de séminaires sur la prise en charge de la douleur destinés aux médecins – et tous frais payés, bien entendu. Comme l'ont souligné les dirigeants dans des courriels internes, cette approche était particulièrement efficace lorsque les séminaires étaient organisés pendant le week-end. Selon les données internes de l'entreprise, les médecins se sont alors mis à prescrire deux fois plus d'OxyContin qu'auparavant[218]. Purdue Pharma a même commencé à offrir des échantillons gratuits aux patients[219]. C'est le même modèle économique que celui des revendeurs de drogue de halls d'immeubles : il faut essayer de rendre le client dépendant pour qu'il en redemande. La première livraison « gratuite » est rapidement rentabilisée.

Bien entendu, le lancement de l'OxyContin a suscité des critiques. Les médecins des régions les plus touchées des États-Unis n'ont pas tardé à constater les ravages que ce produit causait chez leurs concitoyens. Des vagues de toxicomanie et de criminalité ont été recensées, d'une ampleur jamais vue auparavant. Très vite, certaines des personnes dépendantes ont commencé à mourir. Les opioïdes, comme l'oxycodone, la morphine et l'héroïne, ne sont pas seulement dangereux parce qu'ils provoquent une addiction atroce. Ils sont également dangereux parce que les opioïdes remplissent de nombreuses fonctions dans notre corps, et notamment la régulation de la respiration. Ainsi, en cas d'overdose d'opioïdes, on cesse de respirer.

Malheureusement, les médecins qui ont exprimé leurs inquiétudes au sujet de l'OxyContin n'ont pas été très bien reçus par le public. Purdue Pharma avait anticipé cette opposition et, comme d'autres dans ce livre, l'entreprise s'est inspirée de l'industrie du tabac. Elle a sponsorisé d'éminents scientifiques pour semer le doute sur les craintes de certains médecins. Le plus réputé d'entre eux, Russell Portenoy, a qualifié la critique de l'OxyContin d'hystérique et même d'« opiophobe ». Un autre scientifique de renom, David Haddox, a fait preuve de plus d'inventivité. Il a admis que l'OxyContin provoquait chez les patients des signes de dépendance – mais ils n'étaient pas vraiment dépendants ! Ces symptômes étaient plutôt liés à ce qu'Haddox a appelé la « pseudo-dépendance », un syndrome qu'il a créé de toutes pièces et qui peut facilement être confondu avec la dépendance. Il a expliqué que la différence essentielle est que la pseudo-dépendance résulte de la prise d'une dose *insuffisante* d'opioïdes. En d'autres termes, ces patients n'avaient pas besoin d'arrêter l'OxyContin. Il leur suffisait au contraire d'augmenter les doses pour se sentir mieux.

À mesure que la crise des opioïdes se répandait, les défenseurs des opioïdes se trouvaient à court d'arguments convaincants. Bon nombre d'entre eux sont revenus sur leurs propos. Portenoy, par exemple, a finalement reconnu que certaines de ses déclarations antérieures étaient fausses et ne reposaient sur aucune donnée. Il a ensuite témoigné contre l'entreprise, mais il était manifestement trop tard pour bien des victimes.

Si la crise des opioïdes a débuté avec l'OxyContin et d'autres formes d'analgésiques, elle n'a depuis jamais cessé de s'aggraver. Les cartels mexicains de la drogue n'allaient pas rester les bras croisés pendant que d'autres s'enrichissaient sur leur territoire. Ils ont donc sorti une carte maîtresse de leur jeu : une drogue appelée « fentanyl ». Le fentanyl est un opioïde, tout comme la morphine, l'héroïne et l'oxycodone, et il est utilisé par les médecins pour soulager les douleurs intenses et pour l'anesthésie. C'est le palier supérieur de notre échelle, car le fentanyl est 25 à 50 fois plus puissant que l'héroïne. Les cartels ont compris qu'ils pouvaient en tirer parti en attirant les personnes déjà dépendantes à l'OxyContin ou à d'autres opioïdes avec une dose encore plus forte. Mais cette consommation est extrêmement risquée. Le fentanyl est si puissant que 2 mg suffisent à tuer une personne. Autrement dit, 1 kg de fentanyl suffit à ôter la vie à 500 000 personnes. Cette puissance n'est pourtant pas la dernière marche de l'échelle. Certains toxicomanes sont déjà passés à un autre opioïde synthétique appelé « carfentanil », qui est 100 fois plus puissant que le fentanyl et a été développé à l'origine pour sédater les éléphants.

On peine à croire que les personnes souffrant de troubles liés à la consommation de produits stupéfiants ne se rendent pas compte que c'est une autoroute vers le néant. Mais il est extrêmement difficile de se défaire de la dépendance aux opioïdes. Tout d'abord, le sevrage provoque des symptômes extrêmes. Les personnes qui tentent de se sevrer commencent à transpirer abondamment, à souffrir de douleurs musculaires et de crampes d'estomac, et sont prises de vomissements incontrôlables et de violentes diarrhées. En fait, les symptômes de sevrage peuvent même être mortels. Aussi, les gens ne reviennent pas seulement à la drogue en raison d'une dépendance, mais pour échapper à tout prix aux symptômes de sevrage.

Malheureusement, nous développons une tolérance aux opioïdes très rapidement, ce qui veut dire que les gens doivent prendre des doses plus fortes ou des médicaments plus puissants pour prévenir les symptômes de sevrage. Mais ils risquent alors l'overdose, qui, comme indiqué précédemment, a déjà coûté la vie à plus d'un demi-million d'Américains à ce jour.

⋆

L'histoire de Purdue Pharma ne se termine pas très bien. L'entreprise a conclu un accord qui l'oblige à payer une amende de plusieurs milliards de dollars, mais la famille Sackler est toujours milliardaire et, en payant l'amende, s'est assuré l'immunité juridique contre de futures poursuites civiles.

Malgré tout, cette histoire reste utile. Associée à ce que nous avons appris sur d'autres industries qui vendent des produits addictifs, elle peut nous aider à comprendre comment les entreprises qui tirent profit de la compulsion et de la dépendance écartent les critiques.

Le scénario est toujours le même. Pour éviter d'être tenu pour responsable, il faut commencer par nier catégoriquement que le produit crée une quelconque dépendance. Même lorsque des centaines de milliers de personnes étaient déjà accros à l'OxyContin, Purdue Pharma maintenait que l'accoutumance était rare. De même, l'industrie du tabac avait l'habitude de répéter que le tabagisme ne crée pas de dépendance, parce que, selon elle, les cigarettes ne modifient pas l'état de conscience, comme l'alcool ou les drogues. Les gens peuvent tout à fait fumer une cigarette et retourner à leurs occupations. De plus, les fumeurs qui arrêtent de fumer ne présentent pas de symptômes de sevrage potentiellement mortels, comme les alcooliques ou les héroïnomanes. Donc, il est tout bonnement impossible que le tabagisme crée une dépendance.

Nous en sommes encore là, dans la phase de déni, à l'égard de bon nombre des produits mentionnés dans ce livre. Comme nous l'avons vu, le débat porte actuellement sur la « dépendance » ou la « compulsion » des amateurs de pornographie qui passent de longues heures chaque jour à regarder du porno. En ce qui concerne les hyperstimuli alimentaires, nous nous demandons encore si un élément aussi fondamental que la nourriture peut créer une dépendance.

Dans cette phase, le débat se termine généralement par une question de sémantique. *Qu'entendons-nous par « dépendance » ?* Ces détails de vocabulaire peuvent faire dérailler le débat un certain temps, mais ils ne durent que rarement. À mesure que nous en apprenons davantage sur la biologie sous-jacente, il devient de plus en plus délicat de nier le problème. Par exemple, lorsque des scientifiques ont révélé les effets de la nicotine sur le cerveau, l'industrie du tabac a été contrainte de capituler et d'admettre que ses produits créaient bien une dépendance.

C'est à ce moment-là que nous entrons dans la deuxième phase, la phase d'admission. Ici, l'entreprise avoue – oui, certaines personnes développent des troubles liés à l'utilisation de substances psychoactives. Mais le problème, ce n'est pas l'entreprise et ses produits. Non, le problème, ce sont les consommateurs qui développent un trouble. Ce sont des toxicomanes, responsables de leur propre déchéance. Richard Sackler de Purdue Pharma avait l'habitude de dire que les toxicomanes veulent être des toxicomanes. Dans sa communication interne, Purdue Pharma a énuméré les « messages clés qui marchent » pour promouvoir ses opioïdes, notamment « ce n'est pas de la dépendance, c'est de l'abus » et « c'est une question de responsabilité personnelle[220, 221] ».

Dans les années 1950, l'un des doyens de la famille Sackler, Arthur Sackler, a présenté une défense similaire lorsqu'il a été accusé de rendre les consommateurs dépendants d'un autre médicament, un sédatif appelé « Valium® » (la pomme ne tombe jamais bien loin de l'arbre). Arthur Sackler a affirmé que ce n'était pas le médicament ou son marketing douteux qui causait l'addiction. Les personnes qui développaient des troubles liés à l'utilisation de substances devaient avoir commis l'erreur de mélanger le médicament avec de l'alcool ou de la cocaïne. On retrouve la même stratégie chez des industriels de l'agroalimentaire comme Coca-Cola®, qui a longtemps financé GLP-1. Officiellement, cette organisation avait pour but de mener des recherches sur l'obésité, mais les études concluaient toujours que la cause de ce mal était le manque d'exercice physique[222]. Ce n'était jamais la faute de Coca-Cola si les gens prenaient du poids. Certains sont tout simplement paresseux et c'est pour cela qu'ils grossissent. Aujourd'hui, nous savons que c'est tout le contraire : c'est l'alimentation, et non l'exercice physique, qui est responsable de nos problèmes de poids.

Lorsque les entreprises choisissent de rejeter la faute sur les consommateurs, elles se heurtent à un obstacle. En effet, ces consommateurs représentent généralement la plus grosse part des revenus de l'entreprise. Les 10 % de la population qui boivent le plus d'alcool sont ceux qui achètent plus de 50 % de tout l'alcool vendu[223]. Donc, si tous ceux qui boivent trop se sevraient soudainement, l'industrie de l'alcool péricliterait immédiatement.

De même, 10 % des clients de casinos représentent près de 80 % des revenus de ces établissements[224]. Dans le secteur des applications de jeux mobiles, 10 % des adeptes représentent près des deux tiers des revenus des entreprises.

Ce dilemme est parfaitement illustré par la société Purdue Pharma elle-même. Lorsque la mobilisation de l'opinion publique a été trop pressante, l'entreprise a accepté de fabriquer une version de l'OxyContin plus difficile à utiliser à l'excès. Cette manœuvre n'a pas très bien fonctionné, mais ce petit frein supplémentaire a immédiatement fait chuter les ventes de plus de 25 %, car les personnes souffrant de troubles liés à l'utilisation de substances psychoactives ont délaissé ce produit. Ces consommateurs représentaient une part si importante du chiffre d'affaires que les recettes ont considérablement baissé en les excluant.

Chapitre 12
Vous saurez tout sur la dopamine

Dans les années 1950, les scientifiques canadiens Peter Milner et James Olds sont à la recherche du circuit de la récompense dans le cerveau. Ils savent qu'une telle structure existe forcément quelque part. La question est de savoir *où*.

Pour trouver la réponse, les deux chercheurs conçoivent une expérience qui a depuis inspiré des milliers de récits de science-fiction dystopiques. En effet, ils ont l'idée d'utiliser l'électricité pour localiser le système de récompense en activant différentes régions du cerveau des rats de laboratoire. Car l'activité cérébrale, c'est précisément ça : des signaux électriques dans le cerveau. Nous ignorons totalement comment des signaux électriques entre les cellules cérébrales se transforment en « sensation agréable ou de plaisir ». Mais Milner et Olds se disent que s'ils parviennent à activer électriquement les bonnes cellules cérébrales, ils pourront procurer à l'animal une sensation de bien-être et découvrir ainsi l'endroit exact où se trouve ce système.

Ce dispositif expérimental est, pour ainsi dire, un outil de stimulation encore plus simple que la prise de drogues euphorisantes. Si vous prenez de l'héroïne, par exemple, elle doit atteindre votre cerveau après injection dans la circulation sanguine. Elle se lie ensuite aux récepteurs des cellules cérébrales du système de récompense du cerveau, et ce n'est qu'à ce moment-là que les signaux électriques se déclenchent. Mais en insérant une électrode directement dans le cerveau, il est possible de court-circuiter ce petit délai et d'activer presque instantanément les cellules cérébrales du système de récompense.

Les chercheurs canadiens conçoivent leur expérience comme suit : des électrodes sont implantées dans différentes régions du cerveau et à différentes profondeurs chez des rats. Les rongeurs sont ensuite placés dans des cages où ils peuvent activer leur propre électrode en appuyant sur un petit levier. Les rats sont intrinsèquement curieux et à peine installés dans une nouvelle cage, ils commencent à explorer leur environnement, en le reniflant et en le touchant. Dans l'expérience d'Olds et Milner, les rats finissent donc par appuyer sur le levier et activer leur électrode. Dans la plupart des cas, il ne se passe plus grand-chose. Certains rats commencent même à éviter de presser la pédale, ce qui laisse supposer que l'activation de la partie du cerveau dans laquelle leur électrode a été implantée a été désagréable.

En revanche, pour quatre des rats, c'est une tout autre histoire. Après avoir ressenti la stimulation électrique, ils cessent pratiquement toute autre activité et se contentent d'appuyer frénétiquement sur le petit levier, encore et encore, pour se procurer du plaisir. Les scientifiques venaient de trouver le circuit de la récompense[225].

Depuis cette époque, des expériences comparables ont été reproduites un nombre incalculable de fois, et il n'est pas rare que les rats de laboratoire soient tellement happés par l'autostimulation électrique qu'ils appuient sur la pédale plus d'une fois par seconde. Ils deviennent tellement accros qu'ils sont même prêts à s'exposer à la douleur pour accéder à l'autostimulation. Par exemple, en courant sur une grille électrifiée qui envoie des décharges électriques dans leurs pattes. Il arrive aussi fréquemment que les rongeurs se désintéressent de tout ce qui les entoure. Même s'ils sont affamés, ils ignorent la nourriture qui leur est proposée et choisissent l'autostimulation. Si les scientifiques n'interviennent pas, leurs petits cobayes se laisseront mourir de faim, même si un bon repas est à leur disposition[226].

Si l'autostimulation électrique crée une telle dépendance, c'est parce qu'elle ne présente pratiquement aucun délai. Nous avons appris que plus une drogue atteint rapidement le cerveau, plus elle provoque une accoutumance. C'est pourquoi les gens s'injectent souvent les drogues directement dans le sang, afin que leur action ne soit pas ralentie par le système digestif. Mais même les aiguilles ne peuvent rivaliser avec l'autostimulation électrique. Ici, le seul temps d'attente après avoir appuyé sur le levier est imputable à la vitesse du courant dans le fil et jusque dans le système de récompense du cerveau.

Des neuroscientifiques ont illustré ce principe en procédant à des versions de cette expérience d'autostimulation du rat dans lesquelles ils ajoutent un délai artificiel entre la pression sur la pédale et l'émission du signal électrique. Dans ce cas, les cobayes deviennent moins accros à l'autostimulation, comme on pouvait s'y attendre[227].

★

Peu après les expériences canadiennes sur les rats, des scientifiques américains de La Nouvelle-Orléans entreprennent des expériences analogues sur des êtres humains[228]. Sous la direction de Robert Heath, ils travaillent sur des patients d'un hôpital psychiatrique. Dans les années 1950, la recherche scientifique n'est pas soumise aux mêmes règles ou au même contrôle qu'aujourd'hui. Les chercheurs ont donc les coudées assez franches.

Au début, cette équipe utilise uniquement des électrodes implantées dans le cerveau pour mesurer l'activité cérébrale de ses patients. Mais au fil du temps, les chercheurs se mettent également à stimuler électriquement différentes aires du cerveau des patients, comme dans l'expérience sur les rats. Ils espèrent que cette stimulation électrique pourra être utilisée pour guérir des pathologies telles que la dépression et la schizophrénie qui, selon eux, sont associées à une activité cérébrale déséquilibrée.

Robert Heath et ses collègues sont convaincus que la stimulation électrique peut permettre aux patients de ressentir toutes les émotions, de la peur à la joie, selon la partie du cerveau stimulée. Cette expérience est allée particulièrement loin avec un homme dont personne ne connaît le nom – il est simplement appelé

« patient B-19 ». Mais il a 24 ans, de type caucasien et a eu une vie difficile auprès d'un père violent. B-19 n'a pas eu d'amis proches pendant son enfance, a changé neuf fois d'école et finalement abandonné ses études au lycée. Il a ensuite développé une dépendance aux drogues, notamment aux amphétamines, et a été arrêté un jour pour possession de cannabis. Depuis, il habite dans un centre de traitement psychiatrique, où il a reçu un diagnostic de dépression clinique et d'épilepsie.

B-19 s'avère aussi homosexuel.

Et pour une raison obscure, c'est ce trait que les médecins décident d'essayer de « traiter ». Avec le consentement de B-19, ils implantent alors des électrodes dans plusieurs zones de son cerveau. L'idée est de les activer pendant qu'il regarde des vidéos de sexe hétérosexuel, afin de l'entraîner à associer ce comportement au plaisir. Les médecins créent également un dispositif permettant à B-19, sous leur contrôle, d'activer ses propres électrodes en appuyant sur quelques boutons. L'une des électrodes se trouve dans le système de récompense du cerveau et, très vite, B-19 l'actionne frénétiquement. Robert Heath décrit comment le patient appuie sur ce bouton plus de 1 000 fois en 3 heures et ses protestations et supplications dès que les scientifiques lui retirent le dispositif.

Si on ignore ce qu'il est advenu de B-19, il n'a pas été le dernier cobaye humain de l'autostimulation électrique. Cette méthode a été testée très souvent sur des patients souffrant de douleurs chroniques. Selon la théorie, l'autostimulation électrique pourrait perturber la sensation de douleur. En effet, si l'activité cérébrale est composée de signaux électriques, une stimulation ciblée pourrait peut-être soulager la douleur du patient. Un petit groupe de médecins new-yorkais a tenté l'expérience en traitant une femme de 48 ans souffrant de maux de dos chroniques. Les médecins avaient tout essayé, des analgésiques à la chirurgie, mais rien n'y faisait. Dans un dernier espoir, ils ont implanté des électrodes dans le cerveau de la femme et, comme dans le cas de B-19, elle a reçu un appareil pour les activer dès qu'elle avait mal au dos. Cependant, après l'opération, la femme a expliqué que l'une des électrodes l'excitait sexuellement à chaque pression. Comme dans le cas de B-19, cette électrode était située dans le circuit de la récompense. Mais contrairement à B-19, la femme n'avait pas seulement accès à l'électrode sous observation. Il était prévu qu'elle puisse activer ses électrodes chaque fois qu'elle ressentait une gêne, et elle a donc été autorisée à emporter le dispositif chez elle. Par conséquent, cette femme n'a pas tardé à développer une dépendance maladive à l'autostimulation. Elle a négligé toutes les autres sphères de sa vie pour pouvoir appuyer sur le bouton à longueur de journée. Outre l'activation continue de l'électrode, elle a complètement arrêté de travailler et négligeait sa famille et son hygiène personnelle. Au fil du temps, une plaie ouverte est apparue sur son doigt à force d'appuyer sur le bouton, mais rien ne l'arrêtait. Elle a même tenté de démonter l'appareil pour augmenter l'intensité de la stimulation[229].

Sur la base de cette description, on pourrait penser que cette femme baignait dans une espèce de nirvana jouissif. Mais ce n'est pas du tout ainsi qu'elle présente son quotidien. Elle explique plutôt que la stimulation lui a causé un étrange sentiment d'anxiété sous-jacent et qu'elle s'est mise à souffrir de fréquentes crises d'angoisse et à présenter des signes de dépersonnalisation. En laboratoire, les médecins ont constaté que le taux d'hormones de stress dans le sang de la sujette augmentait dès qu'elle commençait à s'autostimuler. Elle suppliait les membres de sa famille de retirer l'appareil et de le cacher. Mais à chaque fois qu'ils obtempéraient, elle était rapidement assaillie par une envie irrésistible de le retrouver.

Pour comprendre cette réaction, penchons-nous sur le psychologue américain Kent Berridge et ses travaux. Berridge est un neuroscientifique qui a minutieusement décrit comment les sentiments de *désir* et de *plaisir* ne sont en fait pas les mêmes, même si nous les percevons souvent comme identiques. En fait, ils sont distincts d'un point de vue neurologique. Berridge affirme que *vouloir* n'est pas la même chose qu'*aimer*[230]. Bien sûr, les deux sont souvent liés. Vous avez envie d'une glace, et vous prenez du plaisir à la savourer. Mais ces deux processus peuvent aussi être totalement dissociés.

Par exemple, les personnes souffrant d'un trouble lié à la consommation d'héroïne éprouvent un vif plaisir lors des premières doses. Mais comme nous le savons, le cerveau s'adapte et au fur et à mesure que la personne persiste dans son usage de la drogue, la récompense diminue. Au bout du compte, l'héroïne peut même ne plus procurer de sensation agréable du tout. Pour autant, le désir ne disparaît pas. Au contraire, il ne fait que se renforcer à mesure que la dépendance s'accroît. Ainsi, la personne se retrouve à éprouver un *désir* irrépressible de se procurer de la drogue, mais aucun *plaisir* ni aucune satisfaction.

Les humains et les animaux soumis aux expériences des électrodes évoquées précédemment se trouvent dans la même situation, car le circuit stimulé dans leur cerveau est lié au *désir* (ce qu'ils veulent), et non au *plaisir* (ce qu'ils aiment). À première vue, on pourrait croire que ces sujets – et les rats de laboratoire – apprécient la stimulation. Après tout, ils ne cessent d'appuyer sur le bouton. Mais ce qu'ils ressentent n'est pas du tout du plaisir. C'est juste une envie impérieuse d'appuyer sur le bouton. C'est pour cette raison que la femme qui s'autostimulait a fini par ressentir du stress et de l'anxiété, et non de la joie, en pressant ce bouton. Elle a également décrit une envie d'avoir des relations sexuelles, mais la stimulation n'a jamais procuré de plaisir ni d'orgasme.

Cette distinction entre vouloir et aimer peut nous aider à mieux comprendre les hyperstimuli dont nous avons parlé jusqu'à présent. Prenons l'exemple des hyperstimuli alimentaires. Nous avons établi que la nourriture des fast-foods, les en-cas de supermarché, etc., sont conçus exprès pour être irrésistibles. Vous vous dites peut-être que ça y est, je soutiens que le burger de McDonald's est le summum de la gastronomie. Bien évidemment, non. Le meilleur repas de votre vie, celui que vous avez le plus *aimé*, est probablement un fabuleux dîner dans un restaurant italien familial ou un des plats maison que votre grand-mère avait l'habitude de préparer. Non, les fast-foods et autres hyperstimuli ne sont pas optimisés pour le *plaisir*. Ils sont optimisés pour le *désir*. En d'autres termes, ils sont élaborés pour susciter une envie chez vous. Il en va de même pour les hyperstimuli sexuels et ceux liés à la drogue. Cela ne signifie pas que la pornographie procure plus de plaisir que le sexe physique, ou que fumer du cannabis seul sur son canapé soit, pour beaucoup, plus agréable que de se livrer à des activités extérieures.

La plupart des gens ont simplement l'habitude de faire l'amalgame entre désir et plaisir. Je suis sûr que vous avez déjà entendu ce genre de commentaire idiot : « Elle revient toujours vers lui, même s'il la maltraite. Elle doit aimer se faire frapper » ; ou « Il continue à boire même si ça détruit sa famille. Il fait passer l'alcool avant le bien-être de ses enfants ».

Ces affirmations seraient vraies si le désir et le plaisir étaient toujours en phase. Mais ce n'est pas le cas. Cette divergence pose des problèmes dans de nombreux domaines scientifiques, tels que la philosophie et l'économie, où des théories influentes supposent que le désir et le plaisir sont un seul et unique processus. Prenons l'exemple de la théorie économique des « préférences révélées », qui est censée expliquer pourquoi nos actes ne correspondent pas toujours à nos paroles. Une personne peut ainsi prétendre s'inquiéter du bien-être des animaux, mais continuer à acheter des œufs de poules élevées en cage. Selon cette théorie, cette personne « révèle » que ses paroles sont vides, car sinon elle serait prête à payer un peu plus et donc à joindre le geste à la parole.

Cette théorie fonctionne dans certains cas, mais elle ne tient absolument pas dans de nombreux domaines abordés dans ce livre.

Par exemple, les personnes en surpoids « révèlent » – elles, par leurs choix alimentaires –, qu'elles préfèrent la nourriture malsaine à leur santé ? Cette idée ne cadre pas avec la réalité : chaque année, la moitié des adultes essaient de perdre du poids. Elle n'est pas non plus logique si on songe aux sommes que les gens sont prêts à débourser pour des programmes minceur et des produits amaigrissants. En fait, il est même possible que les personnes en surpoids éprouvent *moins* de plaisir à manger que les autres à cause de la désensibilisation (et de la honte associée au fait de manger ce qui leur fait envie).

★

Le désir est associé à une molécule dans le cerveau dont vous avez peut-être déjà entendu parler : la dopamine. Seule une infime partie de vos cellules cérébrales libère de la dopamine – quelques centaines de milliers sur 86 milliards. Toutefois, cette molécule est essentielle au comportement de l'être humain.

Les cellules cérébrales qui sécrètent la dopamine se trouvent dans quelques petites régions au centre du cerveau, juste derrière la bouche. Pour le sujet qui nous intéresse, la zone la plus importante porte le joli nom d'« aire tegmentale ventrale ». De là, ces neurones dopaminergiques envoient de petites projections vers d'autres parties du cerveau. L'une des principales cibles est une région appelée le « noyau accumbens », un centre de traitement de la récompense et de la motivation. Parmi les autres cibles, citons les lobes frontaux, impliqués dans la planification, la résolution de problèmes et la maîtrise de soi, ainsi que l'hippocampe, qui joue notamment un rôle dans la mémoire. L'ensemble de ces circuits constitue le circuit de la récompense.

Vous avez probablement entendu dire que la dopamine était la molécule de la récompense. Des commentaires tels que : « Les réseaux sociaux, c'est de la dopamine au rabais » ; ou « Le chocolat me donne un sacré shoot de dopamine ».

Mais ce n'est pas la dopamine qui procure la sensation de plaisir. D'autres substances en sont responsables : les endocannabinoïdes et les opioïdes, que nous avons déjà évoqués. Les neurones qui libèrent ces substances et y répondent se trouvent dans la même région que les neurones dopaminergiques, et ils sont tous étroitement liés. On peut donc dire qu'au sein du circuit de la récompense, la dopamine ne constitue pas la récompense elle-même.

C'est ce que montrent des expériences : des chercheurs commencent par réduire la quantité de dopamine dans le cerveau d'un animal. Grâce à une méthode chimique, ils peuvent tuer les neurones dopaminergiques, de sorte que la quantité de dopamine tombe à 1 % de son niveau naturel. Les souris perdent alors l'envie de manger. Elles cessent de bouger, même pour chercher de la nourriture. Sans intervention, elles mourraient de faim, même si des aliments sont à leur disposition[231]. Pourtant, les souris n'ont pas perdu leur capacité à ressentir le plaisir que procure la nourriture. Si les scientifiques injectent une solution sucrée directement dans la bouche d'une souris, son visage s'illumine et elle commence à se lécher le nez, signe qu'elle aime le sucre[232]. Le petit rongeur a simplement perdu l'envie et la capacité de rechercher le plaisir.

Cette passivité est typique des animaux en manque de dopamine. Ils ne font aucun mouvement spontané et perdent toute curiosité et tout désir d'explorer leur environnement. Si vous les installez dans une nouvelle cage, ils resteront là, immobiles, à vous regarder.

Nous observons également ce phénomène chez les sujets ayant subi des lésions dans les régions du cerveau où se trouvent les neurones dopaminergiques. Par exemple, si un caillot de sang tue les neurones de cette zone, les patients peuvent développer un état appelé « aboulie », qui signifie « manque de volonté ». Ils sont typiquement inertes, restent couchés toute la journée et répondent aux questions par des monosyllabes, tels que « oui » et « non ». Ces personnes se détournent également de tout ce qui les intéressait auparavant. Mais si on leur donne un traitement qui augmente la dopamine, elles se raniment et retrouvent un peu de leur personnalité d'antan.

La maladie de Parkinson est un autre exemple de ce phénomène : certaines cellules du cerveau produisant de la dopamine commencent à mourir. Ces cellules ne font pas partie du système de récompense, mais sont situées dans une structure cérébrale voisine appelée *substantia nigra*. Ce terme signifie « substance noire », car cette zone est plus foncée que le reste du cerveau en raison d'une forte concentration d'un pigment baptisé « neuromélanine », un sous-produit de la production de dopamine.

La *substantia nigra* est indispensable pour activer et contrôler nos mouvements. Lorsque ces neurones commencent à mourir, les patients présentent des tremblements, des mouvements lents, des raideurs musculaires et des troubles de l'équilibre. Pour réduire les symptômes, les patients parkinsoniens prennent généralement des médicaments qui augmentent la quantité de dopamine dans le cerveau. Un tel apport peut aider les neurones dopaminergiques survivants à compenser les neurones morts. Néanmoins, la hausse du niveau de dopamine ne se limite pas à la *substantia nigra*. Le médicament stimule le taux de dopamine dans tout le cerveau, y compris dans le système de récompense. Si les doses sont trop fortes ou si les patients sont génétiquement vulnérables, il peut en résulter un comportement addictif ou compulsif.

Certains patients développeront une libido incontrôlable, commenceront à regarder énormément de films pornographiques, chercheront sans relâche à avoir des relations sexuelles avec leur partenaire ou des travailleurs du sexe, ou ressentiront des modifications de leurs désirs sexuels[233]. D'autres vont manger trop, développer un penchant exagéré pour les achats ou une soudaine addiction aux jeux d'argent[234].

★

Tous nos organes sont complexes, mais les fonctions de la plupart d'entre eux sont relativement faciles à comprendre. On voit bien que le rôle du cœur est de pomper le sang dans tout le corps et que celui des reins est de filtrer les déchets et l'excès d'eau. Le cerveau, quant à lui, est le superordinateur biologique et il fait si bien son travail qu'il a, en quelque sorte, développé une conscience et s'est mis à s'étudier lui-même.

C'est pour cette raison que les neurosciences sont le domaine le plus complexe de la médecine – rien d'étonnant à ce constat. Si les étudiants en ingénierie pleurent parfois lors de leurs examens de thermodynamique, les futurs étudiants en médecine et en biomédecine ont les larmes aux yeux lorsque la moitié de leurs questions d'examen sont de longs mots latins évoquant d'obscures aires cérébrales. Donc, si vous pensez que ces notions sur le cerveau sont difficiles à appréhender ou que vous avez besoin de vous y reprendre à deux fois, pas de panique : vous n'êtes pas seul.

Voilà, c'était une petite pause pour souffler un peu. Voyons maintenant si nous pouvons comprendre un peu mieux le système dopaminergique. La première chose à savoir c'est que les neurones producteurs de dopamine libèrent la dopamine de deux manières différentes.

D'un côté, il y a ce qu'on peut décrire comme une sécrétion constante de faible niveau. Les neurones dopaminergiques sécrètent en permanence un peu de dopamine à destination des neurones avoisinants. Cette libération de dopamine détermine le degré de facilité d'exécution de diverses actions : plus il y a de dopamine, moins il y a d'obstacles. Imaginez que différentes parties de votre cerveau vous fassent constamment des suggestions sur la conduite à tenir à un moment donné. Une région pourrait dire : « On devrait manger du chocolat. » Une autre : « Il faut qu'on fasse une sieste. » Et une troisième : « La date de remise du manuscrit approche à grands pas… peut-être qu'on devrait écrire. »

Évidemment, impossible de tout faire en même temps. C'est pourquoi une zone spéciale du cerveau est chargée de choisir entre toutes ces options. Ce sont les ganglions de la base (aussi appelés « noyaux gris centraux ») et, pour faire une analogie, on pourrait les imaginer comme une sorte de videur qui décide quelle action potentielle est autorisée à accéder aux muscles pour être exécutée dans la vie réelle.

Les actions proposées ne plaisent pas toutes autant à notre videur, et leur intensité varie en fonction de l'état de l'organisme. Si vous venez juste de manger, la voix du chocolat ne sera qu'un faible murmure, à peine audible. Mais si vous êtes affamé, ce sera un cri strident, ce qui augmente la probabilité que le portier laisse la suggestion passer et atteindre les muscles, et vous commencerez donc à manger.

Mais, outre l'intensité de la suggestion, il existe aussi un seuil général d'action, comme évoqué précédemment. Ce seuil est fixé par la dopamine. Plus il y a de dopamine dans la partie «videur» du cerveau, plus la barre sera basse afin de laisser passer les suggestions.

Pour mieux comprendre ce mécanisme, il suffit d'observer ce qui se passe lorsque l'on augmente la quantité de dopamine dans le système. Nous avons déjà vu que les souris en déficit de dopamine deviennent extrêmement passives. Cette réaction tient au fait que le faible niveau de dopamine fait grimper la barre pour agir à un niveau déraisonnablement élevé. Si l'on reprend l'analogie du videur, un faible taux de dopamine va le pousser à exiger énormément pour accepter de laisser passer. Ainsi, même si certaines parties du cerveau de la souris crient

« Il faut manger ! » ou « Bouge, bon sang ! », elles ne sont pas autorisées à agir et la souris finit par ne rien faire.

L'inverse se produit chez les consommateurs de cocaïne ou d'amphétamine. Ces deux drogues augmentent temporairement le niveau de dopamine dans le cerveau, ce qui *abaisse* le seuil de déclenchement de l'action. Pour reprendre notre analogie, le videur se montre alors beaucoup moins sélectif, laisse la porte grande ouverte, et fait passer toutes sortes de suggestions. C'est pourquoi les gens se désinhibent sous l'effet de la cocaïne et de l'amphétamine. Ils parlent plus que d'habitude, disent tout ce qui leur passe par la tête, deviennent hyperactifs et impulsifs. Voire violents, si c'est l'impulsion qui surgit.

Piégés dans leur propre corps

En 1982, en Californie, six personnes ont été retrouvées avec les mêmes symptômes mystérieux. Elles étaient toutes en vie, mais incapables de bouger ou de parler. À première vue, les patients n'avaient rien à voir les uns avec les autres et les médecins ont craint la transmission d'une nouvelle maladie. Mais plus tard, on a découvert que les six patients avaient le même dealer. Celui-ci leur avait vendu ce qu'il croyait être du MPPP, un produit analogue à l'héroïne. Or, le chimiste qui avait fabriqué la drogue avait commis une terrible erreur. Au lieu du MPPP, il avait accidentellement préparé un composé similaire appelé « MPTP », toxique pour les neurones dopaminergiques. Les six patients californiens ne bougeaient pas et ne parlaient pas parce que tous leurs neurones chargés de sécréter de la dopamine étaient morts. Ils avaient perdu toute capacité à amorcer des actions.

Les patients ont été transportés par avion à l'université de Lund, en Suède, où ils ont reçu un traitement expérimental qui, malheureusement, n'a pas fonctionné. À ce jour, aucun remède n'a été trouvé pour les aider, et cette histoire se termine mal : les patients ne se sont jamais rétablis. Ils ont passé le reste de leur vie piégés dans leur propre corps, incapables d'entreprendre la moindre action[235].

⋆

Les neurones dopaminergiques fonctionnent donc également d'une deuxième façon, en libérant de la dopamine grâce à un processus appelé « transmission phasique ». Il doit son nom au fait que les neurones produisent en une seule fois une grande quantité de dopamine qui disparaît rapidement. C'est comme un pic de dopamine, à la suite duquel les niveaux se normalisent. Cette forme de libération de dopamine n'a rien à voir avec le choix entre différentes actions. Elle est liée à l'apprentissage de *nouvelles* actions. Le pic est un signal indiquant que ce que vous venez de faire était bien et que vous devriez recommencer à l'avenir si vous faites face à une situation similaire[236].

Pour mieux comprendre cette facette du système dopaminergique, il suffit de la voir à l'œuvre à la période où elle est la plus essentielle, le début de la vie. Imaginez-vous bébé, assis dans votre chaise haute, avec un bol de purée et une cuillère à la main. Comme vous ne savez pas encore très bien contrôler vos bras, vous les remuez dans tous les sens et la majeure partie de la purée vole dans la pièce. Mais à un moment donné, la chance vous sourit et vous réussissez à bouger vos bras correctement pour atteindre votre cible : la bouche. Aussitôt, vous goûtez cette délicieuse purée, un signal nerveux remonte de votre langue à votre cerveau et un pic de dopamine survient dans le système de récompense.

Encore une fois, la dopamine en elle-même *n'est pas* la récompense. La récompense est le résultat d'autres molécules et la dopamine ne vous informe pas du caractère bon ou mauvais d'une chose. Les pics de dopamine sont plutôt liés aux attentes. Ils se produisent lorsque quelque chose est mieux ou pire *que prévu*. Et « à manger dans la bouche » est plus agréable que « pas à manger dans la bouche ».

Le pic de dopamine veille à ce que l'activité cérébrale qui précède la récompense ait plus de probabilité d'être répétée à l'avenir. Ainsi, à mesure que vous améliorez votre capacité à porter la nourriture à la bouche, les connexions cérébrales qui vous aident à porter la cuillère aux lèvres sont renforcées. Finalement, vous parviendrez à le faire sans réfléchir. Une fois cette étape franchie, les pics de dopamine disparaissent. La purée pour bébé aura toujours un goût agréable, mais ce ne sera plus une récompense imprévue. Vous avez appris que la récompense surviendra lorsque vous activerez les connexions de votre cerveau qui vous amèneront d'abord à plonger la cuillère dans la purée, puis à la porter à votre bouche.

Mais un jour, les petits pots pour bébés sont remplacés par des Coco Pops®. Vous n'y avez jamais goûté auparavant, et les céréales sont plus satisfaisantes que la purée. Aussi, lorsque les Coco Pops touchent votre langue, vous en retirez une récompense imprévue et intense, et la dopamine est libérée. Vous apprenez maintenant à exploiter ce que vous savez déjà. La nouvelle leçon est la suivante : il est préférable de mettre des Coco Pops dans sa bouche plutôt que de la purée pour bébé. Par conséquent, si vous croisez des Coco Pops à l'avenir, il y a plus de probabilités que vous les portiez à la bouche pour obtenir une autre récompense.

Plus tard, vos parents vous duperont peut-être avec des choux de Bruxelles. Ils ont un goût amer et, comme l'amertume est souvent associée à diverses toxines, l'humain a tendance à ne pas trop les aimer, surtout dans l'enfance. Ainsi, lorsque vous goûtez docilement votre premier chou de Bruxelles, la récompense est *moins* importante que prévu. Dans ce cas, il n'y a aucun pic de dopamine. Au contraire, le niveau de dopamine dans le système de récompense *chute en deçà* de la normale. Il est donc nettement moins probable que vous portiez les choux de Bruxelles à la bouche si on vous en ressert.

En résumé, les fluctuations de dopamine dans le cerveau font partie de l'apprentissage. Lorsque quelque chose est plus agréable que prévu, le cerveau est encouragé à répéter l'action afin d'éprouver à nouveau cette sensation. Ce système est extrêmement intelligent dans la vie sauvage, où il nous aide à trouver les aliments les plus riches en calories et les meilleurs partenaires pour nous aider à transmettre nos gènes.

Mais dans notre monde moderne, ces mécanismes se dérèglent et nous poussent à chercher des récompenses « vides » comme la malbouffe, la pornographie et la cigarette, parce qu'elles ont été sournoisement conçues pour activer à un degré anormalement élevé le système de récompense du cerveau.

★

À mesure que la dopamine vous apprend à associer certaines actions à une récompense, il se produit un phénomène intéressant qui confirme que la dopamine est liée à l'apprentissage. Le pic de dopamine se produit de plus en plus tôt lorsque vous êtes confronté à une récompense potentielle. Reprenons notre exemple des Coco Pops. Lors de votre première rencontre, le pic de dopamine se produit au moment où vous goûtez les céréales au chocolat. Mais plus tard, il se produira plus tôt. Dans un premier temps, il peut s'avancer jusqu'au moment où vous plongez la cuillère dans le bol. Puis, dans un second temps, il commencera dès que vous verrez vos parents verser les céréales dans votre bol ou dès qu'ils ouvriront le placard où la boîte est rangée. C'est parce que, pendant l'apprentissage, votre cerveau effectue un mouvement de retour en arrière en partant de la récompense. Au départ, vous avez appris que les

Coco Pops vous procurent une sensation agréable quand vous les portez à la bouche.

Mais dès que cette étape est franchie, le cerveau commence à apprendre ce qui précède la manœuvre de la cuillère. Ou ce qui provoque l'apparition des Coco Pops devant vous. Ainsi, un pic de dopamine se produit si vous demandez des Coco Pops à vos parents et qu'ils vous en donnent, ou si vous trouvez un jour la boîte dans le placard et que vous vous en servez un bol tout seul. Dans les deux cas, la récompense ne se produit pas avant que les Coco Pops ne touchent votre langue. Mais les pics de dopamine, eux, sont atteints dès que vous avez la certitude qu'une récompense se profile à l'horizon. Ainsi, le cerveau construit les voies d'action nécessaires à l'obtention des récompenses en travaillant à rebours de la récompense elle-même. Toutefois, ce processus signifie aussi que l'étape d'introduction participe à la création d'un désir de poursuivre la séquence d'action. Vous pouvez commencer à désirer les Coco Pops dès que vous voyez la boîte, ou même lorsque vous passez devant le placard.

Ces mécanismes expliquent en partie pourquoi désir et plaisir ne sont pas identiques. En effet, le désir surgit au premier signe d'une récompense possible. Il peut même se manifester si vous savez qu'un obstacle désagréable s'interpose entre vous et la récompense. Par exemple, une fumée âcre qui pénètre vos poumons ou une aiguille plantée dans votre bras. Chez les rats, le désir peut même être activé en touchant une tige qui leur inflige un choc électrique, à condition que le système de récompense soit stimulé électriquement immédiatement après. Les rats apprennent alors que le choc précède la récompense, et ils commencent à désirer le choc même s'il est désagréable, parce qu'ils savent que la récompense suit.

★

La dopamine et son rôle dans l'apprentissage expliquent pourquoi les gens souffrant de troubles liés à l'usage de substances ne sont pas seulement aux prises avec la substance elle-même, mais aussi avec diverses associations qu'ils ont inconsciemment développées en rapport avec leur dépendance. La simple vue d'une aiguille ou d'un certain environnement peut déclencher un désir immense, parce que leur cerveau a appris que ces signaux constituent les premières étapes d'une séquence d'actions qui aboutissent à une récompense.

C'est pourquoi les personnes qui veulent se libérer de la cocaïne doivent généralement arrêter complètement de faire la fête. Elles parviennent certes parfois à contrôler leurs pulsions dans la vie de tous les jours, mais leur cerveau a intégré l'idée que l'alcool et la musique assourdissante précèdent la cocaïne. Si elles vont à une fête comme au bon vieux temps, elles éprouvent des pulsions auxquelles il leur est presque impossible de résister. Ce phénomène se vérifie aussi chez les fumeurs occasionnels. Ils n'ont aucun mal à se passer de la cigarette dans leur vie quotidienne. Mais dès qu'ils commencent à boire en groupe, l'envie se fait sentir et, en un rien de temps, ils prennent une bouffée. Là encore, c'est parce que leur cerveau a appris à associer l'alcool à la récompense de la cigarette, et l'envie survient donc chaque fois qu'ils boivent.

Un exemple extrême de ce phénomène a été observé chez les soldats de retour de guerre. Lors d'enquêtes menées par l'armée américaine pendant la guerre du Viêt Nam, il est apparu que 43 % des soldats avaient consommé de l'héroïne pendant leur déploiement. La moitié de ceux qui avaient goûté à cette drogue avouaient être dépendants.

Mais une fois les soldats rentrés chez eux, il n'y a eu aucune crise nationale de l'héroïne, comme on aurait pu le redouter. Lors d'une enquête de suivi, il ne restait que 1 % des soldats dépendants[237]. Le même constat a été fait pendant la Seconde Guerre mondiale, au cours de laquelle les Alliés, comme les puissances de l'Axe, ont administré à leurs troupes de très fortes doses d'amphétamines pour les rendre plus résistantes, plus agressives et plus vigilantes. Entre avril et juin 1940, par exemple, les Allemands ont distribué 35 millions de pilules de méthamphétamine à leurs soldats. Mais là encore, il n'y a eu aucune grande crise de toxicomanie après le conflit.

C'est sans doute difficile à croire. Nous avons vu comment la situation évoluait dans d'autres situations impliquant un grand nombre de consommateurs d'une substance addictive. Dans le cas de l'OxyContin – moins forte que l'héroïne –, il y a bien eu une crise sanitaire qui a touché des millions de personnes. Comment les soldats auraient-ils pu éviter la dépendance ?

Selon une hypothèse, les soldats n'ont utilisé ces drogues que pour atténuer les ravages psychologiques liés à la guerre. Une fois les combats terminés, ils n'ont plus eu besoin de ces béquilles chimiques et ont donc pu s'en passer. Toutefois, il est avéré que de nombreux soldats continuent à présenter des troubles mentaux à leur retour d'une zone de conflit. En outre, il n'est pas impératif d'être en souffrance pour développer un trouble lié à l'utilisation d'une substance. De très nombreuses personnes épanouies et en bonne santé en sont également victimes.

L'explication tient plus probablement à ce que nous avons appris sur les associations. Après la guerre, les soldats ont été rapatriés chez eux, à plusieurs milliers de kilomètres, dans un environnement totalement différent. Ils ont changé de cercle social et de vie du jour au lendemain. Les signaux – les « déclencheurs » ou *triggers*, en quelque sorte – que les soldats avaient appris à associer à leur drogue ont donc disparu. Un peu comme ces fumeurs qui ne vont plus en soirée et n'ont donc plus jamais envie de fumer.

Bien sûr, il n'est pas très commode de laisser tomber ses amis, de changer de carrière et de quitter le pays pour se défaire de son penchant pour les Pringles®. Mais on peut se débrouiller sans aller aussi loin. L'histoire des soldats de la guerre du Viêt Nam et de la Seconde Guerre mondiale nous montre que la première étape pour maîtriser ses vilaines habitudes consiste à éliminer le plus grand nombre possible d'éléments déclencheurs. C'est pourquoi j'ai souligné précédemment l'importance de ne pas laisser traîner d'aliments malsains si vous avez des problèmes de suralimentation. En effet, la simple vue d'un paquet de bonbons ou de chips agit souvent comme un déclencheur. Il est plus facile de gagner la bataille en évitant tout bonnement de la livrer.

En plus de la suppression des déclencheurs, il est possible d'imaginer de lutter contre les dépendances en « rééduquant » le cerveau, afin qu'il apprenne que les déclencheurs ne prédisent *pas* la survenue d'une récompense. C'est beaucoup plus délicat, et on ignore encore comment y parvenir. Les personnes souffrant de troubles liés à la consommation d'alcool nous ont cependant appris que ce processus fonctionne.

L'alcool affecte le cerveau de bien des manières, notamment en provoquant la libération d'opioïdes dans le système de récompense. Ainsi, les consommateurs peuvent recourir à un produit pharmaceutique appelé « naltrexone » pour bloquer les récepteurs opioïdes, ce qui les aide à « désapprendre » leur dépendance. En bloquant les récepteurs opioïdes, la naltrexone empêche l'alcool de libérer des récompenses dans le cerveau[238]. Les patients doivent prendre le médicament le matin et s'ils succombent à la tentation et boivent un verre plus tard dans la journée, ce moment sera sans intérêt. La récompense sera moindre que prévu. Et cette expérience, comme vous vous en souvenez peut-être, fera chuter le taux de dopamine, « apprenant » au passage au cerveau que l'alcool n'est pas une récompense qui vaut la peine qu'on y consacre de l'énergie.

Une approche similaire pourrait peut-être être adoptée pour traiter d'autres formes de dépendance. Si vos Coco Pops se mettent soudain à avoir le goût de choux de Bruxelles, votre désir d'en manger ne tardera pas à décroître. Malheureusement, il y a un hic : le cerveau n'est pas si facile à tromper. Vous pourriez trouver un moyen de rendre vos collations moins appétissantes.

Mais si vous savez au fond de vous pourquoi elles ne vous intéressent plus, alors la méthode a peu de chances de fonctionner. Des recherches poussées sont toutefois menées dans ce domaine, de sorte qu'un jour nous réussissions peut-être à nous débarrasser de nos dépendances par la rééducation.

Les petits surnoms des molécules

On a l'habitude de donner des surnoms à de nombreuses hormones et molécules de l'organisme. Par exemple, dans cet ouvrage, la dopamine est présentée comme une « molécule de l'apprentissage » plutôt qu'une « molécule du bonheur ». Cependant, la biologie n'est pas toujours aussi facile à classer et compartimenter.

La dopamine joue de nombreux rôles en plus de ceux évoqués ici. En dehors du cerveau, elle intervient dans la production d'urine dans les reins, elle peut activer les cellules immunitaires et elle joue également un rôle dans le développement de nos yeux[239, 240, 241]. De même, nous avons vu que les opioïdes nous font éprouver du plaisir, mais qu'ils sont aussi nécessaires pour contrôler notre respiration. Autre exemple que nous n'avons pas encore abordé : l'« hormone de l'amour », l'ocytocine. Cette hormone influence notre sentiment d'attachement à autrui. Mais elle provoque également les contractions utérines, et on peut donc en injecter pour déclencher l'accouchement.

Si nous avions conçu notre propre corps, nous aurions peut-être rationalisé les opérations et cantonné une seule molécule à chaque fonction. Mais les organismes biologiques sont des usines de recyclage, et tout est réutilisé de la manière la plus étrange. Gardez cette idée en mémoire à la lecture de phénomènes biologiques complexes : ce qui compte, ce n'est pas seulement la molécule, mais aussi l'endroit où elle se trouve, en quelle quantité et dans quel contexte.

Troisième partie

HYPERSTIMULI À L'ÉCRAN

Chapitre 13
Matrix, mais dans la vraie vie

Quand on y pense, les humains sont de drôles d'animaux. La plupart des autres mammifères ont quatre pattes, de la fourrure et une queue. Mais nous, nous marchons sur nos deux jambes, sans aucune queue, et sommes seulement recouverts de poils à certains endroits stratégiques.

Nous sommes aussi les seuls animaux dotés d'un menton, une des rares espèces capables de transpirer sur toute la surface de son corps et nous avons – pour le dire gentiment – des habitudes culinaires atypiques, notamment boire le lait d'autres mammifères et utiliser le feu pour cuire nos aliments.

Il n'en reste pas moins que la caractéristique la plus extraordinaire et unique de l'être humain est son énorme cerveau et l'intelligence qui en résulte. En fait, on peut avancer que le cerveau humain est la structure la plus complexe de tout l'univers. Certes, ce livre nous dévoile quelques-unes de ses faiblesses, mais comment ne pas s'émerveiller devant l'ingéniosité humaine ? J'écris actuellement ce chapitre à 10 km au-dessus de l'océan Atlantique, dans un tube métallique géant équipé d'ailes qui brûlent du plancton vieux de plusieurs millions d'années pour rester en suspension dans l'air. Et je travaille sur une machine qui utilise du sable et de l'électricité pour effectuer des opérations mathématiques. À titre de comparaison, la plus grande réussite des chimpanzés consiste à lécher un bâton et à l'utiliser pour attraper des insectes.

Bien sûr, quelle que soit l'intelligence d'un être humain, aucun d'entre nous ne saurait construire un avion ou un ordinateur tout seul. La grande force de l'humanité n'est pas seulement l'intelligence brute, mais son association avec de forts instincts sociaux. Ce mariage nous permet non seulement d'avoir de grandes idées et d'apprendre à connaître le monde, mais aussi de coopérer pour réaliser de nouvelles découvertes et tirer parti des connaissances de chacun. En tout état de cause, notre sociabilité n'est qu'une des caractéristiques qui distinguent l'homme de la plupart des autres espèces animales. De nombreux animaux mènent une vie solitaire et ne rencontrent leurs congénères que pour s'accoupler avec eux ou les affronter. Même les animaux qui tolèrent la compagnie des autres vivent généralement en petits groupes.

Vous et moi sommes aussi membres de petits « groupes », tels que nos familles et nos cercles d'amis. Mais nous participons en outre à d'énormes groupes, tels que notre pays et, de plus en plus, la société mondialisée dans son ensemble. Et ce n'est pas parce que nous nous tolérons les uns les autres. Non, nous avons un besoin instinctif de compagnie, de validation et de reconnaissance de la part des autres. Comme vous l'avez peut-être deviné, il est donc possible de créer des hyperstimuli pour répondre aussi à ces besoins. En fait, on pourrait soutenir que nos instincts sociaux sont les plus exploités de tous.

★

L'un des meilleurs témoins de notre fort instinct social est notre fiction préférée. Songez au nombre de séries télévisées dont l'intrigue se résume à : une famille ou un groupe d'amis vaquent à leurs occupations et vivent des expériences ensemble.

Ces séries ne sont pas des récits épiques d'un voyage au bout du monde ou dans un univers magique, mais la représentation d'un groupe de personnes supposées ordinaires, qui vivent leur vie quotidienne et s'amusent. Voici quelques exemples parmi tant d'autres : *Seinfeld*, *Friends*, *How I Met Your Mother*, *The Office*, *Modern Family*, *The Big Bang Theory*, *New Girl*.

Évidemment, même si ces séries sont soi-disant représentatives de la vie ordinaire, elles ne sont pas réalistes. Les personnages sont censés incarner des gens comme les autres, mais ils ont tendance à habiter de vastes maisons et appartements, à être séduisants et drôles, à disposer d'un temps libre virtuellement illimité et à vivre bien plus de choses que les gens ordinaires dans le monde réel. En parallèle, les séries veillent à gommer tous les côtés banals du quotidien, tels que les transports en commun et les salles d'attente, les soirées où il ne se passe rien, les tâches répétitives et le boulot ennuyeux. En somme, une série télévisée est une version exagérée de la vie réelle. Tout comme les bonbons à la fraise sont une version exagérée des véritables fraises.

Vous reconnaîtrez même bon nombre des techniques utilisées pour créer ces hyperstimuli « sociaux » ou « de vie », à partir de tous les autres hyperstimuli que nous avons étudiés jusqu'à présent. Au fond, la méthode consiste toujours à faire des expériences sur le consommateur – ici, le téléspectateur – afin d'apprendre comment le captiver le plus efficacement possible. Par le passé, les séries télévisées ont dû recourir à des méthodes manuelles, comme l'utilisation de groupes de travail qui regardaient les épisodes et donnaient leur avis. Ces pratiques existent encore aujourd'hui, mais le monde numérique apporte des procédés beaucoup plus performants. Par exemple, Netflix est célèbre pour son recours intensif à ce que l'on appelle les tests A/B[242]. C'est une stratégie d'optimisation des contenus numériques qui consiste à répartir les utilisateurs en groupes auxquels on présente différentes variations d'une fonctionnalité, d'un modèle ou d'un élément du contenu, afin de découvrir ce qui fonctionne le mieux. Par exemple, on peut tester la couleur du bouton « acheter » sur le site Web pour savoir laquelle génère le plus de ventes. On peut montrer à certains utilisateurs un bouton vert et à d'autres un bouton rouge, tout en suivant le taux de conversion. Bien entendu, les tests A/B effectués par des entreprises comme Netflix ne se limitent pas à des questions simples, comme la couleur des boutons, ou à deux options différentes.

Cette méthode est utilisée à grande échelle et appliquée à quasiment tous les aspects de la plateforme afin d'optimiser l'engagement des abonnés. C'est sur ce principe que reposent la fonction de lecture automatique, la fonction « passer l'intro » et tous les choix de conception du site. En outre, les tests A/B sont aussi utilisés pour personnaliser le site et faire en sorte que chaque utilisateur continue à regarder des contenus. Netflix peut tester plusieurs versions d'une vignette pour le même programme, chacune adaptée à des publics différents. Une personne qui a regardé beaucoup de films d'action verra une image d'explosions, tandis qu'une autre dont l'historique suggère un intérêt pour les drames verra une scène tendre entre les personnages principaux.

Certes, Netflix n'est pas la seule plateforme à pratiquer ce type d'optimisation : c'est la règle du jeu sur Internet. Pratiquement tous les grands sites que vous consultez font de vous des cobayes en direct afin d'améliorer leurs taux de rétention (y compris les sites porno).

Certains producteurs de contenu s'appuient même sur des expériences pour orienter la création du contenu lui-même. La société britannique Moonbug Entertainment, qui est derrière une série de franchises YouTube™ très populaires pour les jeunes enfants, telles que *CoComelon*, en est un bon exemple. Comme le révèle le *New York Times*, les programmes sont optimisés pour un engagement maximal grâce à la configuration suivante : de jeunes enfants sont placés devant un écran montrant une version préliminaire d'un dessin animé potentiel. Derrière l'écran du dessin animé se trouve un écran encore plus grand que la société appelle le

« Distractatron ». Cet écran-là passe en boucle une vidéo de diverses activités quotidiennes, comme des scènes dans des cafés ou des salons de coiffure. Les enfants sont observés pendant qu'ils regardent le dessin animé et chaque fois qu'ils détournent le regard du premier écran, cet écart est enregistré. Une fois ce type d'expérience réalisé avec de nombreux enfants différents, l'entreprise peut identifier les passages les moins captivants de ses dessins animés et les modifier jusqu'à ce que les enfants restent attentifs pendant toute la durée de l'épisode[243]. Si vous avez déjà vu des enfants regarder ces programmes, vous savez à quel point la méthode fonctionne, au point de les rendre presque zombiesques. Il en va de même pour les adultes qui regardent Netflix pendant des heures. Netflix connaît un tel succès qu'il représente aujourd'hui 15 % de *l'ensemble* du trafic Internet mondial[244]. Ils savent très bien qu'ils ont rendu le public dépendant. Le fondateur, Reed Hastings, a prononcé ces mots désormais célèbres lors d'une réunion d'investisseurs, alors qu'on lui demandait si l'entreprise s'inquiétait de la concurrence des autres plateformes de diffusion en continu : « Quand vous regardez un programme sur Netflix et que vous devenez accro, vous restez éveillé tard dans la nuit. À la marge, nous sommes en concurrence avec le sommeil. Et ça représente un paquet de temps[245]. »

★

Bien sûr, la partie logique de notre cerveau sait que les programmes que nous regardons sur écran ne sont pas la réalité. Mais notre subconscient n'est pas nécessairement au courant. Il vous est peut-être arrivé, par exemple, d'éprouver une vague tristesse à la fin d'une longue série, avec l'impression d'avoir perdu quelqu'un ou quelque chose.

Si nous ressentons ce genre de choses, c'est parce que nous développons ce que l'on appelle des « relations parasociales » avec les personnages que nous suivons à l'écran. Ce phénomène a été décrit pour la première fois par des sociologues américains dans les années 1950, à l'époque où les gens commençaient à avoir des téléviseurs dans leurs foyers[246]. Les sociologues ont observé que certains téléspectateurs nouaient des relations avec les personnages de fiction, comme s'il s'agissait de véritables personnes. Certains ont même raconté être tombés amoureux. Pourquoi ? Parce que nous ne pouvons pas faire totalement la distinction entre ce qui est réel et ce qui ne l'est pas. Pour une partie de notre cerveau, les personnes à l'écran sont nos vrais amis et leurs expériences sont nos vraies expériences. Ainsi, à la fin d'une série, nous avons parfois l'impression de « perdre » des amis[247]. Un phénomène similaire se produit aujourd'hui à grande échelle quand les internautes se passionnent pour la vie des influenceurs et des célébrités sur les réseaux sociaux et sur YouTube. Même si cette relation n'est guère plus qu'à sens unique, le subconscient peut l'interpréter comme une réalité et tisser des relations parasociales.

Le problème, c'est que nos relations parasociales finissent par entrer en concurrence avec nos relations réelles. Il devient alors tout à fait normal de rester derrière une porte fermée et de suivre la vie de ses amis et de ses proches parasociaux, alors que ses *véritables* amis et proches se trouvent juste au coin de la rue. Pour quelqu'un qui n'aurait jamais connu Netflix, ce comportement pourrait sembler tout à fait déconcertant. Imaginez que vous et moi soyons des extraterrestres venus d'une galaxie lointaine et que nous venions tout juste de découvrir la Terre. Notre civilisation est curieuse de cette nouvelle planète et nous sommes donc envoyés en mission pour étudier ses habitants. Nous recevons la consigne particulière d'étudier l'espèce dominante de la Terre, l'humain, et de décrire son comportement. Que lirait-on dans votre rapport si vous observiez une personne assise, presque sans bouger, tout un dimanche, devant un écran ?

Les scientifiques humains qui observeraient une souris faire une action similaire compareraient ce comportement à celui des rongeurs qui pratiquent l'autostimulation électrique. Même s'il se passe quelque chose à l'écran et dans le cerveau du spectateur, de l'extérieur, tout ce que l'on voit, c'est un animal qui reste complètement passif pendant des heures et qui reçoit une stimulation externe.

Nous retrouverons ce principe à plusieurs reprises dans cette partie du livre. Pour les entreprises qui gagnent de l'argent en manipulant nos instincts sociaux, le principal objectif est de retenir notre attention et de nous faire passer le plus de temps possible avec leur produit. Par conséquent, certains commencent à délaisser le monde réel.

★

Lorsque les explorateurs et négociants européens ont atteint l'Inde pour la première fois, ils ont remarqué un phénomène étrange : des similitudes frappantes entre certaines langues indiennes et le grec ancien et le latin enseignés en Europe. Il y avait même des ressemblances entre les langues indiennes et les langues maternelles des explorateurs. Par exemple, Filippo Sassetti, un marchand italien du XVIe siècle, a constaté que des mots tels que « serpent », « dieu » et divers nombres présentaient des points communs étonnants entre le sanskrit et l'italien.

Lorsque la nouvelle de ces analogies linguistiques est remontée jusqu'en Europe, des linguistes curieux ont commencé à les étudier. Ils en ont conclu qu'il n'y avait qu'une seule explication logique : les langues indiennes et européennes devaient avoir un ancêtre commun. Une langue primitive à l'origine de toutes les langues.

Aujourd'hui, nous classons toutes ces langues sous le nom de « langues indo-européennes », car nous savons que ces linguistes précurseurs avaient raison. Les langues, du français au latin en passant par l'hindi, l'urdu, le bengali et le sanskrit, descendent d'une même langue ancienne. Cette langue était parlée par un petit groupe de tribus qui l'ont diffusée en conquérant sauvagement de grandes régions du monde connu[248]. Ces tribus n'ont laissé aucune trace écrite et nous ignorons comment elles se désignaient elles-mêmes. Aujourd'hui, nous les appelons Indo-Européens ou Yamnayas. À l'origine, il y a quelque 5 000 ans, ils menaient une existence nomade dans les vastes steppes herbeuses du sud de l'Ukraine et de la Russie. Les Yamnayas ont été les premiers à apprivoiser le cheval, et c'est depuis leur monture qu'ils gardaient les vaches, les chèvres et les moutons, qui constituaient leur gagne-pain. Ce nomadisme offrait beaucoup plus de liberté que l'agriculture sédentaire pratiquée alors dans le reste de l'Europe. Mais le mode de vie des Yamnayas était aussi incroyablement violent. Les tribus de la steppe étaient parmi les plus brutales au monde.

Nous le savons grâce à l'une de leurs principales traditions : le kóryos. C'est un rituel de passage qui marque la transition entre l'enfance et l'âge adulte, un peu comme la confirmation ou la bar-mitsva aujourd'hui. Sauf que le kóryos impliquait des sacrifices sanguinaires aux dieux et des rituels douloureux. Les jeunes hommes devaient prendre temporairement une nouvelle identité inspirée du loup et ainsi devenir violents, impulsifs, rusés et cruels. Cette nouvelle identité permettait au groupe des kóryos d'exister en dehors de la morale conventionnelle de la société. Ils étaient autorisés à voler, à piller et à tuer, à condition de ne pas s'en prendre aux membres de leur propre tribu. Après les rituels, les jeunes hommes étaient bannis des terres de la tribu et forcés de se débrouiller seuls pendant un certain temps. Ils devaient chasser des animaux sauvages pour survivre et, dans le respect de leur nouvelle identité de loup, ils devaient attaquer et piller d'autres tribus – en volant du bétail, en tuant des hommes de la région, en prenant des enfants comme esclaves et en forçant les femmes à se marier, voire pire.

Si les hommes kóryos menaient à bien leurs expéditions, ils pouvaient retourner dans leur tribu après quelques mois ou années et être réintégrés comme des citoyens respectables. Mais comme leur réussite se traduisait aussi par des gains de bétail, d'épouses et de compagnons, ils choisissaient parfois de fonder une nouvelle tribu. Dans les deux cas, une nouvelle génération de jeunes guerriers voyait bientôt le jour et l'histoire se répétait.

Certains groupes de kóryos ont probablement péri en tentant d'attaquer d'autres tribus. Mais nous savons que beaucoup d'entre eux étaient des guerriers accomplis, comme en témoignent les vestiges archéologiques[249]. En effet, des objets associés aux Yamnayas ont été disséminés depuis leur terre d'origine dans la steppe pour atteindre quelques siècles plus tard les recoins les plus isolés de l'Europe vers l'ouest et du sous-continent indien vers l'est. Leurs conquêtes se reflètent également dans les empreintes culturelles laissées dans les sociétés qui leur ont succédé. Leurs dieux sont devenus les dieux grecs, romains et nordiques, et c'est pour cette raison que ces mythologies ont tant de points communs. Leurs coutumes ont survécu dans de nombreuses traditions, comme chez les Vikings, dont les expéditions rappellent la tradition des kóryos. Les Vikings envoyaient des troupes d'assaut appelées « berserkers », des guerriers vêtus de peaux de loup ou d'ours se déchaîner contre l'ennemi dans un état de transe effrénée, le sang à la bouche. Dans toute l'Europe, on trouve encore des traces de ces anciens modes de vie dans les contes et légendes. Par exemple, les mythes des loups-garous, ces hommes qui, sous la pleine lune, se transforment en loups et terrorisent tout ce qui les entoure. Enfin, nous savons combien les Yamnayas ont prospéré parce que nous le constatons dans notre ADN. Si vous êtes d'origine européenne, centrasiatique, iranienne, afghane, pakistanaise ou indienne, ces guerriers comptent parmi vos ancêtres. En Europe et dans le sous-continent indien, les guerriers Yamnayas ont côtoyé des sociétés d'agriculteurs qui n'étaient pas toujours très pacifiques eux-mêmes. Mais ces fermiers étaient démunis face à ces impitoyables guerriers à cheval. Dans certaines contrées, les agriculteurs ont été complètement exterminés, tandis qu'ailleurs, certains de leurs gènes perdurent encore – probablement ceux de gens réduits en esclavage ou de femmes forcées à se marier.

★

L'Europe et le sous-continent indien ne sont pas les seules régions dont le passé est marqué par la violence. Dans le reste du monde, d'autres groupes se conquièrent les uns les autres avec les mêmes armes. À l'époque où les Yamnayas se déployaient depuis les steppes d'Ukraine et de Russie, un autre groupe progressait pareillement en Afrique. Ces tribus, que nous appelons les Bantous, sont originaires de l'actuel Cameroun, mais ont réussi à s'étendre sur de vastes étendues du continent en utilisant des méthodes similaires à celles des Yamnayas[250].

Heureusement, la situation a bien évolué et on peut aujourd'hui aller au supermarché sans craindre une embuscade de la part d'un groupe d'hommes à cheval vêtus de peaux de loup. Mais partout dans le monde, des groupes de type kóryos apparaissent spontanément lorsque les conditions sont favorables. Les hommes préhistoriques n'ont pas inventé une nouvelle forme de comportement : c'est le propre de la nature humaine que les jeunes hommes soient les membres les plus agressifs et les plus impulsifs de la société. Certains psychologues parlent d'ailleurs de « syndrome du jeune homme » pour décrire la surreprésentation des jeunes hommes dans la plupart des statistiques liées à la violence ou à la prise de risque[251].

Partout dans le monde, le groupe social le plus susceptible d'être condamné pour des crimes violents est celui des hommes dont l'âge se situe entre la fin de l'adolescence et le début de la vingtaine. Ce segment est également surreprésenté parmi les membres de gangs, les auteurs d'attentats suicides (l'auteur type d'un attentat suicide est un jeune homme de 20 ans)[252, 253], les responsables d'accidents de voiture[254] et parmi les gens qui se rendent à l'hôpital après avoir donné un coup de poing dans un mur[255].

Attention, il ne faut pas en conclure que tous les jeunes hommes sont obsédés par la violence. La plupart réussissent à ne pas tomber dans le piège des gangs et ne font jamais rien subir à un pauvre mur innocent. Mais ce que je veux dire, c'est que certaines pulsions biologiques chez les jeunes hommes (probablement à cause de la testostérone) augmentent le risque de ce type de comportement. Ces pulsions ont été encouragées dans le passé par des traditions telles que le kóryos, alors qu'aujourd'hui la société essaie de les réorienter vers des activités plus productives et pacifiques. Traditionnellement, la redirection la plus heureuse a été le sport, que George Orwell décrivait comme « la guerre, mais sans les coups de feu». On peut courir et se battre pour un ballon et tout le monde a le droit de rentrer à la maison en vie et en bonne santé.

Grâce aux progrès technologiques, il existe désormais de nouveaux moyens de réorienter les pulsions violentes. Les plus intéressants sont les jeux vidéo.

★

Il existe des jeux vidéo sur tous les sujets possibles et imaginables. Mais bon nombre des plus populaires nous rappellent immanquablement les traditions des kóryos. Vous jouez en équipe et l'objectif est de tuer l'adversaire ou de le battre dans une quelconque compétition. C'est pour cette raison que les jeux vidéo ont souvent été accusés de favoriser les comportements violents. Après tout, on conçoit aisément que des individus habitués à piller et à tuer derrière un écran soient plus enclins à le faire aussi dans la vie réelle.

Au cours des dernières décennies, les sociologues se sont attachés à vérifier la validité de ce lien. Mais malgré des études approfondies, rien ne prouve que les jeux vidéo violents rendent les gens plus violents dans la vraie vie[256, 257]. Le même constat se dégage en observant la société. Comme nous l'avons évoqué précédemment, les jeux violents sont de plus en plus populaires. S'ils rendaient les jeunes plus violents, les statistiques de la criminalité devraient clairement en faire état. Mais en réalité, la criminalité est *en baisse*. Le nombre de jeunes condamnés pour des crimes violents est plus faible aujourd'hui qu'il y a 10 ou 20 ans[258].

Paradoxalement, cette *chute* de la criminalité pourrait être le fruit de ces mêmes jeux accusés d'inspirer des comportements criminels. Une étude néerlandaise intéressante nous apporte un éclairage à ce sujet. Des scientifiques ont cherché à savoir comment la criminalité dans un pays donné était influencée par la sortie d'une nouvelle version de *Grand Theft Auto*. Au cas où vous n'auriez jamais entendu parler de ce jeu, le principe en est le suivant : vous incarnez un criminel qui remplit diverses missions, notamment en passant à tabac des gens, en les cambriolant et en commettant des meurtres. Ainsi, s'il y a bien un moment où la criminalité devrait augmenter à cause des jeux vidéo violents, c'est quand tout un pays se met soudain à jouer à *Grand Theft Auto*. Pourtant, dans l'étude néerlandaise, le taux de criminalité *a baissé* lorsque *Grand Theft Auto* est sorti dans le commerce[259].

Des scientifiques américains ont observé le même phénomène lors de la sortie de films violents. Ils ont utilisé les indicateurs du degré de violence des films et les statistiques de criminalité pour déterminer si les films violents inspiraient les crimes violents. Là encore, le résultat est négatif : les films violents ont fait *baisser* le taux de criminalité[260].

Vous devinez pourquoi ?

La raison est toute simple : personne ne peut être à deux endroits à la fois.

Si vous êtes occupé à défigurer un pauvre type dans un jeu vidéo, vous ne pouvez pas en même temps frapper quelqu'un dans la réalité. Ainsi, plus le temps passé devant l'écran augmente, moins il y a de temps pour commettre des crimes violents. Ou pour toute activité dans le monde réel, en fait. Les enquêtes menées dans mon pays d'origine, le Danemark, le prouvent clairement. Tous les 4 ans, le gouvernement danois commande une étude approfondie sur la santé et le bien-être des jeunes Danois. Il est notamment demandé dans l'enquête si la personne qui répond a passé du temps physique avec un ami en dehors de l'école, du sport ou du travail au cours de la semaine écoulée. En 2009, 63 % des hommes danois âgés de 15 à 19 ans ont répondu par l'affirmative. Aujourd'hui, ce chiffre est de 38 %[261]. Cette dégringolade est évidente dans toutes les tranches d'âge et pour les deux sexes. Et passer du temps avec des amis n'est pas la seule activité de la vie réelle en déclin. Il en va de même pour les soirées, les événements sportifs et les concerts. Il ne faut pas en conclure que les jeunes n'ont plus de relations sociales ni ne font plus d'expériences. C'est simplement que la socialisation se déroule de plus en plus en ligne et que les expériences sont elles aussi de plus en plus numériques, par exemple sous la forme de films et de jeux vidéo. Après tout, vos véritables amis peuvent-ils *vraiment* rivaliser avec vos « amis » parasociaux bien plus divertissants sur YouTube, TikTok® et Netflix ? Les activités de la vie réelle disponibles sont-elles vraiment aussi passionnantes que les séries et les jeux vidéo hyper-optimisés ? Les réponses varieront selon les individus, mais tous les chiffres suggèrent que le monde numérique remporte la bataille plus souvent qu'elle ne la perd, et que bon nombre de gens vivent de plus en plus dans ce monde virtuel. Globalement, on passe plus de temps seul et à la maison qu'auparavant. Aux

États-Unis, les sondés déclarent passer 40 % de temps en moins avec d'autres personnes qu'il y a 10 ans à peine[262].

Ce bouleversement pourrait également expliquer certains des autres dysfonctionnements sociaux déjà évoqués. Rappelez-vous, par exemple, que le nombre de célibataires n'a jamais été aussi élevé et que nous avons moins de relations sexuelles qu'avant, même dans le cadre d'une relation. Nous avons souligné que les applications de rencontres et la pornographie contribuent probablement à ce phénomène en provoquant une surabondance de choix et des attentes trop élevées. Mais il y a une autre explication possible : nous passons tout simplement moins de temps dans le monde réel et interagissons avec moins de gens. Sur une note positive, ceci se traduit par une diminution de la violence. Mais cette tendance implique aussi une diminution des interactions positives sous la forme d'amitiés, de relations amoureuses ou sexuelles.

Chapitre 14
Scroller à l'infini

Dans une vaste étude britannique, des scientifiques ont tenté de déterminer ce qui nous rend heureux dans notre vie quotidienne. Ils ont conçu une application pour smartphone qui demandait à des milliers de participants, tout au long de la journée, ce qu'ils étaient en train de faire et à quel point ils étaient heureux à ce moment précis. Sans surprise, les répondants ont indiqué qu'ils se sentaient particulièrement heureux après avoir eu des relations sexuelles, des interactions sociales, ou après avoir participé à des événements comme des rencontres sportives ou des concerts[263].

À l'autre extrémité du spectre de la satisfaction, se trouvaient des activités telles que faire la queue, être malade dans son lit, accomplir des tâches ménagères – et scroller sur les réseaux sociaux. Oui, voilà au milieu de quoi se trouvaient les réseaux sociaux. Sur la base de cette étude, on pourrait penser que les gens seraient prêts à tout pour y échapper, comme ils font avec la corvée de vaisselle. Mais non, au contraire.

Voilà bientôt 20 ans qu'Apple® a lancé le premier iPhone® et donné à l'humanité la possibilité d'être en ligne pratiquement en permanence. Aujourd'hui, près de 80 % de la population mondiale possède un smartphone, soit plus que le nombre d'êtres humains ayant accès à des toilettes fonctionnelles[264, 265]. Il suffit de jeter un coup d'œil dans nos villes pour se rendre compte que ces smartphones ne restent pas vraiment en veille. Les fabricants de téléphones comme Apple savent exactement combien de temps nous passons rivés à notre écran, mais cette information n'est jamais rendue publique. Au mieux, on peut se baser sur des estimations émanant de sources extérieures et qui suggèrent une moyenne de 5 heures par jour et par utilisateur[266, 267]. Les chiffres varient d'un pays à l'autre, mais pas autant qu'on pourrait le croire. Étonnamment, les pays où les gens passent le plus de temps devant leur écran ne semblent pas être parmi les plus développés, comme ceux de la sphère anglo-saxonne. Non, il s'agit plutôt de pays à revenu intermédiaire ou en développement comme les Philippines, le Brésil et l'Afrique du Sud. Ce phénomène s'explique en partie par le fait que la population de ces pays est globalement plus jeune. Les taux de natalité sont généralement plus élevés dans les pays moins développés, de sorte que les enfants et les jeunes représentent une part plus importante de la population. Et les jeunes passent plus de temps sur leur téléphone[268]. Les résultats sont à peu près les suivants par groupe d'âge :

- 16–24 : 7 h 30

- 25–34 : 7 h
- 34–44 : 6 h 30
- 45–54 : 6 h
- 55–64 : 5 h 30[269]

Une fraction de ce temps d'écran se déroule derrière un ordinateur pendant les heures de travail, il ne s'agit donc pas uniquement de réseaux sociaux et d'activités de ce genre. Mais près de la moitié du temps d'écran est passé sur le téléphone, et les réseaux sociaux en sont la première cause.

★

Dans les années 1950, le psychologue américain B. F. Skinner mène plusieurs expériences révolutionnaires sur le comportement animal[270]. Skinner cherche à comprendre le fonctionnement du système de récompense du cerveau. Pour ses expériences, il construit quelques petites cages que nous appelons aujourd'hui « boîtes de Skinner ». Cette conception vous rappellera peut-être les expériences menées sur les rats et l'autostimulation électrique. Dans une boîte de Skinner, il y a un petit bouton qui distribue une friandise si le cobaye appuie dessus. Là encore, les souris et les rats sont naturellement curieux. Si vous placez un rongeur dans un environnement inconnu – comme la boîte de Skinner – il l'explorera en reniflant et en tâtant les alentours. Très vite, l'animal appuiera par hasard sur le petit bouton et une friandise sera larguée, à la surprise de l'animal. Quelques répétitions suffisent pour que l'animal apprenne à faire le lien. Ensuite, il se mettra à appuyer sur le bouton de lui-même pour avoir une friandise.

Mais Skinner ne veut pas seulement apprendre à ses animaux de laboratoire la relation entre le bouton et les friandises, il veut aussi comprendre comment ces sujets réagissent à différents *modèles* de récompense. À cette fin, il met au point des variantes de son expérience dans lesquelles les friandises ne sont pas distribuées chaque fois que les cobayes appuient sur leur petit bouton.

Naïvement, on aurait pu penser que les rongeurs seraient bien plus attirés par le bouton s'ils étaient sûrs qu'une pression leur apporterait une récompense agréable. Mais assez étonnamment, pas du tout. En fait, il s'avère que les animaux sont davantage intéressés par un modèle variable et imprévisible. Parfois, une pression sur le bouton peut faire apparaître une friandise. Parfois, non. Ce modèle de récompense imprévisible rend les animaux accros. Ils développent des comportements compulsifs, délaissant d'autres activités, telles que la socialisation, pour appuyer encore et encore sur le bouton dans l'espoir d'obtenir la friandise. Si vous vous rappelez le chapitre sur la dopamine, vous comprendrez pourquoi ils agissent ainsi. En effet, la dopamine est libérée juste après une récompense *imprévisible* et renforce le comportement qui l'a immédiatement précédée. Ce mécanisme garantit que nous apprenions à atteindre la récompense, quelle qu'elle soit. Mais avec un système de récompense totalement aléatoire, il est impossible de prédire quand la récompense arrivera. La libération de dopamine ne s'arrête donc jamais. Au contraire, le comportement qui se produit immédiatement avant la récompense potentielle – appuyer sur le bouton – est renforcé encore et encore, encore et encore.

Peut-être que toute cette scène vous est familière. Après tout, j'ai déjà utilisé le mot «jackpot», car les casinos exploitent précisément ce mécanisme. Une machine à sous n'est rien d'autre qu'une boîte de Skinner pour humains. La seule différence, c'est que la récompense est abstraite et prend la forme d'une somme d'argent. Mais le comportement d'un joueur compulsif devant une machine à sous est exactement le même que celui observé chez les rongeurs de Skinner. Dans les deux cas, le résultat est le même : des sujets zombiesques qui répètent le même mouvement pendant des heures, sans s'arrêter.

Dans n'importe quel autre contexte, les gens s'ennuieraient à mourir à rester assis toute la journée à tirer sur un levier ou à appuyer sur un bouton. Imaginez : vous et moi nous rendons dans un casino et proposons à certains des joueurs de venir travailler dans notre usine. Ils y effectueraient le même mouvement que devant leur machine à sous : ils tireraient plusieurs fois sur un levier ou appuieraient sur un bouton. Toutefois, nous les rémunérerions pour cette tâche, de sorte qu'elle serait rentable. Avec une machine à sous, les probabilités sont défavorables au joueur (c'est pour cette raison que les casinos essaient de faire jouer les joueurs le plus longtemps possible) et le rendement escompté est donc négatif. Si vous jouez suffisamment longtemps, vous êtes assuré de perdre de l'argent. Mais bien sûr, même si l'emploi à l'usine rapportait plus que le jeu, la plupart des joueurs refuseraient instantanément notre proposition. L'action physique de tirer un levier est peut-être parfaitement identique, mais le modèle de récompense aléatoire rend le jeu captivant pour le joueur, même si le résultat est finalement négatif. C'est dire à quel point les modèles de récompense imprévisibles sont puissants. L'industrie du jeu gagne des fortunes colossales en exploitant cette faiblesse psychologique. Mais elle n'est en fait qu'une toute petite protagoniste face à l'industrie qui profite *véritablement* des découvertes de B. F. Skinner.

★

Ce n'est un secret pour personne que les créateurs des plateformes de réseaux sociaux se sont inspirés de Skinner et d'autres psychologues. Certains l'admettent ouvertement. Par exemple, lors d'un événement organisé par Axios à Philadelphie, le premier président de Facebook®, Sean Parker, explique franchement à Mike Allen les débuts des réseaux sociaux :

> Le processus de réflexion qui a sous-tendu la création de ces applications, la première d'entre elles étant Facebook… se résumait à ceci : « Comment pouvons-nous consommer le plus de temps et d'attention consciente possible ? » Et ça veut dire qu'on doit vous donner un petit shoot de dopamine de temps en temps, parce que quelqu'un va aimer ou commenter une photo ou un post ou n'importe quoi d'autre. Et ça vous donnera envie de fournir plus de contenu, et ça vous rapportera… plus de mentions « j'aime » et

> de commentaires... C'est une boucle de rétroaction de validation sociale... Exactement le genre de truc qu'un hacker comme moi pourrait inventer, parce qu'on exploite une vulnérabilité dans la psychologie humaine. Les inventeurs, les créateurs – c'est moi, c'est Mark [Zuckerberg], c'est Kevin Systrom d'Instagram®, c'est tous ces gens-là – l'ont compris sciemment. Et on l'a fait quand même[271].

Nombre de personnalités influentes ayant participé aux balbutiements des entreprises de réseaux sociaux avaient découvert les travaux de Skinner dans le cadre de leur cursus universitaire. À l'université de Stanford, au cœur de la Silicon Valley, il y a un cours intitulé «Technologie de la persuasion», qui fait la part belle aux expériences de Skinner sur les souris et les rats[272].

Depuis cette époque, cette pratique est ancrée dans la culture même de ces entreprises et a contribué à en faire les plus riches et les plus puissantes de l'histoire du monde. En retour, tout cet argent permet aux firmes technologiques d'embaucher des armées d'ingénieurs de renommée internationale dans le but précis décrit par Parker : s'assurer que vous passiez le plus de temps possible sur les réseaux sociaux.

Si les réseaux sociaux ont cet objectif prioritaire, c'est parce qu'ils tirent leurs revenus de la publicité. Le calcul est donc simple : plus vous passez de temps sur Facebook, Instagram, TikTok, LinkedIn® et compagnie, plus ils pourront vous montrer de publicités et plus ils gagneront d'argent. Pendant que vous êtes en ligne, l'argent continue de rentrer. Mais dès que vous fermez l'application, le flux cesse. Voici donc la question à 1 milliard de dollars : comment inciter un internaute à fixer un écran le plus longtemps possible ? Voyons un peu.

★

L'une des premières innovations des réseaux sociaux inspirées par Skinner a été la fonction « like » (ou « j'aime »). Ce bouton permet la délivrance d'une dose de reconnaissance sociale qui varie d'une publication à l'autre, selon un modèle quelque peu imprévisible.

Une étude réalisée par Karthik Srinivasan, de l'université de Chicago, a montré comment ce dosage de la reconnaissance sociale influence notre comportement. Karthik Srinivasan a étudié le comportement des utilisateurs de TikTok et de Reddit® quand un message reçoit une attention inhabituelle. En d'autres termes, comment les utilisateurs réagissent lorsqu'ils touchent le jackpot de la reconnaissance sociale. Il a constaté que ce succès viral poussait les internautes à augmenter considérablement par la suite la fréquence de leurs publications[273]. Les algorithmes des réseaux sociaux exploitent vraisemblablement cet effet « jackpot » en veillant à ce que les publications soient largement diffusées dès la création d'un compte ou en cas de publication après une longue période d'inactivité. Dans les deux cas, si notre publication est montrée à un plus grand nombre d'utilisateurs, elle a bien plus de chances de recevoir de nombreux « likes » et, par conséquent, de nous donner envie de poster davantage.

Difficile de ne pas applaudir l'intelligence de ce modèle. En effet, non seulement il appâte l'utilisateur, mais il l'incite automatiquement à produire un travail gratuit pour la plateforme. Nous apprenons rapidement que tous les contenus ne sont pas accueillis de la même manière, et nous nous efforçons donc d'en créer des passionnants, qui contribueront à leur tour à retenir l'attention des internautes. Tout autre type de média, comme un journal ou un magazine, doit payer des personnes pour rédiger ou prendre des photos. Les réseaux sociaux contournent ce frein en payant en reconnaissance, ce qui leur permet d'économiser une fortune.

Finalement, grâce aux efforts des créateurs, le contenu lui-même est plus intéressant pour beaucoup que la perspective potentielle d'une reconnaissance sociale. La plupart des utilisateurs des réseaux sociaux publient rarement quoi que ce soit, et passent surtout leur temps à scroller, à faire défiler le contenu et à le consommer. On estime qu'entre 1 et 10 % des utilisateurs sont à l'origine de la majeure partie des contenus disponibles. Les autres sont très largement passifs.

Ces plateformes de réseaux sociaux sont composées de deux « classes » sociales que l'entreprise doit gérer : une classe de créateurs et une classe d'utilisateurs. La classe des utilisateurs est bien plus vaste, et c'est elle qui génère la majorité des recettes publicitaires. Il est donc important de préserver leur engagement. Les entreprises ont optimisé ce processus par différents biais, parmi lesquels une sorte de version numérique de l'effet buffet déjà évoqué. Vous vous souvenez ? Ce mécanisme qui nous pousse à trop manger à un buffet parce que la variété retarde la satiété. Un principe similaire s'applique aux contenus des réseaux sociaux. On commence avec une vidéo de chat. Puis un message politique (avec lequel vous êtes d'accord). Puis une histoire drôle. Puis une actualité. Et ainsi de suite. Si vous ne voyiez qu'un seul genre de contenu, vous seriez sans doute rassasié. Mais en vous offrant un buffet numérique, les plateformes diffèrent le sentiment d'ennui et maintiennent l'attention plus longtemps. Ça n'a pas toujours été le cas, mais c'est le résultat d'une optimisation visant à fidéliser les utilisateurs. Vous vous souvenez peut-être qu'au début des réseaux sociaux, seuls les contenus de vos amis ou des entités que vous aviez choisi de suivre étaient affichés. Cette particularité faisait d'ailleurs partie de l'argument de vente : suivez le quotidien de vos amis ! Mais on s'est ensuite rendu compte que Hannah, avec qui vous étiez au lycée, et Paul, du boulot, n'étaient pas nécessairement les mieux placés pour créer des contenus qui augmentent le temps passé devant l'écran. Aussi, dans leur quête d'engagement des utilisateurs, les plateformes ont opté pour le modèle du buffet. Sur Instagram, vous ne voyez plus seulement les photos des profils auxquels vous êtes abonné, mais aussi des vidéos et des photos de comptes populaires que vous ne suivez pas. Sur LinkedIn, les messages qui apparaissent dans votre fil d'actualité ne sont pas uniquement ceux de vos relations, mais aussi des messages populaires publiés par des comptes avec lesquels vous n'êtes pas en contact. Et sur TikTok, l'algorithme fait pratiquement tout le travail, sans qu'aucune préférence de l'utilisateur ne soit requise.

Ces applications ont découvert que vous ne choisissez pas toujours le contenu qui retient le plus durablement votre attention. Elles préfèrent donc faire le choix à votre place. Pour y parvenir, elles collectent d'énormes quantités de données sur vous tandis que vous scrollez.

Certaines personnes s'opposent à cette collecte de données et exigent des limites pour protéger leur vie privée. Mais beaucoup se contentent de hausser les épaules. Si vous n'avez rien à cacher, pourquoi vous inquiéter de ce qu'une entreprise pourrait savoir sur vous ?

Toutefois, ces plateformes ne recueillent pas de données pour savoir où vous vivez afin de venir voler les vieilles cuillères en argent de votre grand-mère. Elles collectent des données sur vous parce que ces informations les aident à décrypter le code qui leur permet de retenir votre attention. Dès que vous ouvrez l'application, l'analyse commence : combien de temps avez-vous regardé la publication A ? Et la B ? Avez-vous cliqué sur cette image ou non ? Combien de temps êtes-vous resté sur l'application ? Quel est le dernier élément que vous avez vu avant de fermer l'application ? Et ainsi de suite.

Toutes ces mesures sont transmises à un algorithme d'apprentissage automatique qui a pour mission de trouver le moyen de vous inciter à rester connecté. Si vous faites défiler rapidement un post ou si vous fermez l'application, l'algorithme apprend à vous montrer moins de messages de ce type à l'avenir. Si vous vous arrêtez sur une publication, que vous ajoutez un « j'aime » ou que vous l'envoyez à un ami, l'algorithme apprend à vous montrer des contenus similaires à l'avenir. Ainsi, lorsque vous utilisez les réseaux sociaux, vous leur apprenez précisément à capter votre attention.

Ces informations peuvent être complétées par celles que l'application possède sur des utilisateurs qui vous ressemblent. L'algorithme est capable de passer au crible des millions de personnes pour trouver celles qui se comportent comme vous. Leur comportement peut alors être utilisé pour prédire votre réaction aux publications. Si, par exemple, nous réagissons tous les deux de la même manière à des contenus différents, l'algorithme peut s'appuyer sur mon comportement pour décider quelles publications vous devriez voir. S'il détecte que j'ai « aimé » la vidéo d'un chien drôle, il vous la montrera à votre prochaine connexion. De même, si je passe rapidement sur une publication qui parle d'astrologie, l'algorithme évitera de vous en montrer une qui explique que la nouvelle lune marque le début d'une période introvertie de votre vie.

★

Une fois que les réseaux sociaux vous ont rendu accro, ils sont bien décidés à confisquer votre attention. C'est pour cette raison que les plateformes sont conçues pour rendre votre expérience de navigation (ou de *scrolling*) aussi fluide que possible. Chaque pause est une occasion de vous ressaisir et de vous rappeler que vous aviez prévu de faire autre chose. Il est donc indispensable de vous maintenir dans cette boucle sans fin et de minimiser les distractions.

Le défilement infini : c'est l'un des moyens utilisés par ces géants des réseaux sociaux pour fluidifier votre expérience. Vous vous souvenez peut-être d'une époque où il était possible d'atteindre le bas d'une page et qu'il fallait ensuite passer manuellement à la page suivante ou actualiser le site. Grâce au défilement (ou *scrolling*) infini, les mises à jour sont chargées en continu, de sorte que vous n'avez jamais besoin de faire quoi que ce soit. Vous êtes alors face à un flux infini qui ne tarit jamais de publications à consulter. Le défilement infini fonctionne si bien qu'Aza Raskin, qui en est l'inventeur, a présenté des excuses publiques au monde entier. Il a notamment déclaré : « Je regrette de ne pas avoir réfléchi davantage aux usages qui seraient faits de cette fonctionnalité[274]. »

Depuis, M. Raskin a participé au lancement d'une organisation appelée « Center for Humane Technology », dans la Silicon Valley. Cette ONG tente d'informer les internautes sur les pratiques manipulatrices des entreprises de réseaux sociaux et sur leurs effets sur nous. L'un des autres fondateurs est Tristan Harris, que vous avez peut-être vu dans le documentaire *Derrière nos écrans de fumée* (2020), dans lequel un groupe d'ingénieurs et d'entrepreneurs de la Silicon Valley partent en guerre contre le monstre qu'ils ont pourtant contribué à créer.

Plus généralement, le nombre de protagonistes des prémices des réseaux sociaux qui se battent aujourd'hui contre ceux-ci est assez frappant.

Chamath Palihapitiya, ancien haut gradé de Facebook, avoue ressentir une « énorme culpabilité » pour son travail sur les réseaux sociaux[275].

Tim Kendall, qui a joué un rôle dans la mise en place du modèle économique de Facebook fondé sur la publicité, pilote aujourd'hui une application appelée « Moment », qui aide les gens à *limiter* le temps passé sur les réseaux sociaux.

Roger McNamee, l'un des premiers investisseurs de Facebook, a écrit un livre dont le titre est *Facebook : la catastrophe annoncée*[276].

Justin Rosenstein, qui a travaillé à la création du bouton «j'aime», explique : «Je me considère comme dépendant – oui, dans certains cas, des outils que j'ai conçus[277]. »

Cette tendance se vérifie également chez de nombreux employés de niveau intermédiaire de la Silicon Valley. Le *New York Times* a révélé que les nounous de la Silicon Valley recevaient souvent des instructions strictes pour tenir les enfants à l'écart des écrans sur lesquels leurs parents travaillent précisément pour captiver les autres[278, 279]. À mon avis, ce n'est pas vraiment bon signe quand ceux qui passent leurs journées de travail à développer un produit se battent bec et ongles pour que leurs propres enfants n'y soient pas exposés.

À leur décharge, rares sont ceux qui travaillaient sur ce produit il y a 10 ou 15 ans et auraient pu en anticiper les conséquences. C'est une chose de développer une petite application et d'utiliser quelques astuces psychologiques apprises à l'université pour que le tout marche bien. C'en est une autre de pouvoir soudainement contrôler et diriger l'attention de milliards de personnes. En tout état de cause, nous devrions nous réjouir que certains initiés luttent pour endiguer les effets négatifs des produits qu'ils ont contribué à créer. Car, comble de l'ironie, ce sont souvent eux qui sont les mieux placés pour nous dire comment réduire notre temps d'écran. Par exemple, Tristan Harris offre un autre conseil, qui est l'un des plus efficaces que j'aie jamais entendus.

Il nécessite toutefois un détour de quelques millions d'années.

★

Comme toutes les meilleures histoires, celle-ci commence au temps des dinosaures. C'est à cette époque que sont apparus les premiers mammifères : de petites créatures proches de l'écureuil qui vivaient surtout la nuit. Impossible de leur en vouloir, puisqu'elles cohabitaient avec des géants carnivores.

La nuit, les premiers mammifères n'avaient pas besoin de voir les couleurs et ils étaient pour ainsi dire daltoniens. Ils utilisaient plutôt leur odorat et leur ouïe pour s'orienter afin de trouver de la nourriture et échapper aux prédateurs.

Même si des millions d'années se sont écoulées, l'héritage de cette caractéristique se retrouve aujourd'hui chez de nombreux mammifères. La plupart d'entre eux possèdent ce que l'on appelle une vision dichromatique des couleurs. Les cerfs et les sangliers, par exemple, ont une vision dichromatique : ils ne font pas la différence entre le vert et l'orange. C'est pourquoi l'un de leurs plus grands prédateurs, le tigre, est orange. Aux yeux de ses proies, ce grand félin est donc parfaitement camouflé sur un fond vert, car les deux couleurs leur paraissent identiques[280].

Nous autres humains ne percevons pas les couleurs de manière dichromatique, mais trichromatique. Les termes «dichromatique» et «trichromatique» font référence au nombre d'un certain type de cellules, appelées « cônes », dans la rétine de l'œil. Ces cellules qui captent les couleurs existent chez nous en trois versions. La première version capte les couleurs bleues, la deuxième les vertes et la troisième les rouges. Le cône pour les couleurs rouges est celui qui manque à la plupart des autres mammifères et qui nous permet de faire la distinction entre le vert et l'orange.

Nous partageons notre bonne vision des couleurs avec d'autres primates. Et c'est probablement pour cette raison que nous avons un faible pour les sucreries. Les premiers primates étaient des mangeurs de fruits de la forêt tropicale, où les couleurs vives sont le signe que les fruits sont mûrs et peuvent être consommés.

Toutefois, cet instinct a un effet secondaire : les primates sont attirés par les couleurs vives. Comme tous nos autres instincts, celui-ci n'a pas échappé à la machine à hyperstimuli que sont les réseaux sociaux. Il suffit de regarder l'écran de votre téléphone. Il irradie de teintes vives et saturées, plus éclatantes et plus captivantes que celles du monde réel. (Et nous avons pourtant déjà embelli le monde réel en le peignant de toutes sortes de couleurs pour satisfaire nos sens).

Le pouvoir des couleurs vives est particulièrement flagrant si vous réglez tout à coup votre écran en mode noir et blanc. En effet, il n'en faut pas plus pour rendre votre écran parfaitement ennuyeux. C'est même presque déprimant de regarder trop longtemps un écran sans aucune couleur.

Des oiseaux bigarrés

Les humains voient mieux les couleurs que beaucoup d'autres mammifères. Mais comparés aux oiseaux, nous sommes pour ainsi dire daltoniens.

La plupart des oiseaux ont une vision tétrachromatique : ils possèdent quatre types de cellules coniques, soit une de plus que nous et deux de plus que la plupart des mammifères. Pensez-y la prochaine fois que vous entendrez des oiseaux gazouiller devant votre fenêtre. Peut-être sont-ils en train de se moquer de la coordination médiocre des couleurs de votre tenue, puisque vous ne percevez pas les nuances de couleurs comme eux.

Certains oiseaux doivent se camoufler dans des tons gris et bruns pour éviter les prédateurs. Mais d'autres, grâce à leur puissante vision des couleurs, sont immensément colorés pour impressionner leurs congénères. Songez à la queue d'un paon mâle.

Cette queue n'a aucune fonction physique, elle est exclusivement destinée à séduire les paons femelles par ses jolies couleurs. Voici le message qu'elle véhicule : « Voyez comme je suis en bonne santé et en pleine forme ! Je suis tellement supérieur que je peux vous combler avec mes belles couleurs au lieu de me cacher comme un lâche pour échapper aux prédateurs[281]. »

→

Quand tout se passe comme prévu, les femelles sont impressionnées et s'accouplent avec le mâle. Mais parfois, la queue attire l'attention d'un tigre, et le paon devient alors un dîner très instagrammable.

★

Ce qui commence par une glace à la vanille se transforme quasiment toujours en glace à la vanille recouverte de beurre de cacahuète, de pépites de chocolat, de marshmallows et de coulis de caramel. Il en va de même pour les réseaux sociaux. Jusqu'à présent, nous avons évoqué les toutes premières escalades : la fonction «j'aime», le défilement infini et la transition du contenu généré par des amis vers un buffet numérique.

Cette évolution se poursuit, et la dernière escalade a été initiée par l'application chinoise TikTok.

Depuis la fin des années 2010, TikTok écrase toutes les plateformes sociales, car ses créateurs ont découvert une arme encore plus efficace pour capter l'attention que celles choisies par leurs concurrents. TikTok a connu un tel succès que d'autres géants ont copié son concept, avec les Reels Instagram, les Reels Facebook, les Shorts YouTube et les Spotlight Snapchat®, pour tenter de rester dans la course.

La clé du succès de TikTok tient au fait qu'elle a élevé la machine à hyperstimuli à un niveau supérieur, sur de multiples fronts à la fois. Le contenu de l'application est ultracondensé en courtes séquences vidéo, souvent accompagnées de musique et d'une multitude d'effets. Ce ne sont jamais des chansons entières, mais seulement les meilleurs passages, les moins accrocheurs étant tout simplement coupés.

Au lieu de choisir une vidéo par vous-même, l'application en lance une automatiquement dès son ouverture. Ainsi, la friction marginale qui peut découler du choix à faire est supprimée. Vous vous souvenez peut-être qu'il est parfois difficile de se décider face à un grand nombre d'options. Ce problème a concerné d'autres applications vidéo, telles que Netflix et YouTube. En raison de la surabondance des choix, vous risquez de fermer l'application sans avoir rien regardé. Mais en lançant automatiquement une vidéo, TikTok dissuade l'utilisateur de quitter l'application immédiatement. La première vidéo affichée n'est peut-être pas géniale, mais l'utilisateur peut facilement passer à la suivante. À aucun moment, TikTok ne vous demande quoi que ce soit pour afficher du contenu. Tout est décidé par l'algorithme et présenté en flux infini.

Cette stratégie fonctionne aussi grâce à la conception basée sur la vidéo, qui permet de ne voir qu'un seul élément de contenu à la fois. Sur les plateformes sociales traditionnelles, il y a généralement plusieurs publications à l'écran en même temps, et c'est donc plus complexe de comprendre ce qui retient l'attention. Est-ce la discussion politique en haut de la page ? Les photos de vacances de votre collègue juste en dessous ? Ou peut-être la bannière publicitaire pour un nouveau type de fil dentaire ? TikTok contourne habilement cette ambiguïté, ce qui permet à l'algorithme d'apprentissage automatique de décrypter vos préférences encore plus précisément.

Le succès de TikTok nous apprend donc que plus il est facile pour l'algorithme d'apprentissage automatique de vous analyser, plus il parviendra à capter efficacement votre attention. C'est problématique, car l'apprentissage automatique ne cesse de s'améliorer. Et aussi parce que les applications sociales ne font pas la distinction entre ce qui capte notre attention et ce qui est réellement bénéfique ou sain pour nous. En fait, un des enseignements à tirer des réseaux sociaux, c'est que les utilisateurs heureux ne sont pas nécessairement ceux qui sont les plus engagés. Les utilisateurs anxieux ou en colère peuvent aussi être une mine d'or. Si vous regardez une publication qui vous met en rogne, il y a de fortes chances que vous interagissiez avec[282]. Vous pourriez vous disputer avec l'auteur de la publication dans les commentaires, ou l'envoyer à vos amis pour constater ensemble à quel point les gens sont stupides. Ce que les réseaux sociaux enregistrent, en revanche, c'est que *ce* contenu a attiré votre attention. Aussi, ils vous en proposeront d'autres de la même veine.

Chapitre 15
Un petit poisson dans un grand étang

À l'été 2012, Michael Phelps est devenu l'athlète olympique le plus médaillé de tous les temps en remportant l'or au relais 4 × 200 m nage libre avec l'équipe américaine. Cette victoire lui a permis de dépasser la gymnaste soviétique Larisa Latynina, qui avait remporté 18 médailles entre 1956 et 1964. À la fin des Jeux olympiques de Londres, Phelps avait remporté 22 médailles et, 4 ans plus tard, à Rio de Janeiro, il a encore amélioré son record avant de prendre sa retraite avec un total de 28 médailles, dont 23 en or[283]. C'est dix médailles de plus que l'athlète sur la deuxième marche du podium et douze de plus que les nageurs suivants les plus décorés.

Si je devais décrire les capacités de Michael Phelps à la manière d'un Danois, je dirais qu'il est plutôt bon. Pour être un peu plus spectaculaire, on pourrait se demander si Phelps n'a pas été conçu pour nager vite. Car, même avec beaucoup d'efforts, il serait difficile de concevoir un corps humain mieux adapté à la natation.

Tout d'abord, nous savons que la taille est un atout pour nager rapidement[284]. Les nageurs les plus grands ont une distance à parcourir légèrement inférieure à celle des nageurs les plus petits dans toute course donnée, puisque le couloir est d'une longueur déterminée. Mais en plus, des études montrent que les grands nageurs ressentent moins de résistance à l'eau à grande vitesse et peuvent donc nager plus vite. Michael Phelps mesure 1,93 m. Il est donc plus grand que 95 % des Américains et même plus encore au niveau mondial.

Par ailleurs, un nageur a également intérêt à avoir de longs bras[285]. Là encore, la distance à parcourir est légèrement plus courte, mais les bras longs permettent en outre de déplacer plus d'eau à chaque mouvement. Ainsi, plus vos bras sont longs par rapport à votre corps, meilleure sera votre propulsion. La longueur des bras est souvent calculée en fonction de l'envergure, c'est-à-dire la distance entre les extrémités des deux bras tendus à l'horizontale. En général, l'envergure d'une personne est à peu près égale à sa taille. En d'autres termes, une personne qui mesure 1,70 m a normalement une envergure d'environ 1,70 m. Cette règle ne s'applique toutefois pas à Michael Phelps. Même s'il mesure 1,93 m, ses bras sont si longs qu'il a une envergure de 2,03 m[286] – soit l'envergure attendue d'une personne mesurant 10 cm de plus que lui.

Contrairement aux longs bras, les longues *jambes* sont un handicap en natation, car elles augmentent la résistance hydrodynamique plus qu'elles n'aident à avancer.

Et sur ce point encore, Phelps a la carrure optimale. Il est peut-être grand, mais il ne porte que des pantalons de taille 32, ce qui serait habituel chez un homme mesurant 10 cm de moins que lui.

Enfin, il est également important pour les nageurs d'avoir de grandes mains et de grands pieds, qui leur permettent de déplacer le plus d'eau possible. Pensez à la vitesse à laquelle vous nagez avec des palmes. Phelps chausse du 48, il a donc pour ainsi dire des palmes intégrées, et en plus, il a des articulations hyperlaxes, ce qui donne plus d'amplitude à ses mouvements.

En fait, le physique de Phelps est tellement atypique que, lorsqu'il était petit, les médecins se sont demandé s'il ne souffrait pas d'une maladie génétique appelée syndrome de Marfan, qui se caractérise notamment par une hyperlaxité des articulations et un corps allongé. Mais rien ne cloche chez Phelps. Il est simplement né avec un corps anormalement adapté à la nage rapide.

Bien sûr, on n'atteint pas les sommets d'un sport mondial uniquement grâce à son physique – il faut aussi une grande force mentale. Mais même sur ce plan, Michael Phelps est atypique. Il se souvient avoir été hyperactif pendant l'enfance, mais il a appris à canaliser son extraordinaire énergie dans la piscine en commençant à nager. Par la suite, il est devenu obsédé par l'entraînement et, avant les Jeux olympiques d'Athènes en 2004, il se souvient s'être entraîné tous les jours pendant 5 ans d'affilée, même le jour de son anniversaire ou de Noël[287].

Bref, on peut en déduire que Michael Phelps n'est pas exactement l'être humain le plus typique de la planète. Mais si tous ces traits sont remarquables, ils sont beaucoup plus inhabituels si on compare Phelps à la population générale, que si on le compare à d'autres nageurs d'élite. Personne ne peut atteindre ce haut niveau sans posséder au moins la majorité des caractéristiques du «parfait nageur».

Ce constat s'applique à tous les sports mondiaux aujourd'hui. Les athlètes de haut niveau ne sont pas représentatifs de la population générale. Ils forment un sous-ensemble d'êtres humains atypiques dotés de caractéristiques qui leur permettent d'atteindre le plus haut niveau de performance possible. Prenons l'exemple classique du basket-ball. Le joueur moyen de la NBA américaine mesure 2 m, ce qui le place dans le percentile le plus élevé des hommes occidentaux. Les meilleurs joueurs de basket-ball ont tendance à être encore plus grands. Et lorsque les joueurs sont relativement petits (pour des basketteurs), ils ont tendance à compenser par des bras très longs. Ils ne sont donc pas nécessairement «petits» avec les bras au-dessus de la tête, ce qui est le plus déterminant, car c'est là que le ballon est lancé et que la plupart des interceptions sont réalisées.

La gymnastique, en revanche, est l'exemple opposé. Dans ce sport, il est avantageux d'être petit, pour faciliter les rotations en l'air et l'équilibre. Les gymnastes olympiques féminines ne mesurent en moyenne que 1,55 m, et la meilleure gymnaste mondiale, Simone Biles, est encore plus petite. Elle mesure 1,42 m. Elle est donc plus petite que 99,7 % de la population occidentale et si petite qu'elle entre dans les limites de ce que l'on appelle le nanisme.

Le monde du sport est le meilleur environnement pour observer l'atypisme des sportifs de haut niveau, car les différences sont souvent physiques. Mais ce phénomène ne se limite pas au sport. Il se vérifie dans toutes les disciplines qui se jouent à l'échelle de la planète. Dans le domaine scientifique, par exemple, le physicien américain d'origine hongroise John von Neumann est souvent considéré comme l'un des plus grands savants de tous les temps. Physiquement, il avait l'air très ordinaire, mais son cerveau et ses capacités cognitives étaient loin de l'être. À l'âge de 6 ans, alors que la plupart des enfants apprennent l'alphabet ou à lacer leurs chaussures, von Neumann était capable de diviser des nombres à huit chiffres de tête et avait appris tout seul le grec ancien, le latin, ainsi que cinq ou six autres langues.

★

Dans la vie, l'une des grandes questions est la suivante : vaut-il mieux être un petit poisson dans un grand étang ou un grand poisson dans un petit étang ?

En d'autres termes, vaut-il mieux être un joueur moyen dans un grand club de football ou être le meilleur joueur de la petite équipe locale ? Est-il préférable d'être un élève moyen dans une école pour enfants surdoués ou la star d'une classe standard ? Est-ce mieux d'être invisible dans la boîte de nuit la plus branchée de Londres ou la plus belle personne du pub du coin ?

Votre réponse dépend probablement de l'étang en question et de vos objectifs. Mais d'un point de vue psychologique, la réponse est étonnamment simple : soyez un gros poisson dans un petit étang. C'est comme ça qu'on est le plus heureux.

Ce phénomène s'observe dans les départements scientifiques des universités du monde entier. Dans la plupart des pays, l'objectif est d'inciter le plus grand nombre possible de jeunes à étudier les matières STIM (sciences, technologies, ingénierie et mathématiques). Les sociologues cherchent donc à savoir comment inciter les jeunes à s'engager dans cette voie et s'il est possible de prédire qui finira par obtenir son diplôme. Sans surprise, les travaux de recherche montrent qu'il est utile d'être bon en mathématiques pour réussir un cursus universitaire en sciences naturelles. Prenons l'exemple de l'université américaine Hartwick, dans l'État de New York[288]. Là-bas, les étudiants les plus doués en mathématiques constituent la majorité des diplômés dans les domaines scientifiques. Si nous répartissons les étudiants arrivant à l'université en trois groupes en fonction de leurs aptitudes en mathématiques, on obtient ceci :

- Le tiers le plus fort en maths → 50 % des diplômés en sciences.
- Le tiers moyen en maths → 27 % des diplômés en sciences.
- Le tiers le plus faible en maths → 18 % des diplômés en sciences.

Ces chiffres paraissent peut-être un peu obscurs, mais ce qu'il faut retenir, c'est qu'un grand nombre de ceux qui obtiennent un diplôme en sciences sont issus du groupe d'étudiants les plus doués en maths. Cette tendance se vérifie dans toutes les universités américaines, même à Harvard, probablement l'université la plus prestigieuse du monde.

Mais il y a un hic : les étudiants de Harvard sont dans une catégorie à part. Un étudiant de Harvard « de faible niveau » a de fortes chances d'être meilleur en maths qu'un étudiant de Hartwick « de très bon niveau ». Mais ceci ne se reflète pas dans leurs chances d'obtenir un diplôme en sciences. Ici, les étudiants de Hartwick « plus forts » pour un niveau global plus faible ont plus de chances de réussir que les étudiants de Harvard « plus faibles » en mathématiques, mais dans un niveau global plus fort.

Comment est-ce possible ? Les étudiants les plus « faibles » de Harvard sont exceptionnellement talentueux. Mais pas toujours à leurs propres yeux. Cette distorsion s'explique par un phénomène psychologique appelé l'effet « gros poisson-petit étang[289, 290] ».

Cet effet décrit comment les élèves ayant des pairs très doués pour les études se jugent *moins bons* qu'ils ne le sont en réalité. Un exemple permet de comprendre ce phénomène. Imaginons que nous réunissions deux groupes d'élèves d'intelligence semblable. Nous envoyons le premier dans une école pour enfants surdoués. Le second est envoyé dans une école normale où le niveau moyen est nettement inférieur. Après quelques mois dans ces deux établissements, nous demandons à nos élèves d'évaluer leurs propres capacités.

Nous savons que les élèves sont tous aussi intelligents les uns que les autres, donc si leur perception d'eux-mêmes reflète leurs capacités, ils devraient se juger aussi intelligents les uns que les autres. Mais en fait, ceux qui sont de petits poissons dans un grand étang – à l'école pour enfants surdoués – estimeront leurs aptitudes inférieures à celles des grands poissons dans le petit étang de l'école normale.

Les élèves qui ont des camarades très forts scolairement développent un mauvais « concept de soi académique ». Ce point est primordial, car l'image que l'on a de soi sur le plan scolaire influe sur les résultats que l'on obtient. Si vous croyez en vos propres capacités, vous serez plus disposé à redoubler d'efforts et à ne pas renoncer face à des problèmes complexes. La confiance en soi génère l'ambition et, sans ambition, il est impossible de viser très haut.

Ainsi, les étudiants doués dans leurs études se tirent peut-être une balle dans le pied en choisissant les universités les plus prestigieuses, car ils risquent de se retrouver sous la moyenne. En effet, ils seront amenés à côtoyer des individus parmi les plus doués au monde. On pourrait les appeler les Michael Phelps des étudiants universitaires. Même si les « plus mauvais » étudiants de Harvard font partie des 0,1 % les plus brillants, leur vécu ne leur permet pas de le comprendre.

L'être humain est sujet à un biais cognitif que le psychologue Daniel Kahneman appelle « Seul compte ce qui est connu » (aussi connu sous l'acronyme WYSIATI pour *What you see is all there is*). Nous avons tendance à façonner notre vision du monde en nous basant sur les informations que nous avons devant les yeux. Voilà pourquoi les étudiants des universités prestigieuses peinent parfois à évaluer objectivement leurs propres capacités. Les « mauvais » étudiants de Harvard sont sans doute logiquement conscients qu'ils sont extrêmement intelligents par rapport au reste du monde. Mais ce n'est pas ce qu'ils ressentent instinctivement.

C'est l'essence même de l'effet « gros poisson-petit étang ». Les sociologues ont observé ce phénomène chez les étudiants américains, mais aussi au sein de toutes les cultures examinées[291]. On le constate dans de nombreux pays occidentaux, mais aussi dans des pays comme l'Indonésie, la Thaïlande et la Tunisie. Il apparaît en outre dans toutes les tranches d'âge, chez les filles comme chez les garçons.

Attention, l'effet « gros poisson-petit étang » ne se limite pas non plus au concept de soi *académique*.

Par exemple, dans le monde du sport, les athlètes se mesurent également par rapport aux performances de leurs coéquipiers[292, 293]. Si cet effet « gros poisson-petit étang » est universel, c'est parce qu'il prend racine dans l'un des fondements les plus ancrés de notre nature sociale : notre désir d'accéder à un statut social.

⋆

Les sociologues distinguent deux formes de statut social : celui qui résulte de la dominance et celui qui résulte du prestige[294]. La dominance est la forme la plus fréquente de statut social dans le monde animal et repose sur la violence : fais ce que je dis ou je te tape.

Cette forme de statut social prévaut aussi chez les humains. Prenons l'exemple d'une bande de truands. Les gens ne se soumettent pas à la mafia parce qu'ils aiment cette organisation ou parce qu'ils veulent aider le

Parrain à gagner plus d'argent. Dans un groupe criminel, le pouvoir est, en gros, réparti en fonction de la capacité présumée d'une personne à exercer de la violence contre d'autres personnes et à gagner, soit par ses propres moyens, soit avec l'aide de ses acolytes et de ses alliés.

Dans un contexte plus serein, nous observons également des hiérarchies fondées sur la dominance, qui ne reposent pas sur la violence physique, mais qui s'appuient tout de même, au moins en partie, sur la capacité à infliger des torts. Par exemple, votre patron exerce une dominance sur vous. Non pas parce qu'il va vous frapper si vous ne l'écoutez pas, mais parce qu'il a le pouvoir de vous licencier et donc de vous nuire en vous privant de vos revenus.

Cela dit, le statut basé sur la dominance n'est pas la principale forme de statut chez les humains. Nous sommes des êtres à part. Même chez nos plus proches parents, les chimpanzés, la hiérarchie sociale est largement basée sur la dominance. Mais chez les humains, tout a basculé quand nos ancêtres ont inventé les armes.

En effet, ce n'est pas si facile que ça de dominer une personne en colère munie d'une lance. Les chimpanzés mettent du temps à s'entretuer en se mordant et en se frappant, alors qu'un être humain armé peut tuer une autre personne en une fraction de seconde. Voilà qui rend beaucoup plus délicat l'exercice de la tyrannie. Qui sait, si vous intimidez trop un membre de votre tribu, il pourrait soudainement apparaître à côté de votre lit d'herbe au milieu de la nuit, prêt à vous éliminer.

Outre les armes, les humains se sont également affranchis des hiérarchies de statut uniquement fondées sur la dominance grâce à l'invention du langage. La communication orale permet l'échange d'informations, mais aussi l'élaboration de plans. Ainsi, plusieurs membres d'une tribu peuvent se coordonner, se liguer contre un tyran et le tuer, même si ce dernier est plus grand et plus fort que chacun des membres de l'alliance.

L'anthropologue Richard Wrangham raconte comment une telle situation s'est présentée au sein d'une tribu de chasseurs-cueilleurs, les Yanomami, qui vit au fin fond de la forêt amazonienne. Un homme de la tribu exaspérait les autres membres depuis longtemps par son arrogance, son agressivité et son attitude de petit tyran. Un jour, alors que les hommes étaient partis chasser, ils l'ont mis au défi de grimper en haut d'un arbre et d'y récolter du miel. La brute a accepté le défi et a déposé ses armes pour entreprendre son ascension. Pendant qu'il était dans l'arbre, les autres ont calmement ramassé ses armes. Une fois le tyran revenu sur la terre ferme, ils l'ont promptement assassiné avant de rentrer chez eux[295].

Dans des situations moins radicales, les chasseurs-cueilleurs et d'autres petits groupes peuvent obliger les tyrans à adopter un comportement approprié grâce aux ragots et à l'exclusion sociale. Ainsi, la plupart des chasseurs-cueilleurs vivent dans des cultures égalitaires où les membres veillent à ne pas s'énerver les uns les autres et s'efforcent de bien traiter les autres. Le passage à l'agriculture, puis aux sociétés complexes, a de nouveau facilité l'exercice de la dominance sur autrui. Par exemple, un roi ne craint pas de mécontenter un seul paysan ou même quelques-uns. Mais globalement, la dominance n'est pas la forme la plus courante de statut social chez l'homme. Une autre forme de statut prévaut : *le prestige*. Contrairement à la dominance, le prestige n'existe pas chez de nombreuses autres espèces. Comme souvent dans ce livre, un petit oiseau peut nous apprendre comment fonctionne ce type de statut.

Ce volatile s'appelle le cratérope écaillé et vit en petits groupes consolidés comptant jusqu'à 20 spécimens. Chaque groupe partage un territoire – généralement composé d'un arbre et de quelques buissons. Il y a un nid commun, où naissent les jeunes du groupe, et les oiseaux coopèrent pour défendre leur territoire contre les prédateurs et d'autres groupes de ces passereaux. Ce mode de vie rend le cratérope écaillé assez unique parmi les espèces d'oiseaux, mais le rapproche aussi de nous.

En effet, le cratérope écaillé et l'homme de l'âge de pierre ont tous deux besoin de leur tribu pour survivre. Théoriquement, un chasseur-cueilleur peut survivre seul s'il est intelligent et en bonne santé. Mais un homme seul est une cible facile. Nous sommes physiquement faibles par rapport à la plupart des animaux et nous sommes également vulnérables face à d'autres humains. Un homme solitaire de l'âge de pierre aurait été chanceux de ne pas finir dépouillé, réduit en esclavage ou assassiné. De même, un cratérope écaillé solitaire n'a aucune chance face à un groupe entier d'oiseaux. Si une femelle est seule, elle devra se contenter de territoires qu'aucun autre oiseau ne convoite. Probablement un emplacement à découvert, où il y a moins de nourriture et un plus grand risque d'être la proie d'autres animaux.

Les cratéropes écaillés savent donc instinctivement, comme nous autres humains, qu'il vaut mieux appartenir à un groupe. Cette intuition se traduit par un comportement curieux. Ces petits passereaux ne se contentent pas de collaborer. Ils *rivalisent* pour se rendre utiles. Même chez les animaux sociaux, ce comportement est assez rare. Dans une troupe de lions, par exemple, le mâle est le plus dominant et profite de sa position pour manger en premier. Après quoi, les femelles se battent parfois entre elles pour obtenir la part du lion. Chez les cratéropes écaillés, c'est l'inverse : ils se nourrissent les uns les autres. Il n'est pas inhabituel de voir un pauvre volatile de rang inférieur, complètement gavé, tenter désespérément d'échapper à un oiseau dominant qui souhaite à tout prix le nourrir.

Le même scénario se répète pour d'autres comportements bénéfiques au groupe. Les cratéropes écaillés se battent pour assurer la surveillance du groupe, même si cette tâche les met davantage en danger et limite leur temps disponible pour trouver à manger. Ils se bagarrent également pour occuper la place la plus vulnérable pour dormir – à l'extrémité de la branche commune du groupe –, même si c'est là qu'ils courent le plus grand risque d'être dévorés par un prédateur.

Les plus optimistes pourraient croire que ce type de comportement s'explique par une pure bonté d'âme, mais ce n'est malheureusement pas ainsi que fonctionne l'évolution. Les cratéropes écaillés ne sont pas serviables à l'extrême par altruisme, mais parce que cette attitude améliore leurs propres chances de survie. En se rendant utiles au groupe, ils réduisent le risque d'être bannis.

Il est dans l'intérêt du groupe d'avoir des membres qui rapportent beaucoup de nourriture ou qui protègent bien le groupe.

Ainsi, un cratérope écaillé qui ne participe pas sera peut-être plus en sécurité la nuit et n'aura pas à s'inquiéter de la nourriture. Mais il sera plus facile de se passer de cet oiseau. Il manquera à moins de monde si la politique sociale conduit un jour à son expulsion du groupe. Et une fois isolé, il sera *contraint* de se débrouiller pour son alimentation et sa sécurité. Par conséquent, ce petit passereau est instinctivement prêt à risquer sa vie pour le bien du groupe.

Certains comportements de cet oiseau vous sont peut-être familiers. Par exemple, il n'est pas anodin que le capitaine, le plus haut placé dans la hiérarchie, soit le dernier à quitter un navire en perdition. Il était également d'usage qu'un roi ou un général conduise ses troupes sur le front. Et aujourd'hui, l'entraîneur et les joueurs vedettes d'une équipe de sport essuient souvent les plâtres en cas de contre-performance collective.

Pour les humains, toutefois, la compétition pour le prestige ne consiste pas seulement à *faire* une action bénéfique pour le groupe. La compétition peut aussi être une question de *capacité à faire* une action qui pourrait être bénéfique. Par exemple, les athlètes jouissent d'un statut élevé dans notre société. À première vue, on pourrait trouver étrange que Cristiano Ronaldo ou LeBron James figurent parmi les personnes les plus admirées au monde, mais d'un point de vue évolutionniste, c'est tout à fait logique. Les capacités athlétiques sont utiles pour un groupe de chasseurs-cueilleurs. Si vous êtes fort et rapide, vous pouvez devenir un bon guerrier et un bon chasseur, et donc un bon allié pour les autres membres de la tribu. C'est pour cette raison que nous prêtons attention aux performances athlétiques, surtout s'il y a un esprit de compétition. Ainsi, l'athlète ne se contente pas d'exhiber ses talents impressionnants, mais il prouve aussi qu'il est plus doué que les autres.

De même, nous constatons souvent que les individus disposant de nombreuses ressources – dans la société actuelle, on parle surtout d'argent – jouissent d'un statut social plus élevé. Encore une fois, une telle personne représente un bon allié, exactement comme un cratérope écaillé qui aurait rapporté beaucoup de nourriture.

Dans bien des cas, les hiérarchies fondées sur le prestige sont plus agréables à vivre pour leurs membres que celles fondées sur la violence. Mais elles soulèvent aussi des problèmes. Après tout, une hiérarchie reste une hiérarchie et nous ne pouvons pas tous être plus sportifs, plus riches ou plus intelligents que la moyenne.

C'est alors que certains de nos traits les moins flatteurs se révèlent, notamment notre tendance à nous comparer aux autres. Après des millions d'années d'évolution, nous comprenons instinctivement que le prestige est un atout. Nous analysons donc notre environnement social pour déterminer les domaines dans lesquels nous pourrions nous démarquer, être utiles et gagner une reconnaissance sociale. En cas de réussite, nous nous sentons bien. Mais lorsque d'autres se révèlent meilleurs que nous, la sensation n'est pas agréable. Comme pour le cratérope écaillé qui dort sur la section de la branche la plus proche du tronc, si nous ne parvenons pas à apporter notre contribution, nous sommes un allié de moindre valeur, ce qui nous rend vulnérables.

Dans les petits étangs d'un village ou d'une tribu, ce défaut peut être surmonté par la plupart des gens. En raison du faible nombre de personnes concernées, la plupart parviennent à se distinguer et à se sentir utiles au groupe. Mais dans le monde moderne, nos instincts de prestige peuvent complètement dérailler.

Nous évoluons de plus en plus dans d'immenses étangs, comme ceux évoqués précédemment. Des compétitions avec un seul gagnant et une flopée de perdants, et où les meilleurs éléments ne représentent que 1 personne sur 1 000, voire sur 1 million.

Dans le monde du sport, cette transition s'est opérée avec l'avènement de la télévision. Soudain, les gens ont cessé de soutenir leur équipe de football locale et ont eu accès à des équipes du monde entier. Ainsi, leur attention, qui se portait auparavant sur de nombreux athlètes moyens de leur région, s'est concentrée sur une poignée de joueurs de l'élite mondiale.

Il en va de même dans des secteurs comme l'art dramatique, la musique et l'écriture, où la majeure partie de notre attention se focalise sur les meilleurs et où la concurrence est féroce.

Les réseaux sociaux réapparaissent ici parce que cette technologie est le dernier exemple en date de l'élargissement d'un étang auparavant modeste.

Comme nous l'avons vu, la plupart des contenus de nos fils d'actualité étaient autrefois partagés par notre famille et nos amis, tout comme les gens suivaient l'équipe de football de leur village. Mais comme les réseaux sociaux s'efforcent de plus en plus de nous proposer des contenus qui captent l'attention, cette dynamique a changé. Certaines personnes sont tout simplement plus douées que d'autres pour créer du contenu. Sur les plateformes basées sur l'image et la vidéo, comme Instagram et TikTok, ces créateurs ont tendance à être exceptionnellement séduisants ou divertissants. Sur les plateformes basées sur le texte, comme Twitter® ou LinkedIn, plutôt exceptionnellement intelligents, couronnés de succès ou, ici aussi, divertissants.

À mesure que nous passons plus de temps sur ces sites, ces personnes très singulières présentées par l'algorithme sont intégrées à notre « population de référence ». Ce phénomène perturbe notre perception de la réalité sociale : notre vision s'écarte de la norme, de sorte que nous croisons davantage de « 1 personne sur 1 000 » voire « sur 1 million » sur le plan de la beauté, de la réussite professionnelle, de l'humour ou de l'intelligence.

⋆

Comme expliqué au chapitre 13, tous les 4 ans, les autorités sanitaires danoises mènent des études à travers le pays. Cette enquête, appelée le « Profil national de santé », comporte une rubrique sur la santé mentale qui dresse un portrait global de l'état de santé des Danois en tant que société.

Dans le rapport de 2013, 11 % des Danois présentaient une mauvaise santé mentale. Dans le rapport suivant, de 2017, ce chiffre était passé à 13 %[296]. Et dans le dernier rapport disponible, celui de 2021, ce chiffre avait atteint 17 %[297].

Cette escalade préoccupante est particulièrement marquée chez les jeunes. Parmi les 16-24 ans, 21 % des hommes et 34 % des femmes ont une mauvaise santé mentale. Cette situation est en grande partie imputable à l'anxiété et à la dépression, qui ont *triplé* chez les enfants et les jeunes au Danemark depuis 2006.

Il en va de même dans le reste du monde développé[298].

En Suède, le nombre d'enfants et d'adolescents souffrant d'une mauvaise santé mentale a doublé au cours de la dernière décennie[299]. En France, le nombre de jeunes souffrant de dépression a *quadruplé* depuis 2014, surtout dans le contexte de la crise sanitaire[300]. Aux États-Unis, 42 % des lycéens déclarent ressentir un désespoir et un chagrin persistants[301].

Ces chiffres sont suffisamment alarmants pour susciter un certain scepticisme. Peut-être avons-nous abaissé le seuil des diagnostics. Peut-être que les jeunes d'aujourd'hui sont tout simplement plus disposés à discuter de ce qu'ils ressentent qu'auparavant. Ou peut-être cette augmentation reflète-t-elle simplement une meilleure connaissance et une plus grande sensibilisation aux problèmes de santé mentale.

Certes, ces facteurs sont sans doute à prendre en compte, mais ils ne suffisent pas à expliquer complètement la situation. En effet, non seulement les jeunes sont plus nombreux à *parler* de leurs problèmes de santé mentale, mais ils sont aussi plus nombreux à *passer à l'acte*. Aux États-Unis, le nombre de filles âgées de 10 à 14 ans hospitalisées pour automutilation a triplé depuis

2001 et la même tendance s'observe dans de nombreux pays européens[302].

Deux psychologues américains, Jean Twenge et Jonathan Haidt, comptent parmi les experts qui affirment que les réseaux sociaux jouent un rôle dans cette crise de santé mentale. Pour comprendre pourquoi, il suffit de se pencher sur son déroulement.

Dans tous les pays touchés, les manifestations négatives apparaissent au début des années 2010, le plus souvent en 2012 ou 2013. Depuis lors, beaucoup de paramètres ont changé dans la vie des jeunes, mais le plus gros bouleversement a sans aucun doute été l'essor des smartphones, qui offrent un accès 24 heures sur 24 et 7 jours sur 7 aux réseaux sociaux. Cette révolution a modifié la vie sociale de tous les groupes d'âge, mais ce sont logiquement les jeunes qui l'ont particulièrement ressentie. D'abord parce que ces derniers sont traditionnellement le groupe d'âge qui socialise le plus. Ensuite, parce que ce sont eux qui passent le plus de temps devant l'écran, comme indiqué précédemment.

Une étude espagnole s'est penchée sur cette hypothèse en étudiant une « expérience » naturelle. Les chercheurs se sont appuyés sur un fait : tous les jeunes Espagnols n'ont pas accès aux réseaux sociaux sur leur téléphone au même moment. Du moins, pas tous la même qualité d'accès. En effet, pour les plateformes axées sur l'image et la vidéo, comme Instagram, l'expérience est bien meilleure si l'on dispose d'une bonne connexion Internet. Les scientifiques ont donc étudié les répercussions du déploiement de l'Internet à haut débit dans leur région sur la santé mentale des adolescents.

Les résultats ont révélé une augmentation des admissions à l'hôpital pour anxiété, dépression et automutilation chez les jeunes filles[303].

Des scientifiques américains ont observé le même phénomène à mesure que Facebook prenait une place prépondérante dans la vie quotidienne des étudiants des universités américaines. Au début, Facebook était limité à quelques universités, mais progressivement, de plus en plus d'étudiants y ont eu accès. Les scientifiques ont utilisé les données d'enquête du National College Health Assessment pour suivre l'évolution de leur santé mentale au cours des années suivantes et, à l'instar des scientifiques espagnols, ils ont constaté un déclin[304].

Bien sûr, deux études de ce type ne sauraient suffire à conclure catégoriquement que les réseaux sociaux sont à l'*origine* des problèmes de santé mentale des jeunes d'aujourd'hui. Mais elles donnent à réfléchir. D'autres études – menées avec des méthodologies différentes – aboutissent à des résultats similaires.

Par exemple, dans une étude américaine, des scientifiques ont étudié les effets de la suppression totale de Facebook. Ils ont rémunéré plus de 2000 personnes pour participer à l'expérience et les ont réparties en deux groupes. Dans le premier groupe, les participants ont continué à utiliser Facebook comme d'habitude, tandis que les participants du second groupe ont été invités à ne pas ouvrir l'application pendant un mois. *In fine*, ceux qui avaient renoncé à Facebook étaient plus heureux, moins anxieux et présentaient moins de symptômes de dépression[305].

Une étude danoise est arrivée aux mêmes conclusions[306], mais toutes les études ne sont pas unanimes. Pour certaines, les sujets ne sont pas plus heureux après avoir quitté les réseaux sociaux[307]. Cependant, en comparant toutes les études menées à ce jour, Jonathan Haidt et ses collègues ont dégagé une tendance intéressante[308].

Dans les études à court terme – menées sur quelques jours – les personnes qui limitent leur utilisation des réseaux sociaux ne se sentent généralement pas plus heureuses. En fait, elles finissent parfois par se sentir *moins bien.* Mais sur des études à plus long terme (une semaine ou plus), les effets positifs sont visibles. C'est le schéma classique de sortie d'une addiction : un sevrage qui aggrave l'état dans un premier temps, suivi d'une amélioration sur le long terme.

★

Chez les sujets souffrant de dépression et d'anxiété, on observe souvent ce que l'on appelle une « comparaison sociale ascendante ». Comme son nom l'indique, cette pratique consiste à se comparer à des personnes mieux loties que soi dans un ou plusieurs domaines : des personnes plus belles, plus riches, plus intelligentes ou plus populaires.

Comme nous l'avons démontré, c'est exactement le type de population que les réseaux sociaux promeuvent dans nos fils – et à cause de notre instinct de statut, c'est un excellent vecteur de sentiment d'infériorité, que l'on retrouve fréquemment chez les personnes souffrant de dépression et d'anxiété. Il n'est donc pas si étonnant que les réseaux sociaux puissent être à l'origine de ces deux troubles psychologiques. Comme nous l'avons déjà souligné, les réseaux déforment notre vision du monde. Ils nous donnent l'impression qu'il est composé de personnalités atypiques, qui sont toutes plus belles, plus brillantes et plus populaires les unes que les autres. C'est pourquoi les réseaux sociaux favorisent plus que jamais les comparaisons sociales ascendantes et suscitent en nous une sensation d'échec ou de défaillance. Bien sûr, vous vous demandez peut-être pourquoi nous ne cessons pas simplement de nous comparer aux autres, puisque ce comportement nous met de mauvaise humeur. Mais là encore, nous luttons contre des instincts innés. Les humains ont naturellement tendance à se préoccuper des membres du « groupe » dont le statut est élevé. Il en va de même pour les autres primates. Vous souvenez-vous de cette étude sur la pornographie chez les singes que nous avons abordée précédemment ? Des scientifiques ont réussi à obtenir que des macaques rhésus mâles «paient» en jus de fruits en échange de photos du postérieur de femelles. Mais ce n'était pas la seule récompense que les singes étaient prêts à monnayer : les deux sexes étaient prêts à renoncer à leur jus de fruits en échange de photos des membres les plus hauts placés du groupe.

Plusieurs raisons expliquent sans doute pourquoi nous sommes si obnubilés par les personnes de haut rang. Tout d'abord, elles ont un statut élevé pour une bonne raison. Ou, du moins, c'était vrai dans le passé. Aujourd'hui, on peut devenir riche et célèbre pour des motifs relativement insignifiants. Mais dans une société de chasseurs-cueilleurs, un statut élevé impliquait très probablement d'incroyables talents de chasseur ou de guerrier. Ces deux aptitudes sont bénéfiques et, même à des fins égoïstes, il est préférable de prêter attention aux individus qui en sont dotés. L'observation de leur comportement pourrait en effet fournir des indices sur la clé de leur succès, que nous pourrions ensuite imiter afin d'acquérir nous-mêmes un statut élevé.

Si nous nous intéressons naturellement aux personnes de statut prestigieux, c'est aussi en raison du pouvoir qu'elles détiennent. Aujourd'hui, les puissants sont relativement peu nombreux par rapport à avant, du moins dans les pays occidentaux. Mais imaginez que vous êtes un paysan dans une société agricole primitive. Le roi de votre société déteste la couleur verte. Si vous êtes appelé à le voir un jour, il serait probablement bon que vous le sachiez et que vous portiez une autre couleur. Sinon, vous risquez de ne jamais repartir du palais…

★

De plus, les réseaux sociaux ont tendance à ne nous présenter que les moments forts de la vie des autres, ce qui ne fait qu'exacerber les problèmes de comparaison sociale qu'ils génèrent déjà. Peu d'utilisateurs publient des photos de leur double menton alors qu'ils se prélassent sur le canapé. Non, on voit un flux constant de photos prises sous le bon angle, des mises à jour sur des étapes importantes de la carrière et des publications de vacances passionnantes. Encore une fois, notre cerveau n'est pas câblé pour comprendre que cette réalité est soigneusement sélectionnée. Seul compte ce qui est connu.

Cette incompréhension est flagrante dans les études qui invitent les sujets à évaluer leur vie sociale en la comparant à celle des autres. Ces travaux montrent que nous avons tendance à croire que les autres ont une vie sociale plus palpitante que la nôtre, même si ce n'est pas le cas en réalité[309]. En théorie, les réseaux sociaux pourraient être conçus pour nous protéger de ces comparaisons malheureuses – et erronées. Mais ce serait préjudiciable à l'engagement, car l'anxiété liée à notre statut est le moyen idéal de pousser les utilisateurs à continuer de créer des contenus.

Ainsi, ce n'est pas un hasard si les mentions « j'aime » ou les abonnements, etc., sont visibles de tous. Si le nombre d'abonnés ou de contacts que vous avez n'était qu'une forme de récompense, il suffirait que vous ayez ces informations en privé. Mais ces chiffres ne sont pas seulement une carotte. Ils sont aussi un bâton métaphorique. En les rendant publics, les plateformes créent une hiérarchie de statut bien visible. Une hiérarchie que bien des internautes voudront instinctivement gravir, à la fois pour gagner l'approbation de la société et pour ne pas paraître impopulaires.

Il y a quelques décennies, on se doutait bien qu'on n'était pas le plus populaire de l'école. D'autres élèves étaient peut-être invités à des fêtes auxquelles nous n'étions pas conviés ou avaient beaucoup d'amis dans d'autres établissements. Mais il subsistait un certain degré d'ignorance béate. On n'aurait pas été témoin de ces fêtes. Et on ne savait pas non plus quelle était notre position exacte dans la hiérarchie. Mais ces deux points ont changé. Les plateformes nous informent de ce que nous ratons et nous indiquent les mesures exactes de notre popularité dans un format directement comparable et visible par d'autres. Tout invite donc à la comparaison sociale.

Il est donc assez facile de comprendre le lien entre la consommation de réseaux sociaux et les problématiques de santé mentale. Par ailleurs, on saisit bien pourquoi ce lien est particulièrement marqué chez les jeunes qui essaient de trouver leur place dans le monde et qui sont le plus souvent connectés. Il reste cependant un mystère. En effet, une analyse approfondie des chiffres et de leur répartition par sexe révèle que tant les jeunes femmes que les jeunes hommes sont plus enclins à souffrir de dépression et d'anxiété qu'auparavant. Mais le fléau est *nettement* plus flagrant chez les filles.

Dans certains pays, comme la Norvège, elles sont même les seules à en souffrir[310]. Alors, pourquoi la situation se dégrade-t-elle particulièrement vite pour les jeunes femmes ?

La négativité est bonne pour les affaires

Une étude internationale s'est penchée sur l'influence de certains mots utilisés dans les titres sur le nombre de personnes cliquant sur l'article en question. Ils ont remarqué que tous les mots négatifs susceptibles d'être insérés augmentaient la consultation de ces articles. Les 10 premiers

→

mots étaient (en anglais) : « mal », « mauvais », « horrible », « haine », « guerre », « pire », « malade », « lutte », « effrayant » et « enfer[311] ».

Ce biais de négativité est un trait malheureux de la psychologie humaine, autrefois destiné à assurer notre survie dans un monde où le danger rôdait constamment alentour. Aujourd'hui, nous avons accès à des informations sur tellement de catastrophes, de scandales et de dangers qu'on peut se sentir complètement submergé, ce qui provoque beaucoup de craintes et de colère inutiles. Tout environnement en ligne raisonnable devrait être conçu pour atténuer la peur. Hélas, comme il y a de l'argent à gagner dans ce secteur, ce n'est pas ce qui se passe. Les algorithmes des réseaux sociaux se moquent bien du type de contenu qu'ils doivent vous montrer pour retenir votre attention. Par exemple, dans une étude australienne, des chercheurs ont analysé les algorithmes TikTok personnels d'internautes souffrant ou non de troubles alimentaires. Ils ont constaté que les algorithmes de ceux qui avaient des troubles de l'alimentation leur envoyaient proportionnellement plus de vidéos sur l'apparence physique et les régimes, et leur présentaient même des vidéos prônant les troubles du comportement alimentaire[312]. Depuis, TikTok a annoncé l'ouverture d'une enquête sur le sujet[313].

Chapitre 16
Des cosmétiques aux armes nucléaires

L'hirondelle rustique américaine est un petit oiseau aux plumes bleu acier sur le dos et au ventre orangé.

Comme chez beaucoup d'autres volatiles, les mâles sont plus colorés que les femelles et leur plumage est conçu pour les impressionner. Les femelles sont particulièrement attentives aux plumes sur le poitrail des mâles, qui peuvent aller de l'orange clair à une nuance intense, un peu fauve. En général, les femelles préfèrent les mâles dont le plumage est relativement plus foncé, et ces derniers ont donc tendance à avoir une progéniture plus nombreuse. Mais les scientifiques ont trouvé un moyen d'aider les mâles à la poitrine pâle à ne pas finir seuls[314, 315].

Il suffit de les attraper et de peindre leurs plumes de poitrail avec un marqueur orange plus foncé bon marché. Et là, BAM… de vrais dons Juans. Les femelles commencent à préférer les mâles « améliorés » qui ont alors un regain de testostérone et finissent par avoir plus de petits. Ça vous rappelle quelque chose ? Nous autres humains utilisons aussi des hyperstimuli pour nous rendre plus séduisants. Mais chez nous, ce sont les femmes qui vivent ce que vivent les mâles hirondelles rustiques.

Nous voici arrivés au moment délicat de ma démonstration où, en tant qu'homme, je vais m'évertuer à écrire sur l'apparence des femmes – et tenter, dans cet exercice, de ne paraître ni ridicule ni offensant.

Tout d'abord, il convient de préciser qu'il est plus difficile d'évaluer scientifiquement l'apparence des humains que celle des oiseaux. Nous sommes des créatures culturelles, et ce que nous trouvons beau n'est pas seulement une question de biologie. C'est aussi une question d'interprétation culturelle. Dans de nombreuses cultures, les idéaux de beauté sont très éloignés de ce qu'ils sont dans les pays occidentaux d'aujourd'hui.

Dans les tribus Mursi et Surma d'Éthiopie, par exemple, les femmes élargissent leurs lèvres inférieures avec des pierres d'argile, de sorte qu'elles ressemblent à une assiette plate. Je suppose qu'un collectionneur fou de porcelaine pourrait trouver cette caractéristique attirante. Du moins à Limoges, capitale de la porcelaine. Mais nous sommes tous d'accord pour dire que cette tendance ne cadre pas exactement avec les normes de beauté occidentales.

On peut aussi citer les Padaung du Myanmar (Birmanie), dont les femmes portent une série d'anneaux autour du cou et qui le fait paraître anormalement long. Enfin, dans l'ancien Japon, les femmes se teignaient les dents en noir pour paraître plus belles. Aucune de ces pratiques ne serait particulièrement populaire sur une application de rencontres dans un pays occidental.

Toutefois, même si ces cas prouvent que nos critères de beauté sont en partie culturels, ça ne veut pas dire qu'il n'est pas possible de créer des hyperstimuli correspondants. En psychologie, il existe un phénomène d'apprentissage appelé « effet de décalage de pic ». Les psychologues et les neuroscientifiques ont observé que, lorsqu'on apprend à un animal qu'un objet ou un motif est associé à une récompense, il développe souvent une préférence pour une version exagérée de cet objet ou de ce motif.

Par exemple, vous pouvez apprendre à des rats à faire la distinction entre des triangles et des rectangles. On leur montrera des images de chaque forme, côte à côte, avec un bouton en dessous. Si le rat appuie sur le bouton situé sous le rectangle, il reçoit une friandise. Répétez l'opération jusqu'à ce que l'animal comprenne que les rectangles sont bons et qu'il les préfère à chaque essai.

Dans ces expériences, il est apparu que les rats réagissaient encore plus intensément à des rectangles qui ne ressemblaient pas à ceux utilisés lors de l'entraînement, mais à des versions exagérées. En d'autres termes, les rectangles se différencient encore plus des triangles qu'auparavant. Il peut s'agir d'un rectangle moins large ou plus long qu'auparavant. Ce concept peut être un peu difficile à comprendre, alors réalisons une expérience imaginaire pour mieux l'illustrer. Dans notre expérience, nous montrons deux cartes à des rats. L'une est gris clair et l'autre gris foncé. Lorsqu'ils choisissent la carte gris clair, nous les récompensons en leur donnant de la nourriture. Lorsqu'ils choisissent la carte gris foncé, nous ne les récompensons pas. Une fois que les rongeurs ont intégré ce principe, nous leur montrons soudainement la carte gris clair du début à côté d'une carte encore plus claire. Selon l'effet de « décalage de pic », nous nous attendons à ce que le rat préfère la carte encore plus claire que celle qu'il a intégrée pendant l'entraînement. C'est comme si le rat n'avait pas simplement mémorisé la règle spécifique « cette carte de ce gris clair est bonne », mais qu'il avait établi un lien entre les stimuli : « plus la carte est claire, mieux c'est », et qu'il suit donc cette règle jusqu'à sa conclusion logique.

Si cet effet de « décalage » nous intéresse, c'est parce qu'il montre que, même si nos idéaux de beauté sont appris – comme autant de conventions arbitraires dans notre culture –, il devrait toujours être possible de concevoir des hyperstimuli pour les règles sous-jacentes.

Ceci peut expliquer pourquoi les cultures ont tendance à aller jusqu'à l'extrême dans leurs critères de beauté. Ce qui commence par « oh, qu'il est joli, ce collier » s'exagère et se transforme en « tellement d'anneaux autour du cou que vos clavicules en sont déformées ».

★

Même si nos idéaux de beauté sont en partie conditionnés par la culture, force est de constater qu'il y a *aussi* un aspect biologique à la beauté. Certaines préférences innées font partie de la nature humaine. C'est ce que révèlent des expériences dans lesquelles des scientifiques ont montré des photos de différentes personnes à des participants issus de différentes cultures du monde et leur ont demandé d'en évaluer leur beauté[316, 317].

Dans ces expériences, les participants issus de diverses régions du monde sont généralement d'accord entre elles. Le plus souvent, les mêmes personnes en photo sont jugées belles, que l'on demande à des Européens, des Africains ou des Asiatiques de les évaluer. Et ce, que les personnes photographiées soient elles-mêmes européennes, africaines ou asiatiques. En d'autres termes, un Canadien et un Coréen seront largement d'accord sur le degré de beauté d'un Canadien ou d'un Coréen donné. C'est le résultat de notre nature humaine sous-jacente et partagée.

Les observations sur les consensus interculturels en matière de beauté s'appliquent aux deux sexes. Mais si les deux sexes sont jugés sur leur apparence dans la société occidentale, je pense que nous sommes d'accord pour dire que c'est particulièrement le cas des femmes. C'est le contraire de ce qui se passe chez la plupart des animaux. Songez à ces pauvres hirondelles rustiques au poitrail clair que les femelles ignoraient, ou à ces tristes paons mâles obligés de traîner partout leur énorme queue qui crie « choisissez-moi ! » pour être remarqués.

Si les femmes sont les plus jugées sur leur apparence chez les humains, c'est peut-être aussi pour des raisons culturelles ou biologiques. Mais dans tous les cas, il est possible d'utiliser un hyperstimulus étonnamment semblable à l'astuce du marqueur chez les hirondelles rustiques mâles : le maquillage. Chez l'hirondelle rustique, les plumes sombres du poitrail sont ce que l'on appelle un « caractère de dimorphisme sexuel ». En d'autres termes, il s'agit d'un trait qui différencie les sexes. Pour d'autres animaux, il peut s'agir de la crinière d'un lion mâle ou des bois d'un cerf. Dans les deux cas, les femelles de l'espèce sont attirées par les caractères de dimorphisme sexuel et la règle est souvent la suivante : « plus c'est exagéré, mieux c'est ». Cette règle est conforme à notre connaissance de l'effet de « décalage de pic » et des hyperstimuli. Ainsi, si on nous demandait d'aider un lion à améliorer ses chances auprès d'une lionne, on pourrait lui fabriquer une perruque ou lui poser des extensions de poils qui lui donneraient une crinière plus impressionnante.

Pour en revenir aux humains, le maquillage accentue aussi les caractères de dimorphisme sexuels du visage. Les visages masculins et féminins diffèrent à bien des égards et le maquillage contribue à renforcer la féminité du visage d'une femme. Par exemple, par rapport au reste du visage, les yeux des femmes sont plus grands que ceux des hommes. Par conséquent, un maquillage qui fera paraître les yeux plus grands rendra le visage plus féminin. C'est précisément l'objectif du mascara et des faux cils.

Les femmes ont également un visage naturellement plus contrasté que celui des hommes. Autrement dit, les différences de coloration entre les différentes parties du visage sont plus marquées que chez les hommes. Ainsi, si vous prenez un visage androgyne, vous pouvez le rendre plus masculin en diminuant les contrastes et vous pouvez le rendre plus féminin en augmentant les contrastes de couleurs[318].

Et c'est précisément ce que fait le maquillage. L'eye-liner et l'ombre à paupières augmentent le contraste entre les yeux et le reste du visage. Le rouge à lèvres joue le même rôle pour la bouche. Enfin, le fard à joues rehausse les pommettes.

★

Un matin de l'été 1945, le lever de soleil au Nouveau-Mexique est soudain devenu aussi éclatant que le plein jour. Une énorme boule de feu illumine le ciel et brûle si fort que le sable du désert se transforme en verre. Une minute plus tard, un champignon atomique s'élève à plus de 12 km de hauteur.

À bonne distance, un groupe de scientifiques et de chefs militaires observent la dévastation en silence. Ils ressentent sans doute tout à la fois de la fierté, de la fascination et une profonde terreur existentielle. Toutes les personnes présentes savent qu'elles viennent de changer le monde à jamais. Pour le meilleur ou pour le pire, ça reste à déterminer.

Le scientifique à la tête du projet, Robert Oppenheimer, décrit ce qu'il ressent en citant un verset de la *Bhagavad-Gita*, un texte sacré de l'hindouisme : « Maintenant, je suis devenu la Mort, le destructeur des mondes ».

La bombe atomique est née.

Trois semaines après la première explosion réussie, la nouvelle arme est utilisée pour la première fois en temps de guerre. Le bombardier américain *Enola Gay* largue la bombe « Little Boy » sur la ville japonaise de Hiroshima et tue instantanément plus de

70 000 personnes. Au moins autant de personnes sont mortes des suites de blessures, de radiations et, plus tard, de cancers.

En larguant la bombe nucléaire, les Américains veulent forcer le Japon à capituler et mettre fin à la Seconde Guerre mondiale, tout en évitant la perte de dizaines de milliers de soldats américains lors d'une invasion traditionnelle. Devant le refus du Japon de se rendre, les États-Unis lâchent une nouvelle bombe atomique, cette fois sur Nagasaki. Cette opération suffit à faire plier le Japon, et la Seconde Guerre mondiale est officiellement terminée.

Cependant, la période qui suit n'est pas franchement marquée par la paix et les réjouissances. Avec cette nouvelle bombe, les Américains ont montré au monde une forme de puissance jamais vue auparavant. Ils ont éradiqué un ennemi sans envoyer un seul soldat au combat. Et cela rend les autres puissances nerveuses.

En Union soviétique notamment, les gens ne sont pas vraiment ravis de la nouvelle domination de l'Amérique. Les deux pays ont coopéré pour vaincre leurs ennemis communs, les nazis et les Japonais. Mais après la victoire, il est clair que les deux pays auront du mal à s'entendre. D'un côté, l'Union soviétique communiste, avec une planification économique centralisée et un parti communiste unique à la tête du pays. De l'autre, les États-Unis capitalistes, avec leur économie de marché et leur démocratie. Les deux systèmes ne sont pas compatibles et les deux camps craignent que l'autre ne propage ses pratiques diaboliques au reste du monde.

En Union soviétique, des projets de développement d'une bombe atomique étaient déjà en cours avant que les États-Unis n'attaquent le Japon, et la démonstration américaine n'a fait qu'accélérer le mouvement. Certains physiciens du programme américain d'armement nucléaire soutiennent le communisme et divulguent activement des informations top secret aux agents soviétiques, les aidant ainsi à fabriquer plus rapidement leur arme. Très vite, l'Union soviétique teste avec succès sa propre bombe atomique.

Évidemment, savoir que votre ennemi peut vous pulvériser en appuyant simplement sur un bouton n'est pas très agréable. Au cours des décennies suivantes, les deux superpuissances se livrent donc une bataille épuisante pour la suprématie. Lorsque les États-Unis mettent au point une arme nucléaire 2 fois plus dévastatrice que la précédente, l'Union soviétique se mobilise pour en créer une 4 fois plus puissante. Puis les Américains font une bombe 8 fois plus puissante, et ainsi de suite. Pour finir, les armes nucléaires les plus puissantes le sont 1 600 fois plus que les deux bombes larguées sur Hiroshima et Nagasaki réunies. L'effet destructeur est tel que, si une bombe était larguée au-dessus de Times Square à Manhattan, la boule de feu atteindrait à elle seule le New Jersey à l'ouest, Brooklyn et le Queens à l'est, et dépasserait Central Park au nord. L'explosion elle-même détruirait la quasi-totalité de l'agglomération new-yorkaise, et tuerait des millions de personnes.

Comme si ça ne suffisait pas, la bataille pour la suprématie militaire dépasse largement les armes nucléaires et s'étend aux bombes et aux missiles ordinaires, aux chars, aux navires de guerre, aux avions de chasse, etc. Comme on peut s'y attendre, toute cette affaire devient extrêmement onéreuse. Au lieu de consacrer leur budget à l'éducation, aux soins de santé ou à la lutte contre la pauvreté, une grande partie des richesses de ces pays se retrouve dans des bases militaires et ne sert pas à grand-chose.

Les autorités des deux pays savent que c'est une gestion insensée des ressources. Mais comment sortir de la surenchère ? Si les Américains décident de réduire leurs dépenses militaires, l'Union soviétique aura les coudées franches pour dicter l'ordre mondial. L'inverse est tout aussi vrai. À quoi bon faire des économies si c'est pour risquer de finir soumis par son rival ?

Vous vous demandez peut-être pourquoi les deux pays n'ont pas réussi à se mettre d'accord pour réduire conjointement leurs efforts militaires. Cette solution a été tentée, mais les négociations ont été délicates. En effet, que faire si l'un des deux pays continuait secrètement à stocker des armes alors qu'il s'était engagé à y renoncer ? Le pays qui avait choisi de respecter les règles pourrait alors être pris de court par le fraudeur. La désescalade nécessite la confiance, et elle est difficile à instaurer. Les changements périodiques de dirigeants dans les deux pays ne facilitent pas non plus le processus. Comment chaque pays pouvait-il être sûr que le chef suivant ne changerait pas de cap et ne recommencerait pas à accumuler des armes ?

Ainsi, en l'absence d'une procédure efficace de désescalade, les deux superpuissances se sont retrouvées piégées dans une course à l'armement militaire. En fait, ce phénomène ne se limite pas à la guerre : on le retrouve dans de nombreux autres domaines de la société et dans le monde naturel.

Prenons, par exemple, notre vieil ami le paon. Comme nous le savons, les paons femelles préfèrent les mâles aux queues les plus sophistiquées. Mais la beauté est relative. Les mâles se satisferaient pleinement de quelques belles plumes. Ils pourraient alors consacrer le reste de leurs ressources – leurs calories – à autre chose. Mais que se passerait-il si un nouveau mâle se présentait avec une queue bigarrée deux fois plus fournie ?

C'est lui qui raflerait alors toutes les femelles. À la génération suivante, ses fils hériteraient des plumes de queue supplémentaires et ainsi de suite. Il est évident que cette évolution ne peut pas durer éternellement, car le paon doit lui aussi survivre. Mais avec la concurrence acharnée que se livrent les volatiles, tout ce qui n'est pas indispensable est supprimé, et toutes les ressources qui peuvent être mobilisées sont consacrées à l'ornement. Tout comme les États-Unis et l'Union soviétique ont fini par dépenser toutes leurs ressources dans des armes inutilisées.

Dans les deux cas, les adversaires se retrouvent dans une impasse. Au début de la guerre froide, les États-Unis et l'Union soviétique ont une force militaire à peu près égale. Après des décennies d'armement nucléaire – et des dépenses atteignant des milliers de milliards –, ils sont toujours à peu près égaux en puissance. De même, les paons mâles avaient de belles plumes de queue au début de leur évolution. Aujourd'hui, leur traîne est devenue si gigantesque que ces pauvres animaux risquent leur vie pour conquérir les femelles et, de surcroît, il leur est désormais difficile de voler. Ainsi, tous ces efforts ne donnent aucun avantage à qui que ce soit. La situation est parfaitement décrite par Lewis Caroll dans la suite d'*Alice au pays des merveilles*, *À travers le miroir* :

> — Ma foi, dans mon pays à moi, répondit Alice, encore un peu essoufflée, on arriverait généralement à un autre endroit si on courait très vite pendant longtemps, comme nous venons de le faire.
>
> — On va bien lentement dans ton pays ! Ici, vois-tu, on est obligé de courir tant qu'on peut pour rester au même endroit. Si on veut aller ailleurs, il faut courir au moins deux fois plus vite que ça !

⋆

Un voyage dans un univers parallèle nous permettra de comprendre pourquoi la course aux armements nucléaires est pertinente dans le cadre de notre discussion sur la beauté physique. Imaginez un monde dans lequel les cosmétiques n'auraient jamais été inventés. Dans la réalité, le maquillage est utilisé sous diverses formes depuis des milliers d'années : il y a 5 000 ans, les Sumériens appliquaient déjà des versions primitives de fard à paupières et de rouge à lèvres

Mais dans ce monde fictif, les gens n'ont, jusqu'à présent, jamais ressenti le besoin de se rendre plus séduisants. Tout le monde ressemble donc à ce qu'il est naturellement. Certaines personnes sont belles, d'autres non, et c'est ainsi. Comme dans notre réalité, il y a des avantages à être physiquement attirant. Non seulement pour la quête d'un partenaire, mais aussi sur le plan professionnel, puisque des études ont montré que les personnes belles gagnent mieux leur vie et sont jugées plus compétentes que leurs congénères[319].

Dans notre univers fictif, les gens sont moins sensibles à ce phénomène. Mais un jour, une jeune femme découvre les avantages de la beauté. Appelons-la Kimberly. Kimberly se rend compte qu'elle peut progresser dans la société en améliorant son apparence. Elle se met donc à réfléchir et invente le maquillage, tel que nous le connaissons aujourd'hui.

Grâce à lui, Kimberly devient plus séduisante qu'auparavant, et plus attrayante que beaucoup d'autres femmes. Elle attire l'attention et obtient une augmentation de salaire. Ces avantages sont toutefois difficiles à cacher et, très vite, d'autres femmes remarquent la découverte de Kimberly et commencent leurs propres expériences.

Au début, seules quelques-unes réussissent, ce qui ne change pas grand-chose pour Kimberly. Mais au fil du temps, la plupart des femmes de cette société sont incitées à se maquiller. Kimberly n'a donc plus aucun avantage. Toutes les femmes ont l'air plus belles qu'auparavant. Si nous partons du principe que le maquillage améliore les apparences uniformément, tout le monde se retrouve finalement dans la même position relative qu'avant. Les personnes les plus séduisantes restent les plus séduisantes, et les moins séduisantes restent les moins séduisantes. La seule différence, c'est que les gens doivent désormais se maquiller pour se maintenir au niveau des autres. Si Kimberly est en retard un jour et ne se maquille *pas*, elle sera moins attirante que les autres et pourrait essuyer des critiques, telles que : « Tu as l'air fatiguée aujourd'hui. »

Kimberly ne veut surtout pas subir cela. Elle aspire à redevenir la plus belle femme du pays, et se met alors à réfléchir. Grâce à son ingéniosité, elle trouve un nouveau moyen d'améliorer son apparence : la chirurgie esthétique. Elle commence par un geste simple, une injection pour rendre ses lèvres plus pulpeuses. Pendant une courte période, tout le monde parle de sa beauté et de ses lèvres charnues. Mais très vite, les autres femmes découvrent le même procédé.

Kimberly passe donc à l'étape suivante, peut-être du visage au corps. Elle améliore un autre caractère sexuel dimorphique en augmentant la taille de ses seins avec du silicone. Une fois de plus, d'autres lui emboîtent le pas, et ainsi de suite. Kimberly court, court, court et court encore, mais reste toujours au même endroit.

Certes, cette histoire est sans doute un peu trop exagérée. Mais un phénomène similaire est en train de se produire dans notre société moderne. Sur les réseaux sociaux, il est déjà courant d'éditer ses photos à l'aide d'applications destinées à s'embellir. L'application la plus populaire n'essaie même pas de s'en cacher : elle s'appelle « FaceTune ». Vous pouvez tout avoir, depuis une peau plus lisse jusqu'à une amélioration globale de votre visage. Vous pouvez même modifier votre apparence dans les vidéos. Il est désormais possible de retoucher des vidéos.

Dans le monde réel, la course à l'armement esthétique implique aussi un recours croissant à la chirurgie. Dans mon pays natal, le Danemark, il y a eu 6 fois plus de chirurgies d'augmentation mammaire en 2022 qu'en 2005. Mais aussi 20 fois plus de liftings du visage et du cou, 6 fois plus de liposuccions et près de 10 fois plus de lifting des sourcils[320].

Dans certains pays, la course est même encore plus intense. En Corée du Sud, par exemple, la chirurgie plastique est devenue tellement la norme que 31 % *des femmes* ont subi au moins une intervention.

★

Nous sommes enfin prêts à expliquer pourquoi tant de jeunes femmes se sentent mal aujourd'hui et à résumer le rôle des réseaux sociaux. Voici la réponse :

Pour des raisons culturelles et biologiques, les jeunes femmes ont tendance à se soucier particulièrement de leur apparence. Cela n'est pas injustifié, car la beauté physique présente des avantages tangibles dans le monde réel. Toutefois, cette attitude est particulièrement problématique dans un monde dominé par les réseaux sociaux. Nous sommes instinctivement attirés par les belles personnes, et comme notre attention est précieuse, c'est ce que les algorithmes des plateformes mettent en avant. Mais la beauté est un concept relatif et, comme dans bien d'autres situations, nous nous sommes désensibilisés. Ainsi, si vous vous comparez uniquement à vos voisins, vous vous sentirez peut-être séduisant, mais sur les réseaux sociaux, le monde entier entre dans la « compétition ». C'est un très très grand étang. Les personnes qui « gagnent » à l'algorithme et se retrouvent dans votre fil sont souvent les plus belles parmi des milliers, voire des millions. Elles ne sont pas représentatives de l'ensemble de la population. Malheureusement, notre cerveau possède un biais cognitif : « Seul compte ce qui est connu. » C'est donc à ces individus anormalement attirants que nous finissons par nous comparer.

C'est pourquoi le *scrolling* sur les réseaux sociaux peut rapidement rendre malheureux les internautes enclins à la « comparaison sociale ascendante ». Dans une certaine mesure, nous nous comparons tous aux autres, mais les jeunes qui cherchent leur place dans la société sont particulièrement vulnérables. Ce sont aussi eux qui passent le plus de temps sur les réseaux sociaux.

En outre, les réseaux sociaux montrent clairement que l'apparence physique est un facteur de réussite. Les jolies personnes qui dominent les algorithmes gagnent des fortunes et mènent un train de vie luxueux, souvent en se contentant d'être séduisantes.

Difficile donc de ne pas se laisser entraîner dans cette course à l'armement esthétique pour tenter de jouir des mêmes avantages. Mais comme tout le monde est en concurrence, les gens finissent par courir aussi vite que possible, tout en restant au même endroit, et avec en plus une insécurité renforcée vis-à-vis de leur apparence.

Chapitre 17
Le corps idéal sous stéroïdes

Par nature, les hommes sont tout aussi susceptibles que les femmes de se lancer dans des courses aux armements. La différence, c'est que nous jugeons l'apparence des hommes selon d'autres critères. Certains hommes ont recours à la chirurgie esthétique afin d'améliorer leur apparence. Mais le meilleur exemple de cette course effrénée à l'apparence ne concerne pas les traits du visage, mais les bras. Ainsi que d'autres groupes musculaires. Les études montrent que les femmes hétérosexuelles considèrent généralement les hommes plus musclés comme plus attirants, du moins jusqu'à un certain point. Nous savons qu'il est possible d'augmenter la masse musculaire en pratiquant l'haltérophilie, ce qui est le plus souvent bénéfique à tout point de vue : vous êtes plus beau sur la plage et en même temps en meilleure santé. Mais il existe aussi des raccourcis artificiels pour augmenter le développement musculaire, et que l'on appelle « stéroïdes anabolisants. » Ce sont des médicaments synthétiques qui imitent l'effet de l'hormone sexuelle mâle, la testostérone.

La testostérone agit sur l'organisme de plusieurs manières, mais l'une des plus flagrantes est le gain de masse musculaire. C'est ce qui explique que les hommes aient tendance à être plus musclés que les femmes. Les consommateurs de stéroïdes prennent souvent des quantités dites « supraphysiologiques » : elles dépassent de loin les niveaux naturels de testostérone dans le corps et entraînent une croissance musculaire impossible à atteindre par des moyens naturels.

Ce processus nous offre une dernière occasion de rappeler l'une des premières leçons de ce livre : le corps est dynamique et adaptable. Lorsque le corps d'un adepte des stéroïdes détecte l'énorme quantité de substances similaires à la testostérone dans sa circulation sanguine, il en conclut que les testicules produisent trop de testostérone. Il tente donc de ramener les niveaux à la normale en ordonnant aux testicules de réduire leur production de testostérone.

Or, comme cette substance semblable à la testostérone provient d'injections et non des testicules, rien ne change. Les niveaux de testostérone restent anormalement élevés et le corps continue à réagir en demandant aux testicules de réduire leur production.

Au bout du compte, la production propre de testostérone de l'utilisateur peut cesser complètement, ce qui entraîne un rétrécissement des testicules et peut même détruire les tissus producteurs de testostérone.

Si les risques sont élevés, les bénéfices peuvent l'être aussi. C'est un secret de polichinelle que de nombreux hommes qui gagnent de l'argent grâce à leur physique prennent des stéroïdes anabolisants. C'est le cas des influenceurs fitness sur Instagram et YouTube, ainsi que des héros des films d'action hollywoodiens. La vieille garde est le plus souvent transparente sur sa consommation de produits dopants. Arnold Schwarzenegger, par exemple, a admis avoir pris de la testostérone et un stéroïde anabolisant, le Dianabol®, pendant des années pour conserver son incroyable physique[321].

L'acteur suédois Dolph Lundgren, qui joue le rôle d'Ivan Drago dans *Rocky IV*, a également admis avoir pris des stéroïdes pendant une bonne partie de sa carrière[322]. Son adversaire dans ce célèbre film, Sylvester Stallone, n'a certes jamais parlé ouvertement de sa consommation, mais en 2007, il a été arrêté dans un aéroport australien alors qu'il transportait 48 flacons d'hormone de croissance humaine, qui, tout comme les stéroïdes anabolisants, augmentent la masse musculaire[323].

Aujourd'hui, peu d'acteurs hollywoodiens parlent ouvertement de l'utilisation de stéroïdes et la plupart attribuent leur physique à la musculation et à une alimentation à base de poulet, de brocoli et de riz. Bien sûr, c'est également vrai. Mais il arrive que des noms d'acteurs, de musiciens et d'autres célébrités surgissent dans des affaires de médecins et de pharmaciens arrêtés pour avoir vendu des stéroïdes[324]. Et il faut être bien naïf pour croire que « c'est entièrement naturel » face à certaines des anecdotes les plus délirantes de l'industrie du divertissement. Par exemple, quand des gens prennent 10 à 20 kg de masse musculaire en quelques mois seulement. Ou quand un individu se retrouve nettement plus musclé à 50 ans qu'il ne l'était 20 ans plus tôt.

Bien sûr, accuser tout le monde de tricherie serait injuste, et ce n'est pas parce qu'on prend des stéroïdes qu'on peut se dispenser de faire des efforts ou d'avoir une alimentation saine si l'on veut avoir un physique impressionnant. Mais des études montrent que les consommateurs de stéroïdes qui ne s'entraînent pas gagnent plus de masse musculaire que les personnes qui s'entraînent sans prendre aucune substance chimique[325]. Ce n'est donc pas un simple coup de pouce : les stéroïdes aident à développer une masse musculaire qu'il est tout simplement impossible à obtenir avec des niveaux naturels de testostérone.

★

On comprend sans peine pourquoi les acteurs et les influenceurs fitness choisissent de prendre des stéroïdes. Les spectateurs veulent de gros muscles. En outre, le monde du showbiz et les réseaux sociaux sont des plateformes mondiales. Une foule de rivaux talentueux sont sur les rangs, prêts à faire des pieds et des mains pour vous remplacer. Les stéroïdes sont peut-être le petit plus dont vous avez besoin pour rester en tête.

Et c'est ainsi que se poursuit la course aux armements esthétiques. La musculature est relative et même un culturiste amateur dans une salle de sport moderne paraîtrait incroyablement musclé au milieu d'hommes du siècle dernier. Toutefois, comparé aux bodybuilders professionnels, il donnerait l'impression d'avoir sauté à peu près toutes les séances à la salle. En effet, les bodybuilders professionnels (ou leurs entraîneurs) ont aujourd'hui besoin d'un diplôme de médecine pour ne pas perdre le fil de toutes les hormones qu'ils prennent. La compétition est devenue tellement extrême que certains – professionnels comme amateurs – injectent de l'huile dans leurs muscles pour les faire paraître plus volumineux. La barre a été placée à un niveau tel que même Arnold Schwarzenegger, au meilleur de sa forme dans sa jeunesse, ne serait pas à la hauteur dans la version actuelle de la plus prestigieuse des compétitions de culturisme, Mr. Olympia.

Tout le monde ne se passionne peut-être pas pour cet univers. Mais les influenceurs fitness, les acteurs hollywoodiens et autres personnalités qui utilisent des stéroïdes participent à fausser la perception de ce qu'il est possible d'atteindre naturellement. Tout comme les mannequins Instagram photoshopés et adeptes de la chirurgie esthétique altèrent notre perception de l'apparence du corps normal d'une femme.

On comprend mieux comment cette course folle a influencé les idéaux morphologiques des hommes en observant l'évolution des jouets pour enfants au fil du temps.

Dans le cadre d'une étude américaine, des scientifiques ont ressorti des éditions de figurines d'action, telles que G.I. Joe et Luke Skywalker, datant des décennies précédentes. Les premières versions remontent aux années 1960 et 1970, et à cette époque, les jouets ressemblaient à des hommes normaux et en bonne santé. Mais au cours des années suivantes, ils ont pris du muscle. Leur torse s'est élargi par rapport à leur taille et leurs bras ont gonflé.

Les dernières figurines analysées ont été fabriquées à la fin des années 1990. Les scientifiques ont comparé les mensurations de ces figurines à celles de joueurs de football américain professionnels pour voir jusqu'à quel point celles-ci étaient devenues anormales. À taille égale, le torse des figurines était *2 fois* plus large et leurs biceps *2 à 3 fois* plus gros : des mensurations avec lesquelles même les plus grands bodybuilders professionnels du monde réel ne pourraient rivaliser[326].

Les figurines de jouets pour petits garçons reflètent les idéaux corporels de la société, tout comme les poupées Barbie® pour les filles. Si Barbie était une vraie femme, elle aurait également une morphologie irréaliste. Elle chausserait du 33 et aurait un IMC de 16. C'est une insuffisance pondérale tellement dangereuse que sa vie pourrait être en danger.

Dans les deux cas, on remarquera que les idéaux physiques sont des exagérations d'un corps qui, à l'origine, est sain et attirant. Il n'y a, en principe, aucun mal à vouloir être mince et musclé. Ce n'est que lorsqu'une course folle pousse ces caractéristiques à l'extrême que la situation devient critique. Et à ce stade, le corps ne séduit généralement plus le sexe opposé. Les hommes hétérosexuels préfèrent, le plus souvent, les femmes relativement minces, mais pas celles dont l'IMC est de 16[327]. Quant aux femmes hétérosexuelles, elles aiment généralement les hommes musclés, mais pas les culturistes[328]. Ironie du sort, cette course aux armements semble aveugler ses participants les plus zélés, au point qu'ils en font beaucoup trop dans leur volonté de se démarquer.

Les opérations d'allongement des jambes

La taille est un autre critère physique pour les hommes. Cet idéal présente quelques-uns des mêmes avantages que la musculature, mais il est plus complexe à modifier. Pendant la puberté, nous grandissons grâce à la création de nouveaux tissus osseux aux extrémités de ce que l'on appelle les os longs. Mais à la fin de la puberté, les plaques de croissance de ces os se ferment définitivement et la croissance s'arrête.

Pendant la guerre froide, le médecin soviétique Gavriil Ilizarov découvre un moyen de contourner ce processus et de faire grandir les gens. La procédure n'a pas beaucoup évolué depuis et elle est assez brutale. Elle implique d'allonger les cuisses ou les tibias du patient en les brisant puis en les séparant. L'os est d'abord coupé en deux. Ensuite, une tige métallique est vissée dans l'os de part et d'autre de la fracture. Cette tige métallique est utilisée pour écarter progressivement les deux moitiés de l'os. Pendant ce temps, le corps tente de réparer la fracture en formant de nouveaux os dans l'espace libre. Au fil du temps, l'opération allonge donc les os de la cuisse ou du tibia du patient, et les patients qui subissent cette intervention gagnent généralement 10 à 15 cm. Toutefois, les patients doivent suivre une rééducation intensive avant de pouvoir seulement remarcher, ils sont exposés à des risques de complications tout au long de leur vie et doivent supporter

→

la douleur extrême liée à la rupture de leurs os en deux et à leur écartement.

Malgré la douleur et les risques considérables qu'elles comportent, ces procédures sont de plus en plus populaires. La BBC a interrogé des cliniques du monde entier, spécialisées dans ces techniques d'allongement des jambes, et toutes déclarent une augmentation de leur patientèle chaque année[329].

★

Comme vous le constatez certainement, la course aux armements est omniprésente dans notre société moderne. Mais il en reste une dernière, capitale, à aborder. Celle qui sous-tend une bonne partie de ce livre.

Tout au long de *Tous accros*, nous avons étudié les diverses industries qui exploitent nos faiblesses psychologiques pour gagner de l'argent, parfois en allant jusqu'à des limites extrêmes et contraires à l'éthique. Cela ne signifie pas pour autant que tous ceux qui travaillent dans ces secteurs sont des sociopathes diaboliques. Certes, quelques-uns le sont. Mais la majorité des maux que nous avons observés jusqu'à maintenant sont le fait de braves gens pris au piège de cette course effrénée.

Prenons l'exemple des hyperstimuli alimentaires. Dans les supermarchés, les consommateurs choisissent en général les produits en fonction de leur goût. Par conséquent, si vous voulez gagner de l'argent et damer le pion à vos concurrents, vous serez tenté d'ajouter du sucre, du gras, du sel, des exhausteurs de goût, etc. Sinon, votre concurrent, lui, ne s'en privera pas. Vous êtes peut-être convaincu du bien-fondé de vos positions, en vous disant : « C'est plus sain pour nos clients qu'ils ne mangent pas trop de sel. » Mais si votre concurrent ajoute du sel et que les consommateurs achètent son produit plutôt que le vôtre, alors à quoi bon ?

Votre rival finira par vous dépasser, si bien que votre entreprise sera contrainte de suivre le mouvement et d'augmenter elle aussi la teneur en sel de ses propres produits. Très vite, les consommateurs se seront habitués à cette nouvelle teneur en sel plus élevée. La situation se répète alors : vous avez la possibilité de conquérir des parts de marché en rajoutant *encore plus* de sel. Votre entreprise se laissera-t-elle tenter cette fois-ci ? Difficile de dire stop, car sans ventes, votre société est condamnée à disparaître. Il ne restera plus que les concurrents prêts à surenchérir dans la course. C'est un véritable chaos. Quitter la course peut sembler impossible, à moins d'être disposé à sacrifier soit son entreprise, soit ses principes. Ainsi, même si les acteurs de chaque secteur sont en majorité intègres et ne veulent faire de mal à personne, ils risquent de tomber dans le piège.

Heureusement, nous disposons de deux moyens efficaces de mettre fin à une course aux armements.

La première consiste à impliquer une tierce partie puissante pour fixer les règles du « jeu ». Reprenons l'exemple des États-Unis et de l'Union soviétique, à l'origine de l'expression de « course aux armements ». Les deux pays ont continué à accroître leurs stocks jusqu'au point de détenir assez d'armes pour détruire la planète entière plusieurs fois.

Dans le monde réel, aucune tierce partie n'est suffisamment influente pour contraindre ces deux superpuissances. Mais imaginons que nous puissions invoquer une entité provenant d'un autre univers : peut-être Dieu, des extraterrestres, ou pourquoi pas Odin et Thor. Qui que ce soit, elle pourrait dire aux dirigeants de ces deux pays : « Vous pouvez fabriquer cinq armes nucléaires chacun et dépenser jusqu'à 1 % de votre PIB annuel dans l'armée. Si vous dépassez ces limites, nous anéantirons tous les politiciens et vous réduirons en poussière. »

Dans ce cas, aucune des parties n'aurait à craindre d'être dupée et la course s'arrêterait. Aucune n'aurait peur que l'autre revienne sur sa parole, car une puissante tierce partie rappellerait à l'ordre le contrevenant.

C'est la solution que nous appliquons *à l'intérieur* de chaque nation. L'État joue ce rôle de puissante tierce partie. L'État a le monopole de la violence et veille à ce que les citoyens n'aient pas besoin de se lancer dans une course aux armements pour se défendre les uns contre les autres (les États-Unis étant la malheureuse exception). Dans un monde idéal, l'État désamorcerait pareillement certaines des courses que nous avons évoquées dans ce livre. Par exemple, en fixant diverses restrictions aux industries afin de les empêcher de se livrer à une concurrence extrême et de nuire à leurs clients. Bien sûr, les infractions aux règles et la vente de produits illégaux sur le marché noir risquent inévitablement de perdurer. L'héroïne existe toujours, même si elle est illégale. Comme nous l'avons vu plus tôt avec le cannabis, la législation et les interdictions, malgré leurs défauts, contribuent à ralentir l'escalade et à diminuer la consommation.

Ce type de réglementation est précisément la solution retenue par la Chine, en particulier en ce qui concerne les hyperstimuli numériques. Si vous ouvrez la version chinoise de TikTok (appelée « Douyin »), vous ne serez pas accueilli par des danses ridicules, des ragots et des vidéos de sport, mais plutôt par de courtes séquences vidéo sur les sciences, les mathématiques et l'histoire. Ce n'est pas parce que les Chinois sont plus cultivés que les autres, mais parce que le gouvernement chinois régit les modalités d'organisation des flux de contenus des entreprises technologiques. Elles ne sont pas autorisées à optimiser pleinement leurs hyperstimuli, et sont obligées, dans une certaine mesure, de prioriser certains sujets salutaires. La législation exige également que l'application demande régulièrement à ses utilisateurs s'ils souhaitent faire une pause. Une mauvaise idée si vous voulez qu'ils restent pendus à leur appareil pour leur montrer autant de publicités que possible. Mais cette méthode permet à l'internaute de s'extraire de sa stupeur zombiesque.

Ainsi, les Chinois tentent de ralentir la course aux armements grâce à une législation qui s'immisce dans les habitudes des consommateurs. Désormais, la loi oblige également les citoyens à déclarer leur vrai nom pour jouer à des jeux vidéo, et le temps de jeu est limité pour les moins de 18 ans. Ils ne peuvent plus jouer qu'une heure par jour et n'ont accès aux jeux que les vendredis, les week-ends et pendant les vacances[330]. Par ailleurs, certains s'interrogent sur la pertinence d'une limitation du temps d'écran à 2 heures par jour pour les moins de 18 ans et du blocage de l'accès entre 22 heures et 6 heures du matin[331].

Bien sûr, de telles règles pourraient elles-mêmes devenir dystopiques. Je pense que nous conviendrons qu'il est plus agréable de vivre dans une société où les individus sont autorisés à choisir eux-mêmes leur mode de vie.

Mais même au sein de nos sociétés qui prônent la liberté, nous avons déjà accepté que cette liberté illimitée ne soit pas toujours possible. Par exemple, nous avons décidé que certains produits addictifs – comme l'héroïne – sont si dangereux que les citoyens ne devraient pas y avoir accès, même s'ils le souhaitent. D'autres produits addictifs, comme les cigarettes, restent légaux, mais sont réglementés par l'État au moyen d'une législation et de taxes. Les industries de l'alcool et des jeux d'argent sont également réglementées (mais pas suffisamment). On imagine sans peine que nous avons atteint un stade de développement technologique tel qu'il nous faut étendre le champ d'intervention de l'État à d'autres secteurs afin de protéger les populations contre l'exploitation de leurs faiblesses psychologiques. Le plus gros problème, c'est que bon nombre des hyperstimuli abordés au fil des chapitres n'affectent pas tout le monde uniformément. Pour certains, la vie serait certainement plus belle si les hyperstimuli alimentaires étaient lourdement réglementés et par conséquent moins faciles d'accès. Ainsi, ils pourraient garder un poids de forme, à l'instar de leurs ancêtres sveltes. Mais pour beaucoup d'autres, qui se portent bien ou même très bien, ce genre de décision limiterait leur liberté sans aucun bénéfice. L'équilibre est difficile à trouver, mais il n'est pas impossible de l'atteindre grâce aux esprits créatifs qui élaborent les textes de loi.

Comme annoncé, il y a bien une seconde solution pour résoudre la crise de la course aux armements : changer les mécanismes sous-jacents. Après tout, toutes les courses que nous avons observées résultent de nos préférences innées. Et elles finissent par nous nuire parce que nos préférences – ce que nous *désirons* – ne sont plus alignées avec ce qui nous est bénéfique sur le long terme. Mais si nous pouvions modifier nos préférences ?

Si les consommateurs ne réclamaient plus des quantités anormales de sel, il n'y aurait aucune raison d'en rajouter aux recettes. C'est là que *Tous accros* entre en scène. Bien sûr, ce n'est pas une solution miracle à l'un des plus grands défis de notre siècle, mais plutôt une modeste contribution personnelle pour nous faire tous avancer dans la bonne direction.

Car pour modifier nos préférences, il faut d'abord comprendre comment nous sommes manipulés. Prenons l'exemple du tabagisme : autrefois tout à fait banal, sa pratique est désormais limitée à une petite partie de la population. Ce n'est pas *seulement* grâce à la législation et aux taxes, mais au moins autant grâce à l'information. Nous savons aujourd'hui que la nicotine crée une dépendance, que fumer est mauvais pour la santé et que les cigarettiers sont de véritables manipulateurs.

La connaissance seule ne suffit pas toujours à se défaire d'une mauvaise habitude. En tout cas, pas pour tout le monde. Il est parfois très difficile de rompre le cercle vicieux, même en sachant parfaitement comment fonctionne le piège. Rappelez-vous, par exemple, comment les experts de la Silicon Valley tentent désespérément d'éviter les appareils à dépendance numérique qu'ils ont eux-mêmes contribué à créer. Même s'ils savent logiquement comment ça marche, ils ont du mal à résister.

Ainsi, comme la connaissance et la volonté ne suffisent pas toujours, il est nécessaire de trouver des outils de soutien. Il peut s'agir de mesures simples, comme de régler son écran en niveaux de gris et de manger davantage de pommes de terre, ou de mesures plus sérieuses, comme la prise de médicaments ciblant le cerveau. J'ai tenté de réunir dans ce livre les données les plus probantes disponibles, mais il y en a certainement d'autres à découvrir.

Les États-Unis des Hyperstimuli

Si vous regardez tous les secteurs abordés dans ce livre, vous remarquerez peut-être qu'ils ont un point commun : ils sont tous dominés par des entreprises américaines. Les hyperstimuli alimentaires de type fast-food sont nés aux États-Unis et les chaînes de restauration rapide qui règnent sur le marché mondial sont toutes originaires de ce pays. L'industrie pornographique a son quartier général à Los Angeles, tout comme celles de la télévision, du cinéma et du streaming. Les plus grands studios de jeux vidéo sont américains. La plupart des entreprises de réseaux sociaux sont américaines. *Idem* pour les principales applications de rencontres. La légalisation du cannabis a été initiée aux États-Unis, les cigarettiers américains ont été à l'origine de l'augmentation du tabagisme et la crise des opioïdes est également américaine.

L'image de « l'Européen s'insurgeant contre les États-Unis » est devenue un poncif assez éculé. C'est pourquoi ce passage est relégué dans un encadré en toute fin d'ouvrage. Pour autant, c'est un point essentiel de la discussion. Bien sûr, d'autres pays fabriquent des hyperstimuli, y compris le mien. Mais aucun pays ne fonde autant ses exportations sur les hyperstimuli que les États-Unis. Il semble y avoir une particularité au pays de Dieu qui le rend plus vulnérable aux pratiques prédatrices du capitalisme. Ces propos ne visent en aucun cas à dénigrer les Américains ordinaires. Le fait que leur pays soit la capitale mondiale des hyperstimuli implique que les Américains ordinaires sont les premières proies de ces entreprises. C'est sur eux que l'on fait le plus d'expériences. Et cela se voit dans leur taux d'obésité, leur niveau de toxicomanie, le temps d'écran moyen, etc.

Épilogue
Un petit humain dans un monde immense

Srinivasa Ramanujan, l'un des plus brillants mathématiciens de tous les temps, grandit dans le sud de l'Inde à la fin du XIXe siècle. Sa famille est si démunie qu'elle n'a pas les moyens d'acheter des manuels scolaires. Mais dès sa plus tendre enfance, Ramanujan réussit à se former aux mathématiques en empruntant des livres à ses amis et à la bibliothèque du quartier, et il en résout toutes les équations avant d'en inventer de nouvelles.

Ses nombreuses heures de mathématiques portent leurs fruits : à l'adolescence, Ramanujan obtient une bourse universitaire en raison de ses aptitudes exceptionnelles.

Toutefois, l'université exige de Ramanujan qu'il étudie *d'autres* matières que les mathématiques, comme l'anglais. Mais il échoue systématiquement aux examens. Non pas parce qu'il est stupide. S'il avait essayé, il n'aurait pas eu de mal à suivre le cursus. Ramanujan ne peut tout simplement pas se résoudre à consacrer du temps à l'étude d'autres matières que les mathématiques. En fin de compte, il rate tellement d'examens qu'il est exclu, perd sa bourse et se retrouve à nouveau dans la pauvreté, parfois au bord de la disette.

Ramanujan sait qu'il doit réessayer et il est accepté dans une autre université. Mais une fois de plus, il lui est impossible de faire autre chose que des mathématiques. Il finit par échouer dans toutes les autres matières et se fait de nouveau renvoyer.

Pour subvenir à ses besoins, Ramanujan enchaîne les petits boulots et commence à donner des cours de mathématiques à des étudiants de l'université. Son maigre salaire lui permet de survivre et de continuer à faire autant de mathématiques que possible en parallèle.

En quête de son rêve, il cherche à rencontrer des professeurs de mathématiques de la région pour leur faire part de ses travaux. Beaucoup sont sidérés par les théories et les calculs du jeune homme.

Finalement, Ramanujan est reconnu dans le monde entier lorsqu'il envoie une lettre à l'éminent mathématicien anglais G. H. Hardy. Il y décrit quelques-unes de ses observations et ajoute 10 pages de théorèmes et d'idées. Hardy dira plus tard que certains des théorèmes de Ramanujan « semblaient à peine croyables ». Il les montre à son collègue John Littlewood, qui déclare que les théorèmes sont sans aucun doute corrects, car « personne n'aurait assez d'imagination pour les inventer ».

Après une brève correspondance, Hardy réussit à faire venir Ramanujan à l'université de Cambridge, et les deux hommes commencent à travailler ensemble. Malheureusement, cette collaboration ne sera que brève, car Ramanujan tombe malade au bout de quelques années et meurt. Mais au cours de sa courte carrière, il aura révolutionné de nombreux domaines des mathématiques, et les mathématiciens d'aujourd'hui continuent d'étudier ses nombreuses notes pour y puiser des idées et faire de nouvelles découvertes[332].

Ramanujan a entretenu avec les mathématiques une relation analogue à celle que d'autres ont avec les jeux vidéo, l'alcool ou les jeux d'argent. Même quand sa vie entière en dépendait, il avait du mal à se contraindre à faire autre chose. Moyennant quelques efforts, Ramanujan aurait pu garder sa bourse universitaire et faire beaucoup plus facilement carrière dans les mathématiques, comme il en rêvait. Pourtant, même s'il était capable de se plonger dans les mathématiques pendant des jours et des jours, il n'était tout simplement pas en mesure de fournir l'effort nécessaire pour un autre sujet.

C'est peut-être un exemple extrême, mais on retrouve des échos de l'histoire de Ramanujan chez bien des personnalités qui ont réussi. Il y a souvent une part d'obsession chez les individus très performants. Dans une autre discipline, on pourrait citer l'exemple des sœurs hongroises Polgár, qui sont les meilleures joueuses d'échecs que le monde ait jamais connues. Leur père, László Polgár, a décrit comment les sœurs étaient obsédées par les échecs lorsqu'elles étaient petites et ne s'intéressaient à rien d'autre. Un soir, il a trouvé l'une d'entre elles, Sofia, dans la salle de bains avec l'échiquier. « Sofia, laisse les pièces tranquilles », a-t-il alors insisté. « Mais, Papa, lui a-t-elle répondu, ce sont elles qui ne *me* laissent pas tranquille[333] ! »

Peut-être que vous avez déjà eu ce type de comportement vous-même. En tout cas, toutes les personnes que je connais et qui excellent dans un domaine partagent un intérêt naturel prononcé pour ce qu'elles font. Cet intérêt n'est pas toujours manifeste dès le départ. Certains ont besoin de se familiariser avec leur domaine avant que leur passion ne se déclare. Mais ils sont tous obnubilés.

Ce type de fonctionnement n'est pas si étrange. Bien sûr, il faut du talent pour atteindre des sommets. Mais la réussite demande beaucoup de travail et il est plus facile de travailler beaucoup si l'on n'a pas à se forcer et si l'on peut passer des heures entières concentré sans le moindre effort.

★

On ne sait pas précisément pourquoi certaines activités sont plus éprouvantes que d'autres. Dans certains cas, la réponse est logique. Lorsque vous courez, vous brûlez plus de calories que lorsque vous restez au lit. Dans la mesure où votre corps est conçu pour économiser des forces, il est évident que rester au lit est plus agréable que de courir.

Mais pourquoi est-il plus ardu de résoudre des équations mathématiques que de jouer à un jeu vidéo ?

Cela ne peut être lié à la consommation d'énergie. Le cerveau brûle effectivement beaucoup de calories – près de 20 % de la consommation quotidienne d'énergie –, mais ce chiffre n'augmente pas beaucoup lorsque l'on réfléchit intensément ou que l'on se concentre[334]. Aussi, la sensation de fatigue associée aux tâches mentales est-elle un peu mystérieuse. Rester assis à résoudre une équation ne demande pas plus d'énergie que de regarder un film.

Un groupe de psychologues américains a formulé une théorie qui pourrait nous aider à expliquer ce paradoxe. Ils supposent que la sensation de fatigue résulte des efforts déployés par le cerveau pour nous pousser à accomplir l'activité la plus satisfaisante à tout moment. Imaginez que votre cerveau évalue en permanence toutes les activités potentielles que vous pourriez faire à cet instant et qu'il les soupèse en fonction de la récompense qu'il en espère. Si la récompense potentiellement tirée de ce que vous êtes en train de faire est inférieure à celle que vous pourriez obtenir en faisant autre chose, il vous faudra redoubler d'efforts pour continuer à agir. En revanche, si la récompense de votre activité actuelle est plus grande, vous n'aurez aucun problème à la poursuivre.

Selon cette théorie, les hyperstimuli sont donc un obstacle pour tous ceux qui ont des objectifs et des aspirations. Si vous vous habituez à des flux TikTok, des jeux vidéo ou des séries Netflix tous plus passionnants les uns que les autres, alors c'est à ces activités que votre cerveau va comparer toutes les autres. Ces dernières demanderont alors plus de détermination, car elles ne sont pas aussi instantanément satisfaisantes que les hyperstimuli conçus artificiellement. Pensez au nombre de nos contemporains qui se fixent des objectifs de développement personnel, comme se mettre à la peinture, apprendre à jouer d'un instrument ou lire plus de livres. Ce sont là des actions que l'on pratiquait autrefois *pour le plaisir*. Si vous viviez il y a 200 ans et que vous cherchiez un moyen d'occuper votre temps libre, ce type d'activité compterait parmi les plus enrichissantes. Mais aujourd'hui, elles entrent dans la catégorie des activités qui requièrent de la persévérance pour beaucoup, car elles sont en compétition avec les hyperstimuli modernes. De même, certains jeunes se plaignent aujourd'hui d'être incapables de regarder un film en entier. C'était peut-être l'hypertimulus de la génération précédente, mais face aux flux de réseaux sociaux de type TikTok, le film perd du terrain et finit par être considéré comme une activité exigeant un effort.

Les personnes souffrant de troubles liés à l'utilisation de substances psychoactives sont un exemple extrême de ce phénomène. À mesure que leur dépendance augmente, elles se désintéressent de leurs activités d'avant comme de leurs amis ou de leur famille. En revanche, les toxicomanes déploieront des efforts presque surhumains pour se procurer leur drogue. C'est logique si leur cerveau considère la prise de la substance comme l'activité la plus satisfaisante que cette personne puisse accomplir. D'autres activités deviennent extrêmement pénibles et impossibles à entreprendre, ce qui n'est *pas du tout le cas* de la quête de l'euphorie, même si elle est extrêmement éprouvante pour une personne non dépendante et implique un recours éventuel à la violence, au vol ou à la mise en danger de la vie d'autrui.

Cette théorie de la « comparaison » de la volonté rejoint en outre les études portant sur la volonté des individus de faire des efforts. En général, ces études montrent que les gens préfèrent accomplir des tâches qui ne nécessitent qu'un effort minimal. Ainsi, rares sont ceux qui choisissent de résoudre des problèmes de mathématiques quand on leur propose plusieurs options[335]. Mais lorsque des scientifiques proposent de choisir entre des problèmes de mathématiques et l'inaction, beaucoup préfèrent les problèmes à la simple contemplation du vide[336]. Autrement dit, le caractère pénible ou non des problèmes de mathématiques dépend de l'alternative proposée.

★

Combien de gens négligent leurs talents et leurs rêves parce que les hyperstimuli ont rendu difficilement supportable tout ce qui ne relève pas de la surstimulation artificielle ? Combien de Ramanujan d'aujourd'hui sont des joueurs fanatiques de *World of Warcraft* au lieu d'être des matheux ?

Et plus effrayant encore : jusqu'à quel point cette situation va-t-elle s'aggraver ?

Malheureusement, cette évolution n'est pas près de s'arrêter. Il fut un temps où le jeu vidéo le plus fascinant était *Pong*, un jeu dans lequel il fallait déplacer deux lignes de haut en bas pour renvoyer une balle de l'autre côté de l'écran. Aujourd'hui, nous avons des jeux qui se déroulent dans des mondes fictifs extrêmement détaillés, et qui offrent au joueur des options presque illimitées. Dans d'autres domaines, nous sommes passés de photos d'hommes et de femmes légèrement vêtus à la diffusion en continu de pornographie extrême sur Internet.

D'une forme de cannabis faible en THC à des cristaux contenant du THC presque pur. Et du simple cornet de glace à la vanille à la fameuse glace à la vanille nappée d'un coulis de caramel, avec ses pépites de chocolat, ses marshmallows et sa pâte à biscuit.

Dans tous ces domaines, de nouvelles escalades ne demandent qu'à être découvertes. Dans l'univers numérique en particulier, les progrès sont fulgurants. Dans le royaume des bits, les créateurs d'hyperstimuli ont la tâche particulièrement facile, car les expériences sont rapides, bon marché et simples à mettre en place. Les industriels de l'agroalimentaire sont contraints de produire concrètement toutes les différentes versions de leurs produits, puis de les tester dans le cadre d'expériences en conditions réelles. Mais comme nous l'avons vu, les entreprises numériques peuvent réaliser des milliers de mini-expériences sur vous chaque jour, car leurs produits ne sont que des codes informatiques facilement modifiables.

En même temps, les géants du numérique sont de plus en plus secondés par l'intelligence artificielle, de sorte que les humains n'ont même plus besoin de participer à ces expérimentations. Bientôt, la génération même de contenu pourrait être automatisée, de façon que l'intelligence artificielle ne se contentera pas d'étudier l'utilisateur afin d'organiser le flux sur son écran, mais générera toutes les vidéos, les textes, les personnalités, etc., en s'adaptant directement à l'internaute. Quand cela arrivera, je m'attends à ce qu'une partie de la société renonce à peu près complètement à la technologie en ligne. Mais si cette évolution est triste et tragique, il ne faut pas en conclure que l'avenir est sans espoir pour tout le monde.

D'abord, parce que les créateurs d'hyperstimuli ne sont pas les seuls à tirer parti des avancées technologiques. Nos *défenses* s'améliorent aussi et rien ne les empêcherait de prendre le dessus. Nous pourrions ainsi mettre un terme à cette folle course en la *gagnant*... Repensez au chapitre sur les produits amaigrissants. Il fut un temps où la volonté et les astuces comportementales étaient nos seules armes contre les hyperstimuli alimentaires. Or, c'était insuffisant pour la plupart des gens et la lutte était toujours plus acharnée à mesure que l'industrie alimentaire découvrait de nouveaux subterfuges. Mais aujourd'hui, la médecine a redonné le pouvoir au consommateur. Les géants de l'agroalimentaire font peut-être des pieds et des mains pour reprendre le contrôle, mais rien ne dit qu'ils y parviendront, et les médicaments vont sans doute encore se perfectionner.

En effet, des chercheurs travaillent actuellement sur différents traitements à base de GLP-1 et d'autres molécules apparentées afin de voir s'ils peuvent aider les gens à se défaire *d'autres* mauvaises habitudes. Des études menées sur des rongeurs et des primates non humains ont montré que certains de ces médicaments réduisent l'envie de consommer des drogues ou de l'alcool[337]. Certaines études préliminaires chez l'homme vont dans le même sens, même si nous avons encore beaucoup à apprendre[338]. Il serait sans doute illusoire de croire qu'une seule classe de médicaments puisse résoudre tous nos problèmes liés aux hyperstimuli, mais il est permis d'espérer que d'autres avancées viendront s'y ajouter.

Il est par ailleurs intéressant de noter que la technologie ne conduit pas tout le monde au désespoir, mais qu'elle accélère et accentue plutôt les différences préexistantes entre les individus. Le fossé entre le haut et le bas de l'échelle se creuse. Prenons l'exemple de nos bons amis les Hadza, qui vivent en grande partie sans technologie moderne. Ils sont plus minces que les Occidentaux moyens, plus musclés et globalement en meilleure santé. Mais il est important d'insister sur le mot « moyens ». De nombreux Occidentaux sont plus forts que le plus fort des Hadza, courent plus vite et plus longtemps que les Hadza, ont une masse musculaire plus développée que les Hadza et sont tout simplement en meilleure santé sur tous les plans : métabolisme, état de santé général, espérance de vie, etc.

Pourquoi ? Parce que la technologie moderne nous permet d'optimiser notre corps à un point que les peuples traditionnels ne peuvent qu'imaginer. Il est donc logique de considérer les progrès technologiques comme un pied sur l'accélérateur : ils vous permettront d'aller plus vite, quelle que soit la direction choisie.

Si vous suivez votre instinct, toute une armée d'industriels de l'agroalimentaire est prête à exploiter votre système de récompense cérébral. Leurs produits peuvent vous rendre obèse et faible, au point que vous n'auriez même pas survécu il y a quelques centaines d'années. D'un autre côté, nos connaissances en biologie et en médecine sont aujourd'hui si avancées que nous pouvons physiquement accomplir des prouesses totalement inaccessibles à nos ancêtres.

De même, l'essor du monde numérique nous permet certes de regarder des vidéos au hasard pendant des heures, mais il peut aussi être mis à profit aux fins pour lesquelles il a été conçu au départ, à savoir l'accès à toutes les connaissances du monde en moins d'une seconde. Grâce à la technologie moderne, aucune discipline n'est hors de portée, même depuis un bureau isolé dans un village paisible. Ainsi, s'il y a aujourd'hui des gens plus ignorants, plus reclus et plus inactifs que jamais, il y en a aussi qui ont davantage de connaissances et sont capables d'accomplir bien plus que ce que nos ancêtres imaginaient dans leurs rêves les plus fous. La question de savoir si les progrès technologiques sont bons ou mauvais dépend de votre point de vue.

Car non, les hyperstimuli ne sont pas forcément *mauvais*.

On pourrait très bien imaginer un scénario dans lequel tout ce que nous avons appris sur les hyperstimuli servirait à créer du bon et du bien. Par exemple, la conception de méthodes d'enseignement ou de technologies tout aussi captivantes pour les étudiants que TikTok.

Et si nous mettions à profit nos connaissances sur notre appétit pour élaborer des aliments transformés qui soient *plus sains* et plus nourrissants que les aliments naturels ?

Ce qui définit le caractère bon ou mauvais des hyperstimuli, c'est ce qu'ils nous poussent à faire. S'ils nous conduisent à notre perte, il faut les combattre. Mais si nous sommes assez malins, nous apprendrons à les utiliser à notre avantage.

Au cours de votre lecture, vous avez peut-être remarqué que c'est précisément ce qui vous a aidé à atteindre la dernière page.

Remerciements

Sur la couverture d'un livre comme celui-ci ne figure que le nom d'un seul auteur, mais en coulisses, une multitude de personnes exceptionnelles se sont impliquées et méritent toutes une ovation littéraire. Anna Baty et Lucy Buxton ont dû composer avec mon perfectionnisme, mais sont parvenues à améliorer la qualité du livre. Merci également à Sherilyn Heilberg pour sa traduction du danois vers l'anglais, à Tamsin Shelton pour la relecture du texte final, à Paul Sebes et aux collègues de mon agence Sebes & Bisseling pour la conclusion du contrat, ainsi qu'aux nombreux éditeurs, traducteurs et relecteurs qui travaillent sur les autres versions de l'ouvrage.

Tous accros est d'abord né en danois, et mes éditrices danoises de Grønningen 1, Louise Vind et Marianne Kiertzner, méritent des remerciements rien que pour elles. Lorsque j'ai écrit mon premier livre, *Pourquoi les méduses vieillissent pas*, toutes les grandes maisons d'édition du pays l'ont refusé. Certains l'ont même recalé deux fois, parce que j'étais un peu têtu et que je refusais de me contenter d'un non. Au bout du compte, je n'avais plus beaucoup de solutions et j'étais sur le point de demander à mes parents de me prêter de l'argent pour me lancer dans l'autoédition. Heureusement, j'ai rencontré Louise et Marianne qui ont tout de suite cru au projet et ont pris le livre sous leur aile. Aujourd'hui, il s'est vendu à des centaines de milliers d'exemplaires dans le monde entier, a été nommé pour le prix du livre scientifique de l'année par la Royal Society et a été traduit dans 30 langues différentes. Je garde précieusement les courriels des autres éditeurs m'expliquant en détail pourquoi il n'y avait pas de marché pour cet ouvrage et pourquoi il ne pourrait jamais avoir de succès – succès qui, au Danemark, se définit par la vente de quelques milliers d'exemplaires en tout et pour tout.

Je tiens également à remercier mes confrères et consœurs scientifiques du Centre Trygfonden pour la recherche sur l'activité physique au Rigshospitalet de Copenhague. Je salue tout particulièrement mes directeurs de thèse, Bente Klarlund Pedersen et Helga Ellingsgaard, qui me laissent plus de liberté pour écrire et parler qu'aucun étudiant en doctorat ne saurait raisonnablement l'espérer.

Une mention spéciale aussi à mon coanimateur de podcast, Frederik Dirks Gottlieb, et à tous les collaborateurs de Danmarks Radio impliqués dans l'émission *Jagten på det evige liv*. Et à tous mes collègues d'Original Talks, d'Athenas et d'A-Speakers qui m'aident à organiser mes conférences, ce qui m'oblige à quitter le laboratoire et mon bureau de temps en temps.

Je tiens par ailleurs à exprimer ma gratitude envers tous mes amis, proches et lointains, pour leur soutien et pour avoir enrichi ma vie. Un petit merci en plus pour Eske Gerup, Joachim Schelde, Lars Horsbøl, Mikkel Duif et Sven Larsen-Ledet pour toutes les grandes aventures vécues dans notre pays et au-delà de nos frontières.

Enfin, je tiens à remercier tout particulièrement ma famille, pour laquelle mon amour est plus grand que tout ce qui peut être décrit avec des mots, et à qui je dédie ce livre et tous les autres.

Index

L

M

N

O

P

Q

R

S

T

Notes de fin

Prologue : Un petit oiseau et un gros œuf

1. Tinbergen N., *L'Étude de l'instinct,* Payot, 1971.
2. Moreno J., Morales J., Lobato E., Merino S., Tomás G., Martínez-de la Puente J., « More Colourful Eggs Induce A Higher Relative Paternal Investment in The Pied Flycatcher Ficedula Hypoleuca: A Cross-Fostering Experiment », *Journal of Avian Biology*, vol. 37, n° 6, 2006, p. 555–560.
3. Moreno J., Lobato E., Merino S., Martínez-de la Puente J., « Blue-Green Eggs in Pied Flycatchers: An Experimental Demonstration that a Supernormal Stimulus Elicits Improved Nestling Condition », *Ethology*, vol. 114, n° 11, 2008, p. 1078–1083.

1re partie : Hyperstimuli alimentaires

1. Le poids de la modernité

4. Floud R., « Height, Weight and Body Mass of the British Population Since 1820 », *NBER Working Paper Series on Historical Factors in Long Run Growth,* Historical Paper n° 108, 1998. (Disponible sur : https://doi.org/10.3386/H0108)
5. « Health Survey for England 2022 », *NHS England Digital* [en ligne], 24 sept. 2024. (https://digital.nhs.uk/data-and-information/publications/statistical/health-survey-for-england/2022-part-2/health-survey-for-england-hse-2022-part-2-data-tables).
6. *State of the UK Fitness Industry Report 2024,* Leisure DB, s.d. (Disponible sur : https://online.flippingbook.com/view/799812773/).
7. Madsen B. F., « Forskere afslører : BMI-skalaen har blindt punkt hos stor aldersgruppe », *Illustreret Videnskab* [en ligne], 13 juin 2024 (https://illvid.dk/sundhed/forskere-afsloerer-bmi-skalaen-har-blindt-punkt-hos-stor-aldersgruppe).
8. McDiarmid C., « Embonpoint et obésité chez les adultes, 2018 », *Feuillets d'information de la santé*, 25 juin 2019, n° 82-625-X du catalogue de

Statistique Canada (Disponible sur : https://www150.statcan.gc.ca/n1/fr/pub/82-625-x/2019001/article/00005-fra.pdf).
9. « Overweight and obesity », *Australian Institute of Health and Welfare (IHW)* [en ligne, mise à jour : 17 juin 2024] (https://www.aihw.gov.au/reports/overweight-obesity/overweight-and-obesity/contents/summary#how_common_overweight).
10. « Annual Update of Key Results 2023/24: New Zealand Health Survey », *Ministry of Health – Manat Hauora* [en ligne], 19 nov. 2024 (https://www.health.govt.nz/publications/annual-update-of-key-results-202324-new-zealand-health-survey).
11. Troy L., « Surpoids et obésité : facteurs de risques et politiques de prévention », *Les Dossiers de la DREES,* n° 118, 2024.
12. Stiebahl S., « Obesity Statistics », House of Commons Library, Research Briefing, n° 03336, 2025 (Disponible sur : https://researchbriefings.files.parliament.uk/documents/SN03336/SN03336.pdf).
13. « Prevalence of obesity among adults », *Organisation mondiale de la Santé (OMS)* [en ligne, mise à jour : fév. 2024] (https://www.who.int/data/gho/data/indicators/indicator-details/GHO/prevalence-of-obesity-among-adults-bmi--30-(crude-estimate)-(-)).
14. *Ibid.*
15. Turé R., Damasceno A., Djicó M., Lunet N., « Prevalence of Underweight, Overweight and Obesity among Adults in Urban Bissau, Western Africa », *Nutrients*, vol. 13, n° 12, 2021, p. 4199.
16. Pengpid S. et Peltzer K., « The Prevalence And Associated Factors Of Underweight And Overweight/Obesity Among Adults In Kenya : Evidence From A National Cross-Sectional Community Survey », *Pan African Medical Journal*, vol. 36, art. 338, 2020.
17. Letamo G., « Dual Burden Of Underweight And Overweight/Obesity Among Adults In Botswana : Prevalence, Trends And Sociodemographic Correlates : A Cross-Sectional Survey », *British Medical Journal*, vol. 10, n° 7, 2020.
18. « Prevalence of obesity among adults », *Organisation mondiale de la Santé (OMS), art. cit.*
19. Martin C. B., Herrick K. A., Sarafrazi N., Ogden C. L., « Attempts to Lose Weight Among Adults in the United States, 2013–2016 », *NCHS Data Brief*, n° 313, 2018.
20. Hall K. D., Kahan S., « Maintenance Of Lost Weight And Long-Term Management Of Obesity », *Medical Clinics of North America.*, vol. 102, n° 1, 2018, p. 183–197.

21. Althoff T., Sosič R., Hicks J. L., King A. C., Delp S. L., Leskovec J., « Supplementary Information : Large-Scale Physical Activity Data Reveal Worldwide Activity Inequality », *Nature*, vol. 547, 2017, p. 336–339.
22. Pontzer H., Raichlen D.A., Wood B. M., Mabulla A. Z., Racette S. B., Marlowe F.W., « Hunter-Gatherer Energetics And Human Obesity », *PLoS One*, vol. 7, n° 7, art. e40503, 2012.
23. Pontzer H., Wood B. M., Raichlen D. A., « Hunter-Gatherers As Models In Public Health », *Obesity Reviews*, vol. 19, n° S1, 2018, p. 24–35.
24. Urlacher S. S., Snodgrass J. J., Dugas L. R., Sugiyama L. S., Liebert M.A., Joyce C. J., *et al.*, « Constraint And Trade-Offs Regulate Energy Expenditure During Childhood », *Science Advances*, vol. 5, n° 12, eaax 1065, 2019.
25. Pontzer H., Raichlen D.A., *et al.,* « Primate Energy Expenditure And Life History », *Biological Sciences,* vol. 111, n° 4, 2014, p. 1433–1437.
26. Pontzer H., *Burn*: *The Misunderstood Science of Metabolism,* Avery, 2021.
27. Pontzer H., Raichlen D. A., Gordon A. D., Schroepfer-Walker K. K., Hare B., O'Neill M. C., *et al.*, « Primate Energy Expenditure And Life History », *Proceedings of the National Academy of Sciences*, vol. 111, n° 4, 2014, p. 1433–1437.
28. Careau V., Halsey L. G., Pontzer H., Ainslie P. N., Andersen L. F., Anderson L. J., *et al.*, « Energy Compensation And Adiposity In Humans », *Current Biology*, vol. 31, n° 20, 2021, p. 4659–4666.e2.
29. Pontzer H., *Burn: The Misunderstood Science of Metabolism*, *op. cit.*, p. 243–244.
30. Bribiescas R. G., « Testosterone Levels Among Aché Hunter-Gatherer Men », *Human Nature*, vol. 7, n° 2, 1996, p. 163–88.
31. Melanson E. L., Keadle S. K., Donnelly J. E., Braun B., King N. A., « Resistance To Exercise-Induced Weight Loss: Compensatory Behavioral Adaptations », *Medicine and Science in Sports and Exercise*, vol. 45, n° 8, 2013, p. 1600–1609.
32. Donnelly J. E., Honas J. J., Smith B. K., Mayo M. S., Gibson C. A., Sullivan D. K., *et al.*, « Aerobic Exercise Alone Results In Clinically Significant Weight Loss For Men And Women: Midwest Exercise Trial 2 », *Obesity* (Silver Spring), vol. 21, n° 3, 2013, E219–E228.
33. Westerterp K. R., Speakman J. R. « Physical Activity Energy Expenditure Has Not Declined Since The 1980s And Matches Energy Expenditures Of Wild Mammals », *International Journal of Obesity*, vol. 32, n° 8, 2008, p. 1256–1263.

2. Tromper la faim

34. Stunkard A. J., Sørensen T. I. A., Hanis C., Teasdale T. W., Chakraborty R., Schull W. J., *et al.*, « An Adoption Study of Human Obesity », *New England Journal of Medicine*, vol. 314, n° 4, 1986, p. 193–198.

35. Stunkard A. J., Harris J. R., Pedersen N. L., McClearn G. E., « The Body-Mass Index of Twins Who Have Been Reared Apart », *New England Journal of Medicine*, vol. 322, n° 21, 1990, p. 1483–1487.

36. Yengo L., Sidorenko J., Kemper K. E., Zheng Z., Wood A. R., Weedon M. N., *et al.*, « Meta-Analysis Of Genome-Wide Association Studies For Height And Body Mass Index In 700000 Individuals Of European Ancestry », *Human Molecular Genetics*, vol. 27, n° 20, 2018, p. 3641–3649.

37. « Valeur de la production agricole », FAOSTAT, *Organisation des Nations Unies pour l'alimentation et l'agriculture (FAO)* [en ligne, mise à jour : mars 2024]. (https://www.fao.org/faostat/en/#data/QV/visualize)

38. Swinburn B., Sacks G., Ravussin E., « Increased Food Energy Supply Is More Than Sufficient To Explain The Us Epidemic Of Obesity », *The American Journal of Clinical Nutrition*, vol. 90, n° 6, 2009, p. 1453–1456.

39. Moss M., *Salt Sugar Fat: How the Food Giants Hooked Us*, Random House, 2014, p. 150–151.

40. Hall K. D., Ayuketah A., Brychta R., Cai H., Cassimatis T., Chen K.Y., *et al.,* « Ultra-Processed Diets Cause Excess Calorie Intake and Weight Gain: An Inpatient Randomized Controlled Trial of Ad Libitum Food Intake », *Cell Metabolism*, vol. 30, n° 1, 2019, p. 67–77.

41. Hamano S., Sawada M., Aihara M., Sakurai Y., Sekine R., Usami S., *et al.,* « Ultra-Processed Foods Cause Weight Gain And Increased Energy Intake Associated With Reduced Chewing Frequency: A Randomized, Open-Label, Crossover Study », *Diabetes, Obesity and Metabolism*, vol. 26, n° 11, 2024, p. 5431–5443.

42. Sampey B. P., Vanhoose A. M., Winfield H. M., Freemerman A. J., Muehlbauer M. J., Fueger P.T., *et al.,* « Cafeteria Diet Is A Robust Model Of Human Metabolic Syndrome With Liver And Adipose Inflammation : Comparison To High-Fat Diet », *Obesity*, vol. 19, n° 6, 2011, p. 1109–1117.

3. L'or blanc

43. Allain F., Minogianis E., Roberts D. C. S., Samaha A., « How Fast And How Often: The Pharmacokinetics Of Drug Use Are Decisive In Addiction », *Neuroscience and Biobehavioral Reviews,* vol. 56, sept. 2015, p. 166–179.

44. Headey D. D., Alderman H. H., « The Relative Caloric Prices of Healthy and Unhealthy Foods Differ Systematically across Income Levels and Continents », *The Journal of Nutrition*, vol. 149, n° 11, 2019, p. 2020–2033.

45. *National Diet and Nutrition Survey. Rolling programme Years 9 to 11 (2016/2017 to 2018/2019)*, Public Health England, the Food Standards Agency, 2020 (Disponible sur : https://assets.publishing.service.gov.uk/media/5fd23324e90e07662b09d91a/NDNS_UK_Y9-11_report.pdf).
46. Langlois K., Garriguet D., Gonzalez A., Sinclair S., Colapinto C. K., « Change In Total Sugars Consumption Among Canadian Children And Adults », *Health Reports,* vol. 30, n° 1, 2019, p. 10–19.
47. Pesta D. H., Samuel V. T., « A High-Protein Diet For Reducing Body Fat: Mechanisms And Possible Caveats », *Nutrition & metabolism,* vol. 11, n° 1, art. 53, 2014.
48. Yu Y., Fu J., Xu Y., Zhang J., Ren F., Zhao H., *et al.,* « Genome Re-Sequencing Reveals The Evolutionary History Of Peach Fruit Edibility », *Nature Communications*, vol. 9, n° 1, art. 5404, 2018.
49. Zheng Y., Crawford G. W., Chen X., « Archaeological Evidence For Peach (Prunus Persica) Cultivation And Domestication In China », *PLoS One*, vol. 9, n° 9, art. e106595, 2014.
50. Quilot B., Kervella J., Génard M., « Shape, Mass And Dry Matter Content Of Peaches Of Varieties With Different Domestication Levels », *Scientia Horticulturae,* vol. 99, n° 3-4, 2004, p. 387–393.
51. Pérez-Escobar O. A., Tusso S., Przelomska N. A. S., Wu S., Ryan P., Nesbitt M., *et al.*, « Genome Sequencing of up to 6,000-Year-Old Citrullus Seeds Reveals Use of a Bitter-Fleshed Species Prior to Watermelon Domestication », *Molecular Biology and Evolution*, vol. 39, n° 8, 2022.
52. Malik V. S., Hu F. B., « The Role Of Sugar-Sweetened Beverages In The Global Epidemics Of Obesity And Chronic Diseases », *Nature Reviews Endocrinology*, vol. 18, n° 4, 2022, p. 205–218.
53. DellaValle D. M., Roe L. S., Rolls B. J., « Does The Consumption Of Caloric And Non-Caloric Beverages With A Meal Affect Energy Intake? », *Appetite*, vol. 44, n° 2, 2005, p. 187–193.
54. Aeberli I., Gerber P. A., Hochuli M., Kohler S., Haile S. R., Gouni-Berthold I., *et al.,* « Low To Moderate Sugar-Sweetened Beverage Consumption Impairs Glucose And Lipid Metabolism And Promotes Inflammation In Healthy Young Men: A Randomized Controlled Trial », *The American Journal of Clinical Nutrition*, vol. 94, n° 2, 2011, p. 479–485.
55. Buchanan K. L., Rupprecht L. E., Kaelberer M. M., Sahasrabudhe A., Klein M. E., Villalobos J. A., *et al.,* « The Preference For Sugar Over Sweetener Depends On A Gut Sensor Cell », *Nature Neuroscience*, vol. 25, n° 2, 2022, p. 191–200.
56. Tan H. E., Sisti A. C., Jin H., Vignovich M., Villavicencio M., Tsang K. S., *et al.,* « The Gut-Brain Axis Mediates Sugar Preference », *Nature*, vol. 580, 2020, p. 511–516.

57. Jones S., Sullivan H., « Subway Bread Is Not Bread, Irish Court Rules », *The Guardian* [en ligne], 1er oct. 2020, (https://www.theguardian.com/world/2020/oct/01/irish-court-rules-subway-bread-is-not-bread).
58. The Editors of Encyclopaedia Britannica, « saccharin », *Encyclopedia Britannica* [en ligne], 10 mars 2025, (https://www.britannica.com/science/saccharin#ref165773).
59. Roth K., Lück E., « The Saccharin Saga – Part 7 », *Chemistry Views Magazine* [en ligne], 3 mai 2016, (https://www.chemistryviews.org/details/ezine/9245291/The_Saccharin_Saga__Part_7).
60. Higgins K. A., Mattes R. D., « A Randomized Controlled Trial Contrasting The Effects Of 4 Low-Calorie Sweeteners And Sucrose On Body Weight In Adults With Overweight Or Obesity », *The American Journal of Clinical Nutrition*, vol. 109, n° 5, 2019, p. 1288–1301.
61. McGlynn N. D., Khan T. A., Wang L., Zhang R., Chiavaroli L., Au-Yeung F., *et al.,* « Association of Low- and No-Calorie Sweetened Beverages as a Replacement for Sugar-Sweetened Beverages With Body Weight and Cardiometabolic Risk: A Systematic Review and Meta-analysis », *JAMA Network Open*, vol. 5, n° 3, art. e222092-e., 2022.
62. Ebbeling C. B., Feldman H. A., Steltz S. K., Quinn N. L., Robinson L. M., Ludwig D. S., « Effects of Sugar-Sweetened, Artificially Sweetened, and Unsweetened Beverages on Cardiometabolic Risk Factors, Body Composition, and Sweet Taste Preference: A Randomized Controlled Trial », *Journal of the American Heart Association*, vol. 9, n° 15, art. e015668, 2020.
63. « Publication des résultats de l'évaluation des dangers et des risques liés à l'aspartame », *Organisation mondiale de la Santé (OMS)* [en ligne], 14 juill. 2023 (https://www.who.int/fr/news/item/14-07-2023-aspartame-hazard-and-risk-assessment-results-released).
64. Magnuson B. A., Burdock G. A., Doull J., Kroes R. M., Marsh G. M., Pariza M. W., *et al.,* « Aspartame : A Safety Evaluation Based on Current Use Levels, Regulations, and Toxicological and Epidemiological Studies », *Critical Reviews in Toxicology,* vol. 37, n° 8, 2007, p. 629–727.
65. Magnuson B. A., Carakostas M. C., Moore N. H., Poulos S. P., Renwick A. G., « Biological Fate Of Low-Calorie Sweeteners », *Nutrition Reviews*, vol. 74, n° 11, 2016, p. 670–89.

4. Le jeûne du lapin

66. *Jungle, Desert, and Arctic Emergencies Booklet*, United States Army Air Force, Flight Control Command, Safety Education Division, s.d. [1941-1947], p. 116 et 119.
67. Di Bella S., Branciari R., Haouet N. M., Framboas M., Mercuri M. L., Codini M., *et al.,* « Does Hunted Wild Boar Meat Meet Modern

Consumer Nutritional Expectations? », *Italian Journal of Food Safety*, vol. 13, n° 1, art. 11 608, 2024.
68. Sobel A., « Bison vs Beef : What's the Difference? », *Healthline* [en ligne], 17 juill. 2019 (https://www.healthline.com/nutrition/bison-vs-beef).
69. Jaime-Lara R. B., Brooks B. E., Vizioli C., Chiles M., Nawal N., Ortiz-Figueroa R. S. E., *et al.* « A Systematic Review Of The Biological Mediators Of Fat Taste And Smell », *Physiological Reviews*, vol. 103, n° 1, 2023, p. 855–918.
70. Li M., Tan H. E., Lu Z., Tsang K. S., Chung A. J., Zuker C. S., « Gut-Brain Circuits For Fat Preference », *Nature*, vol. 610, 2022, p. 722–730.
71. DiFeliceantonio A. G., Coppin G., Rigoux L., Edwin Thanarajah S., Dagher A., Tittgemeyer M., *et al.*, « Supra-Additive Effects of Combining Fat and Carbohydrate on Food Reward », *Cell Metabolism*, vol. 28, n° 1, 2018, p. 33– 44.
72. Roberts S. B., Das S. K., Suen V. M. M., Pihlajamäki J., Kuriyan R., Steiner-Asiedu M., *et al.*, « Measured Energy Content Of Frequently Purchased Restaurant Meals: Multi-Country Cross Sectional Study », *BMJ (Clinical Research Ed.)*, vol. 363, k 4864, 2018.
73. Drewnowski A., Schwartz M., « Invisible Fats: Sensory Assessment Of Sugar/Fat Mixtures », *Appetite*. vol. 14, n° 3, 1990, p. 203–217.
74. *Ibid.*
75. Kim S. Y., Yi D. Y., « Components Of Human Breast Milk: From Macronutrient To Microbiome And MicroRNA », *Clinical and Experimental Pediatrics*, vol. 63, n° 8, 2020, p. 301–309.
76. Pontzer H., Yamada Y., Sagayama H., Ainslie P. N., Andersen L. F., Anderson L. J., *et al.*, « Daily Energy Expenditure Through The Human Life Course », *Science*, vol. 373, n° 6556, 2021, p. 808–812.

5. Le point commun entre le parachutisme et le sel

77. Campbell N. R. C., Correa-Rotter R., Cappuccio F. P., Webster J., Lackland D.T., Neal B., *et al.*, « Proposed Nomenclature for Salt Intake and for Reductions in Dietary Salt », *Journal of Clinical Hypertension (Greenwich, Conn.)*, vol. 17, n° 4, 2014, p. 247–251.
78. Land M., Neal B. C., Johnson C., Nowson C. A., Margerison C., Petersen K. S., « Salt Consumption By Australian Adults: A Systematic Review And Meta-Analysis », *The Medical Journal of Australia*, vol. 208, n° 2, 2018, p. 75-81.
79. Ashford R., Jones K., Collins D., Earl K., Moore S., Koulman A., *et al.*, *National Diet and Nutrition Survey: Assessment of salt intake from urinary sodium in adults (aged 19 to 64 years) in England, 2018 to 2019*, Public Health England, 2020.

80. Bertino M., Beauchamp G. K., Engelman K., « Long-Term Reduction In Dietary Sodium Alters The Taste Of Salt », *The American Journal of Clinical Nutrition,* vol. 36, n° 6, 1982, p. 1134–1144.
81. Wise P. M., Nattress L., Flammer L. J., Beauchamp G. K., « Reduced Dietary Intake Of Simple Sugars Alters Perceived Sweet Taste Intensity But Not Perceived Pleasantness », *The American Journal of Clinical Nutrition,* vol. 103, n° 1, 2016, p. 50–60.
82. Borshey Lee R., *The !Kung-San: Men, Women and Work in a Foraging Society*, Cambridge University Press, 1980.
83. Roe L. S., Meengs J. S., Birch L. L., Rolls B. J., « Serving A Variety Of Vegetables And Fruit As A Snack Increased Intake In Preschool Children », *The American Journal of Clinical Nutrition*, vol. 98, n° 3, 2013, p. 693–699.

6. Les conseils santé d'Amazon

84. Kaplan H., Thompson R. C., Trumble B. C., Wann L. S., Allam A. H., Beheim B., *et al.*, « Coronary Atherosclerosis In Indigenous South American Tsimane: A Cross-Sectional Cohort Study », *The Lancet*, vol. 389, n° 10080, 2017, p. 1730–1739.
85. Roth G. A., Abate D., Abate K. H., Abay S. M., Abbafati C., Abbasi N., *et al.*, « Global, Regional, And National Age-Sex-Specific Mortality For 282 Causes Of Death In 195 Countries And Territories, 1980–2017: A Systematic Analysis For The Global Burden Of Disease Study 2017 », *The Lancet*, vol. 392, n° 10159, 2018, p. 1736–1788.
86. Libby P., Buring J. E., Badimon L., Hansson G. K., Deanfield J., Bittencourt M. S., *et al.*, « Atherosclerosis », *Nature Reviews Disease Primers,* vol. 5, n° 1, art. 56, 2019.
87. Institute for Health Metrics and Evaluation (IHME), *Global Burden of Disease 2021: Findings from the GBD 2021 Study*, IHME, 2024 (disponible sur : https://www.healthdata.org/sites/default/files/2024-05/GBD_2021_Booklet_FINAL_2024.05.16.pdf).
88. Sharif K., Amital H., Shoenfeld Y., « The Role Of Dietary Sodium In Autoimmune Diseases: The Salty Truth », *Autoimmunity Reviews*, vol. 17, n° 11, 2018, p. 1069–1073.
89. Filippini T., Malavolti M., Whelton P. K., Vinceti M., « Sodium Intake and Risk of Hypertension: A Systematic Review and Dose-Response Meta-analysis of Observational Cohort Studies », *Current Hypertension Reports*, vol. 24, n° 5, 2022, p. 133–144.
90. Campbell N. R., Correa-Rotter R., Cappuccio F. P., Webster J., Lackland D. T., Neal B., *et al.*, « Proposed Nomenclature For Salt Intake And For Reductions In Dietary Salt », *Journal of Clinical Hypertension (Greenwich, Conn.)*, vol. 17, n° 4, 2015, p. 247–251.

91. Denton D., Weisinger R., Mundy N. I., Wickings E. J., Dixson A., Moisson P., *et al.,* « The Effect Of Increased Salt Intake On Blood Pressure Of Chimpanzees », *Nature Medicine*, vol. 1, nº 10, 1995, p. 1009–1016.
92. Hunter R. W., Dhaun N., Bailey M. A. « The Impact Of Excessive Salt Intake On Human Health », *Nature Reviews Nephrology*, vol. 18, nº 5, 2022, p. 321–335.
93. Lemogoum D., Ngatchou W., Janssen C., Leeman M., Van Bortel L., Boutouyrie P., *et al.*, « Effects of Hunter-Gatherer Subsistence Mode on Arterial Distensibility in Cameroonian Pygmies », *Hypertension*, vol. 60, nº 1, 2012, p. 123–128.
94. Ference B. A., Ginsberg H. N., Graham I., Ray K. K., Packard C. J., Bruckert E., *et al.,* « Low-Density Lipoproteins Cause Atherosclerotic Cardiovascular Disease. 1. Evidence From Genetic, Epidemiologic, And Clinical Studies. A Consensus Statement From The European Atherosclerosis Society Consensus Panel », *European Heart Journal*, vol. 38, nº 32, 2017, p. 2459–2472.
95. Vasunilashorn S., Crimmins E. M., Kim J. K., Winking J., Gurven M., Kaplan H., *et al.*, « Blood Lipids, Infection, And Inflammatory Markers In The Tsimane Of Bolivia », *American Journal of Human Biology,* vol. 22, nº 6, 2020, p. 731–740.
96. O'Keefe J. H., Cordain L., Harris W. H., Moe R. M., Vogel R., « Optimal Low-Density Lipoprotein Is 50 To 70 Mg/Dl: Lower Is Better And Physiologically Normal », *Journal of the American College of Cardiology*, vol. 43, nº 11, 2004, p. 2142–2146.
97. Kraft T. S., Stieglitz J., Trumble B. C., Martin M., Kaplan H., Gurven M., « Nutrition Transition In 2 Lowland Bolivian Subsistence Populations », *The American Journal of Clinical Nutrition*, vol. 108, nº 6, 2018, p. 1183–1195.
98. Mensink R. P., « Effects Of Saturated Fatty Acids On Serum Lipids And Lipoproteins: A Systematic Review And Regression Analysis », World Health Organization, 2016.
99. Pedersen A. N., Christensen T., Matthiessen J., Knudsen V. K., Sørensen M. R., Biltoft-Jensen A. P., *et al.,* « Danskernes kostvaner 2011–2013 », DTU Fødevareinstituttet, 2015.
100. King D. E., Mainous A. G., Lambourne C. A., « Trends in Dietary Fiber Intake in the United States, 1999–2008 », *Journal of the Academy of Nutrition and Dietetics*, vol. 112, nº 5, 2012, p. 642–648.
101. Raichlen D. A., Pontzer H., Harris J. A., Mabulla A. Z., Marlowe F. W., Snodgrass J., *et al.,* « Physical Activity Patterns And Biomarkers Of Cardiovascular Disease Risk In Hunter-Gatherers », *American Journal of Human Biology,* vol. 29, nº 2, 2017.

102. Reynolds A., Mann J., Cummings J., Winter N., Mete E., Te Morenga L., « Carbohydrate Quality And Human Health: A Series Of Systematic Reviews And Meta-Analyses », *The Lancet*, vol. 393, n° 10170, 2019, p. 434–445.
103. Jovanovski E., Yashpal S., Komishon A., Zurbau A., Blanco Mejia S., Ho H.V. T., *et al.*, « Effect Of Psyllium Plantago Ovata Fiber On Ldl Cholesterol And Alternative Lipid Targets, Non-Hdl Cholesterol And Apolipoprotein B: A Systematic Review And Meta-Analysis Of Randomized Controlled Trials », *The American Journal of Clinical Nutrition*, vol. 108, n° 5, 2018, p. 922–932.
104. Cicero A. F. G., Fogacci F., Veronesi M., Strocchi E., Grandi E., Rizzoli E., *et al.*, « A Randomized Placebo-Controlled Clinical Trial to Evaluate the Medium-Term Effects of Oat Fibers on Human Health: The Beta-Glucan Effects on Lipid Profile, Glycemia and inTestinal Health (BELT) Study », *Nutrients*, vol. 12, n° 3, 2020.
105. Kern F. « Normal Plasma Cholesterol in an 88-Year-Old Man Who Eats 25 Eggs a Day. Mechanisms of Adaptation », *The New England Journal of Medicine*, vol. 324, n° 13 mars, 1991, p. 896–899.
106. Soliman G. A., « Dietary Cholesterol and the Lack of Evidence in Cardiovascular Disease », *Nutrients*, vol. 10, n° 6, 2018.
107. Gurven M., Kaplan H., « Longevity Among Hunter-Gatherers: A Cross-Cultural Examination », *Population and Development Review*, vol. 33, n° 2, 2007, p. 321–365.
108. *Ibid.*
109. Arranz-Otaegui A., Gonzalez Carretero L., Ramsey M. N., Fuller D. Q., Richter T., « Archaeobotanical Evidence Reveals The Origins Of Bread 14,400 Years Ago In Northeastern Jordan », *Proceedings of the National Academy of Sciences*, vol. 115, n° 31, 2018, p. 7925–7930.
110. Piperno D. R., Weiss E., Holst J., Nadel D., « Processing Of Wild Cereal Grains In The Upper Palaeolithic Revealed By Starch Grain Analysis », *Nature*, vol. 430, 2004, p. 670–673.
111. Henry A. G., Brooks A. S., Piperno D. R., « Microfossils In Calculus Demonstrate Consumption Of Plants And Cooked Foods In Neanderthal Diets (Shanidar III, Iraq; Spy I and II, Belgium) », *Proceedings of the National Academy of Sciences*, vol. 108, n° 2, 2011, p. 486–491.

7. Le régime pommes de terre

112. Entretien avec l'auteur.
113. Holt S. H. A., Brand Miller J. C., Petocz P., Farmakalidi E., « A Satiety Index of Common Foods », *European Journal of Clinical Nutrition*, vol. 49, no 49, 1995, p. 675–690.

114. Ku S. K., Sung S. H., Choung J. J., Choi J. S., Shin Y. K., Kim J. W., « Anti-Obesity And Anti-Diabetic Effects Of A Standardized Potato Extract In Ob/Ob Mice », *Experimental and Therapeutic Medicine*, vol. 12, n° 1, 2016, p. 354–364.
115. Hill A. J., Peikin S. R., Ryan C. A., Blundell J. E., « Oral Administration Of Proteinase Inhibitor Ii From Potatoes Reduces Energy Intake In Man », *Physiology & Behavior*, vol. 48, n° 2, 1990, p. 241–246.
116. Klos B., Cook J., Crepaz L., Weiland A., Zipfel S., Mack I., « Impact Of Energy Density On Energy Intake In Children And Adults: A Systematic Review And Meta-Analysis Of Randomized Controlled Trials », *European Journal of Nutrition*, vol. 62, n° 3, 2023, p. 1059–1076.
117. Sobiecki J. G., Appleby P. N., Bradbury K. E., Key T. J., « High Compliance With Dietary Recommendations In A Cohort Of Meat Eaters, Fish Eaters, Vegetarians, And Vegans: Results From The European Prospective Investigation Into Cancer And Nutrition–Oxford Study », *Nutrition Research*, vol. 36, n° 5, 2016, p. 464–477.
118. Tonstad S., Butler T., Yan R., Fraser G. E., « Type Of Vegetarian Diet, Body Weight, And Prevalence Of Type 2 Diabetes », *Diabetes Care*, vol. 32, n° 5, 2009, p. 791–796.
119. Johnston B. C., Kanters S., Bandayrel K., Wu P., Naji F., Siemieniuk R. A., *et al.*, « Comparison Of Weight Loss Among Named Diet Programs In Overweight And Obese Adults: A Meta-Analysis », *JAMA*, vol. 312, n° 9, 2014, p. 923–933.
120. Pontzer H., *Burn*, *op. cit.*
121. Voss J. D., Masuoka P., Webber B. J., Scher A. I., Atkinson R. L., « Association Of Elevation, Urbanization And Ambient Temperature With Obesity Prevalence In The United States », *International Journal of Obesity*, vol. 37, n° 10, 2013, p. 1407–1412.
122. Díaz-Gutiérrez J., Martínez-González M., Pons Izquierdo J. J., González-Muniesa P., Martínez J. A., Bes-Rastrollo M., « Living at Higher Altitude and Incidence of Overweight/Obesity: Prospective Analysis of the SUN Cohort », *PLoS One*, vol. 11, n° 11, art. e0164483, 2016.
123. Voss J. D., Allison D. B., Webber B. J., Otto J. L., Clark L. L., « Lower Obesity Rate During Residence At High Altitude Among A Military Population With Frequent Migration: A Quasi Experimental Model For Investigating Spatial Causation », *PLoS One*, vol. 9, n° 4, art. e93493, 2014.
124. Burdack-Freitag A., Bullinger D., Mayer F., Breuer K., « Odor And Taste Perception At Normal And Low Atmospheric Pressure In A Simulated Aircraft Cabin », *Journal für Verbraucherschutz und Lebensmittelsicherheit*, vol. 6, n° 1, 2010, p. 95–109.

8. De la dynamite aux pilules pour maigrir

125. Perkins R. G., « A Study of the Munitions Intoxications in France », *Public Health Reports (1896-1970)*, vol. 34, n° 43, 1919, p. 2335–2374.
126. Tainter M. L., Cutting W. C., Stockton A. B., « Use of Dinitrophenol in Nutritional Disorders: A Critical Survey of Clinical Results », *American Journal of Public Health and the Nations, Health*, vol. 24, n° 10, 1934, p. 1045–1053.
127. Horner W.D., « A Study of Dinitrophenol and Its Relation to Cataract Formation », *Transactions of the American Ophthalmological Society*, vol. 39, 1941, p. 405–437.
128. Pi-Sunyer X., Aronne L. J., Heshmati H. M., Devin J., Rosenstock J., RIO-North America Study Group, « Effect of Rimonabant, a Cannabinoid-1 Receptor Blocker, on Weight and Cardiometabolic Risk Factors in Overweight or Obese Patients », *JAMA*, vol. 295, n° 7, 2006, p. 761–775.
129. Saul S., « F.D.A. Panel Reject Drug for Obesity »., *The New York Time* [en ligne], 1er juin 2007 (https://www.nytimes.com/2007/06/14/business/14drugs.html).
130. Hughes J., « Anti-Obesity Drug Use Suspended », *BBC News* [en ligne], 23 oct. 2008 (http://news.bbc.co.uk/2/hi/health/7687311.stm).
131. Allchurch M. H., « The European Medicines Agency Recommends Suspension Of The Marketing Authorisation Of Acomplia », European Medicines Agency, communiqué de presse, 23 oct. 2008 (https://www.ema.europa.eu/en/news/european-medicines-agency-recommends-suspension-marketing-authorisation-acomplia).
132. Wilding J. P. H., Batterham R. L., Calanna S., Davies M., Van Gaal L. F., Lingvay I., *et al.*, « Once-Weekly Semaglutide in Adults with Overweight or Obesity », *The New England Journal of Medicine*, vol. 384, n° 11, 2021, p. 989–1002.
133. Il convient de noter qu'au moment de la rédaction du présent ouvrage, l'Ozempic n'a pas reçu d'autorisation de mise sur le marché pour la perte de poids au Royaume-Uni ni en France.
134. Holst J. J., Ørskov C., Vagn Nielsen O., Schwartz T. W., « Truncated Glucagon-Like Peptide I, An Insulin-Releasing Hormone From The Distal Gut », *FEBS Letters*, vol. 211, n° 2, 1987, p. 169–174.
135. Larsen P. J., Fledelius C., Bjerre Knudsen L., Tang-Christensen M., « Systemic Administration of the Long-Acting GLP-1 Derivative NN2211 Induces Lasting and Reversible Weight Loss in Both Normal and Obese Rats », *Diabetes,* vol. 50, n° 11, 2001, p. 2530–2539.
136. Mentlein R., Gallwitz B., Schmidt W. E., « Dipeptidyl-Peptidase Iv Hydrolyses Gastric Inhibitory Polypeptide, Glucagon-Like Peptide-1(7–36)Amide, Peptide Histidine Methionine And Is Responsible

For Their Degradation In Human Serum », *European Journal of Biochemistry*, vol. 214, n° 3, 1993, p. 829–835.
137. Holst J. J., *The Story of GLP-1*, FADL's Forlag, 2024.
138. *Ibid.*, chapitre par Mads Krogsgaard Thomsen avec des informations complémentaires issues de la conversation de l'auteur avec Lotte Bjerre Knudsen.
139. Pi-Sunyer X., Astrup A., Fujioka K., Greenway F., Halpern A., Krempf M., *et al.*, « A Randomized, Controlled Trial of 3.0 mg of Liraglutide in Weight Management », *The New England Journal of Medicine*, vol. 373, n° 1, 2015, p. 11–22.
140. Jastreboff A. M., Aronne L. J., Ahmad N. N., Wharton S., Connery L., Alves B., *et al.*, « Tirzepatide Once Weekly for the Treatment of Obesity », *The New England Journal of Medicine*, vol. 387, n° 3, 2022, p. 205–216.
141. Tang-Christensen M., Larsen P. J., Göke R., Jessop D. S., Møller M., *et al.*, « Central Administration Of Glp-1-(7-36) Amide Inhibits Food And Water Intake In Rats », *The American Journal of Physiology*, vol. 271, n°4, part. 2, 1996, R848–856.
142. Hristakeva S., Liaukonyte J., Feler L., « The No-Hunger Games: How GLP-1 Medication Adoption is Changing Consumer Food Purchases », *Cornell SC Johnson College of Business Research Paper*, 2024.
143. Burn-Murdoch J., « We May Have Passed Peak Obesity », *Financial Times* [en ligne], 3 oct. 2024 (https://www.ft.com/content/21bd0b9c-a3c4-4c7c-bc6e-7bb6c3556a56).

2e Partie : Sexe, drogue et hyperstimuli

9. Le sexe et le charme de la bouteille

144. Gwynne D.T., Rentz D. C. F., « Beetles on the Bottle: Male Buprestids Mistake Stubbies for Females (Coleoptera) », *Australian Journal of Entomology*, vol. 22, n° 1, 1983, p. 79–80.
145. Stirling J., « University Of Toronto Mississauga Professor Wins Ig Nobel Prize For Beer, Sex Research », *EurekAlert !* [en ligne], news release, 29 sept. 2011 (https://www.eurekalert.org/news-releases/919856).
146. Danmarks Statistik, « Antal enlige voksne har rundet 1,6 mio. Personer », *Nyt fra Danmarks Statistik*, n° 75, 2016 (Disponible sur : https://www.dst.dk/da/Statistik/nyheder-analyser-publ/nyt/NytHtml?cid=20988).
147. Rosenfeld M. J., Thomas R. J., Hausen S., « Disintermediating Your Friends: How Online Dating In The United States Displaces Other Ways Of Meeting », *Proceedings of the National Academy of Sciences of the United States of America*, vol. 116, n° 36, 2019, p. 17753–17758.
148. *Ibid.*

149. Iyengar S. S., Lepper M. R., « When Choice Is Demotivating: Can One Desire Too Much Of A Good Thing? », *Journal of Personality and Social Psychology*, vol. 79, n° 6, 2000, p. 995–1006.
150. D'Angelo J., Toma C., « There Are Plenty of Fish in the Sea: The Effects of Choice Overload and Reversibility on Online Daters, Satisfaction With Selected Partners », *Media Psychology*, vol. 20, n° 1, 2017, p. 1–27.
151. Uggla C., Andersson G., « Higher Divorce Risk When Mates Are Plentiful? Evidence From Denmark », *Biology Letters*, vol. 14, n° 9, 2018.
152. Weber G.W., Lukeneder A., Harzhauser M., Mitteroecker P., Wurm L., Hollaus L.-M., *et al.*, « The Microstructure And The Origin Of The Venus From Willendorf », *Scientific Reports*, vol. 12, n° 1, art. 2926, 2022.
153. Deaner R. O., Khera A.V., Platt M. L., « Monkeys Pay Per View: Adaptive Valuation Of Social Images By Rhesus Macaques », *Current Biology*, vol. 15, n° 6, 2005, p. 543–548.
154. Singh D., « Adaptive Significance Of Female Physical Attractiveness: Role Of Waist-To-Hip Ratio », *Journal of Personality and Social Psychology,* vol 65, n° 2, 1993, p. 293–307.
155. Beach F. A., Jordan L., « Sexual Exhaustion and Recovery in the Male Rat », *Quarterly Journal of Experimental Psychology*, vol. 8, n° 3, 1956, p. 121–133.
156. Wilson J. R., Kuehn R. E., Beach F. A., « Modification In The Sexual Behavior Of Male Rats Produced By Changing The Stimulus Female », *Journal of Comparative and Physiological Psychology*, vol. 56, 1963, p. 636–644.
157. Beamer W., Bermant G., Clegg M. T., « Copulatory Behaviour Of The Ram, Ovis Aries. Ii: Factors Affecting Copulatory Satiation », *Animal Behaviour*, vol. 17, n° 4, 1969, p. 706–711.
158. Hughes S. M., Aung T., Harrison M. A., LaFayette J. N., Gallup G. G. Jr., « Experimental Evidence for Sex Differences in Sexual Variety Preferences: Support for the Coolidge Effect in Humans », *Archives of Sexual Behavior*, vol. 50, n° 2, 2021, p. 495–509.
159. Schacht R., Kramer K. L., « Are We Monogamous? A Review of the Evolution of Pair-Bonding in Humans and Its Contemporary Variation Cross-Culturally », *Frontiers in Ecology and Evolution,* vol. 7, art. 230, 2019.
160. Williams K., « Chris Rock's Porn Addiction And Cheating Which Wrecked His Own Marriage », *WalesOnline* [en ligne], 29 mars 2022 (https://www.walesonline.co.uk/lifestyle/showbiz/chris-rocks-controversies-during-decades-23528752).
161. Raiken R., « Terry Crews Reveals Impact His Pornography Addiction Had On His Relationship With Wife And Children », *Independent* [en ligne], 25 juill. 2023 (https://www.independent.co.uk/life-style/terry-crews-pornography-addiction-family-b2381723.html).

162. « Billie Eilish Says Watching Porn As A Child "Destroyed My Brain" », *The Guardian* [en ligne], 15 déc. 2021 (https://www.theguardian.com/music/2021/dec/15/billie-eilish-says-watching-porn-gave-her-nightmares-and-destroyed-my-brain).
163. Organisation mondiale de la santé (OMS), « 6C72 Trouble compulsif du comportement sexuel », *Classification internationale des maladies : onzième révision (CIM-11)* [en ligne], 2024 (https://icd.who.int/browse/2025-01/mms/fr#1630268048).
164. Kraus S. W., Voon V., Potenza M. N., « Should Compulsive Sexual Behavior Be Considered An Addiction? » *Addiction*, vol. 111, n° 12, 2016, p. 2097–2106.
165. Als Ringheim H., Wertergaard S., Killerich K., *et al.*, « Pornografisk indhold påvirker danske børn og unge », *Mediesunhed for børn og unge*, 2021.
166. Wellings K., Palmer M. J., Machiyama K., Slaymaker E., « Changes In, And Factors Associated With, Frequency Of Sex In Britain: Evidence From Three National Surveys Of Sexual Attitudes And Lifestyles (Natsal) », *BMJ (Clinical Research Ed.)*, vol. 365, l1525, 2019.
167. Twenge J. M., Sherman R. A., Wells B. E., « Declines in Sexual Frequency among American Adults, 1989–2014 », *Archives of Sexual Behavior,* vol. 46, n° 8, 2017, p. 2389–2401.
168. Beutel M., Burghardt J., Tibubos A. N., Klein E., Schmutzer G., Brähler E., « Declining Sexual Activity and Desire in Men – Findings From Representative German Surveys, 2005 and 2016 », *The Journal of Sexual Medicine*, vol. 15, n° 5, 2018, p. 750–756.
169. Twenge J. M., Sherman R. A., Wells B. E., « Sexual Inactivity During Young Adulthood Is More Common Among U.S. Millennials and iGen: Age, Period, and Cohort Effects on Having No Sexual Partners After Age 18 », *Archives of Sexual Behavior*, vol. 46, n° 2, 2017, p. 433–440.
170. Twenge J.M., Sherman R.A., Wells B.E., « Declines in Sexual Frequency among American Adults, 1989–2014 », *Archives of Sexual Behavior*, vol. 46, n° 8, 2017, p. 2389–2401.
171. Miller D. J., McBain K. A., Li W. W., Raggatt P. T. F., « Pornography, Preference For Porn-Like Sex, Masturbation, And Men's Sexual And Relationship Satisfaction », *Personal Relationships*, vol. 26, n° 1, 2019, p. 93–113.
172. *Ibid.*
173. Snowdon C.T., Tannenbaum P. L., Schultz-Darken N. J., Ziegler T. E., Ferris C. F., « Conditioned Sexual Arousal In A Nonhuman Primate », *Hormones and Behavior*, vol. 59, n° 5, 2011, p. 696–701.
174. Pfaus J. G., Erickson K.A., Talianakis S., « Somatosensory Conditioning Of Sexual Arousal And Copulatory Behavior In The Male Rat: A Model Of Fetish Development », *Physiology & Behavior*, vol. 122, 2013, p. 1–7.

10. Raccourci vers l'euphorie

175. Grotenhermen F., « Pharmacokinetics and Pharmacodynamics of Cannabinoids », *Clinical Pharmacokinetics*, vol. 42, n° 4, 2003, p. 327–360.
176. *Ibid.*
177. Rømer Thomsen K., Lindholst C., Thylstrup B., Kvamme S., Reitzel L. A., Worm-Leonhard M., *et al.*, « Changes In The Composition Of Cannabis From 2000-2017 In Denmark: Analysis Of Confiscated Samples Of Cannabis Resin », *Experimental and Clinical Psychopharmacology*, vol. 27, n° 4, 2019, p. 402–411.
178. ElSohly M. A., Mehmedic Z., Foster S., Gon C., Chandra S., Church J. C., « Changes in Cannabis Potency Over the Last 2 Decades (1995–2014): Analysis of Current Data in the United States », *Biological Psychiatry*, vol. 79, n° 7, 2016, p. 613–619.
179. Chandra S., Radwan M. M., Majumdar C. G., Church J. C., Freeman T. P., ElSohly M. A., « New Trends In Cannabis Potency In Usa And Europe During The Last Decade (2008–2017) », *European Archives of Psychiatry and Clinical Neuroscience*, vol. 269, n° 1, 2019, p. 5–15.
180. Caulkins J., Humphreys K., « Legal Weed Didn't Deliver On Its Promises », *The Atlantic* [en ligne], 31 janv. 2025 (https://www.theatlantic.com/ideas/archive/2025/01/marijuana-legalization-drawbacks/681519/).
181. Payne K. S., Mazur D. J., Hotaling J. M., Pastuszak A. W, « Cannabis and Male Fertility: A Systematic Review », *The Journal of urology*, vol. 202, n° 4, 2019, p. 674–681.
182. Hedges J. C., Hanna C. B., Bash J. C., Boniface E. R., Burch F. C., Mahalingaiah S., *et al.*, « Chronic Exposure To Delta-9-Tetrahydrocannabinol Impacts Testicular Volume And Male Reproductive Health In Rhesus Macaques », *Fertility and Sterility*, vol. 117, n° 4, 2022, p. 698–707.
183. Hines L. A., Heron J., Zammit S., « Incident Psychotic Experiences Following Self-Reported Use Of High-Potency Cannabis: Results From A Longitudinal Cohort Study », *Addiction*, vol. 119, n° 9, 2024, p. 1629–1634.
184. Marconi A., Di Forti M., Lewis C. M., Murray R. M., Vassos E., « Meta-Analysis of the Association Between the Level of Cannabis Use and Risk of Psychosis », *Schizophrenia Bulletin*, vol. 42, n° 5, 2016, p. 1262–1269.
185. Di Forti M., Quattrone D., Freeman T. P., Tripoli G., Gayer-Anderson C., Quigley H., *et al.*, « The Contribution Of Cannabis Use To Variation In The Incidence Of Psychotic Disorder Across Europe (Eu-Gei): A Multicentre Case-Control Study », *Lancet Psychiatry*, vol. 6, n° 5, 2019, p. 427–436.
186. Freeman T. P., van der Pol P., Kuijpers W., Wisselink J., Das R. K., Rigter S., *et al.*, « Changes In Cannabis Potency And First-Time Admissions To Drug Treatment: A 16-Year Study In The Netherlands », *Psychological Medicine*, vol. 48, n° 14, 2018, p. 2346–2352.

187. Morgan C. J., Gardener C., Schafer G., Swan S., Demarchi C., Freeman T. P., *et al.,* « Sub-Chronic Impact Of Cannabinoids In Street Cannabis On Cognition, Psychotic-Like Symptoms And Psychological Well-Being », *Psychological Medicine*, vol. 42, n° 2, 2012, p. 391–400.
188. Hjorthøj C., Posselt C. M., Nordentoft M., « Development Over Time of the Population-Attributable Risk Fraction for Cannabis Use Disorder in Schizophrenia in Denmark », *JAMA Psychiatry*, vol. 78, n° 9, 2021, p. 1013–1019.
189. Keerthy D., Chandan J. S., Abramovaite J., Gokhale K. M., Bandyopadhyay S., Day E., *et al.,* « Associations Between Primary Care Recorded Cannabis Use And Mental Ill Health In The Uk: A Population-Based Retrospective Cohort Study Using Uk Primary Care Data », *Psychological Medicine*, vol. 53, n° 5, 2023, p. 2106–2115.
190. Moore M. H., Gerstein D. R. (dir.), *Alcohol and Public Policy: Beyond the Shadow of Prohibition*, National Academies Press (US),1981.
191. Law M. T., Marks M. S., « Did Early Twentieth-Century Alcohol Prohibition Affect Mortality? », *Economic Inquiry*, vol. 58, n° 2, 2020, p. 680–697.
192. Blocker J. S., « Did Prohibition Really Work? Alcohol Prohibition as a Public Health Innovation », *American Journal of Public Health*, vol. 96, n° 2, 2006, p. 233–243.
193. Taylor W., McCarthy D., Wilbur K. C., « Online Gambling Policy Effects on Tax Revenue and Irresponsible Gambling », SMU Cox School of Business, Research Paper n° 24-7, 2024 (Disponible sur : https://ssrn.com/abstract=4856684 ou http://dx.doi.org/10.2139/ssrn.4856684).
194. Hollenbeck B., Larsen P., Proserpio D., « The Financial Consequences of Legalized Sports Gambling », 2024 (Disponible sur : https://bretthollenbeck.com/wp-content/uploads/2024/07/hollenbeck_sports_gambling.pdf).
195. Rubin-Kahana D. S., Crépault J.-F., Matheson J., Le Foll B., « The Impact Of Cannabis Legalization For Recreational Purposes On Youth: A Narrative Review Of The Canadian Experience », *Frontiers in Psychiatry*, vol. 13, 2022.
196. « Marijuana And Hallucinogen Use Among Young Adults Reached All Time-High In 2021 », *National Institute on Drug Abuse* (NIDA) [en ligne], 22 août 2022 (https://archives.nida.nih.gov/news-events/news-releases/2022/08/marijuana-and-hallucinogen-use-among-young-adults-reached-all-time-high-in-2021).
197. Zellers S. M., Ross J. M., Saunders G. R. B., Ellingson J. M., Anderson J. E., Corley R. P., *et al.,* « Impacts Of Recreational Cannabis Legalization On Cannabis Use: A Longitudinal Discordant Twin Study », *Addiction*, vol. 118, n° 1, 2023, p. 110–118.

198. *Ibid.*
199. Myran D. T., Cantor N., Finkelstein Y., Pugliese M., Guttmann A., Jesseman R., *et al.*, « Unintentional Pediatric Cannabis Exposures After Legalization of Recreational Cannabis in Canada », *JAMA Network Open*, vol. 5, n° 1, art. e2142521, 2022.
200. Amissah R. Q., Vogt N. A., Chen C., Urban K., Khokhar J., « Prevalence And Characteristics Of Cannabis-Induced Toxicoses In Pets: Results From A Survey Of Veterinarians In North America », *PLoS One*, vol. 17, n° 4, art. e0261909, 2022.
201. Jayawardhana J., Hou J., Freeman P., Talbert J. C., « Association of State Cannabis Legalization With Cannabis Use Disorder and Cannabis Poisoning », *JAMA Psychiatry*, vol. 82, n° 3, 2025, p. 228-236.
202. Farmer C. M., Monfort S. S., Woods A. N, « Changes in Traffic Crash Rates After Legalization of Marijuana: Results by Crash Severity », *Journal of Studies on Alcohol and Drugs*, vol. 83, n° 4, 2022, p. 494–501.
203. Marinello S., Powell L. M., « The Impact Of Recreational Cannabis Markets On Motor Vehicle Accident, Suicide, And Opioid Overdose Fatalities », *Social Science & Medicine*, vol. 320, art. 115680, 2023.
204. Colarossi J., Holdway J., « Deadly Car Accidents Involving Cannabis and Alcohol Have Doubled in 20 Years », *Boston University* [en ligne], 16 déc. 2021 (https://www.bu.edu/articles/2021/deadly-car-accidents-involving-cannabis-and-alcohol-have-doubled/).
205. Tolan N. V., Terebo T., Chai P. R., Erickson T. B., Hayes B. D., Uljon S. N., *et al.*, « Impact Of Marijuana Legalization On Cannabis-Related Visits To The Emergency Department », *Clinical Toxicology (Philadelphia, Pa.)*, vol. 60, n° 5, 2022, p. 585–595.
206. Roberts B. A., « Legalized Cannabis in Colorado Emergency Departments: A Cautionary Review of Negative Health and Safety Effects », *The Western Journal of Emergency Medicine*, vol. 20, n° 4, 2019, p. 557–572.
207. « Cannabis », *Tobacco Tactics* [en ligne], University of Bath, 31 mars 2023 (https://www.tobaccotactics.org/article/cannabis/).

11. La plante du bonheur

208. Booth M., *Opium: A History*, Thomas Dunne Books, 1998. p. 380.
209. Salavert A., Zazzo A., Martin L., Antolín F., Gauthier C., Thil F., *et al.*, « Direct Dating Reveals The Early History Of Opium Poppy In Western Europe », *Scientific Reports*, vol. 10, n° 1, art. 20263, 2010.
210. Weid M., Ziegler J., Kutchan T. M., « The Roles Of Latex And The Vascular Bundle In Morphine Biosynthesis In The Opium Poppy », *Proceedings of the National Academy of Sciences of the United States of America*, vol. 101, n° 38, 2004, p. 13957–13962.

211. Offit P., « God's Own Medicine », *Skeptical Inquirer,* vol. 41, n° 2, 2017 (Disponible sur : https://skepticalinquirer.org/2017/03/gods-own-medicine/).
212. Martin Booth, *Opium: A History,* St Martin's Griffin, 1999, p. 172.
213. Offit P., « God's Own Medicine », *op. cit.*
214. Radden Keefe P., *Empire of Pain: The Secret History of the Sackler Dynasty,* Doubleday, 2021. p. 221.
215. « Understanding the Opioid Overdose Epidemic », *CDC Overdose Prevention* [en ligne], 1er nov. 2024 (https://www.cdc.gov/overdose-prevention/about/understanding-the-opioid-overdose-epidemic.html).
216. « The Role of Purdue Pharma and the Sackler Family in the Opioid Epidemic », Hearing Before the Committee on Oversight, and Government Reform, House of Representative, 17 déc. 2020, série n° 116-130 (Diponible sur : https://www.govinfo.gov/content/pkg/CHRG-116hhrg43010/html/CHRG-116hhrg43010.htm).
217. « In Re: National Prescription Opiate litigation: Wright, Curtis (Purdue) transcript », United States District Court, Northern District of Ohio, 19 déc. 2018, p. 25–26 (Disponible sur : https://www.docketbird.com/court-documents/In-re-National-Prescription-Opiate-Litigation/Wright-Curtis-Purdue-2018-12-19-Transcript/ohnd-1:2017-md-02804-02177-020).
218. Radden Keefe P., *Empire of Pain: The Secret History of the Sackler Dynasty, op. cit.,*. p. 211.
219. *Ibid.* p. 214.
220. Commonwealth of Massachusetts v. Purdue Pharma L. P., First Amended Complaint, § 241.
221. Radden Keefe, Patrick. *Empire of Pain: The Secret History of the Sackler Dynasty. op. cit.,* p. 293–294.
222. O'Connor A., « Coca-Cola Funds Scientists Who Shift Blame for Obesity Away From Bad Diets », *The New York Times* [en ligne], 9 août 2015 (https://archive.nytimes.com/well.blogs.nytimes.com/2015/08/09/coca-cola-funds-scientists-who-shift-blame-for-obesity-away-from-bad-diets/).
223. Cook P., *Paying the Tab: The Costs and Benefits of Alcohol Control,* Princeton University Press, 2011.
224. Maremont M., Berzon A., « How Often Do Gamblers Really Win? », *The Wall Street Journal* [en ligne], 11 oct. 2013 (https://www.wsj.com/articles/how-often-do-gamblers-really-win-1381514164).

12. Vous saurez tout sur la dopamine

225. Olds J., Milner P., « Positive Reinforcement Produced By Electrical Stimulation Of Septal Area And Other Regions Of Rat Brain », *Journal of Comparative and Physiological Psychology,* vol. 47, n° 6, 1954, p. 419–427.

226. Routtenberg A., Lindy J., « Effects Of The Availability Of Rewarding Septal And Hypothalamic Stimulation On Bar Pressing For Food Under Conditions Of Deprivation », *Journal of Comparative and Physiological Psychology*, vol. 60, n° 2, 1965, p. 158–161.
227. Black J., Belluzzi J.D., Stein L., « Reinforcement Delay Of One Second Severely Impairs Acquisition Of Brain Self-Stimulation », *Brain Research*, vol. 359, n° 1,1985, p. 113–119.
228. Heath R. G., « Pleasure And Pain Activity In Man. Deep And Surface Electroencephalograms During Orgasm », *The Journal of Nervous and Mental Disease*, vol. 154, n° 1, 1972, p. 3–18.
229. Portenoy R. K., Jarden J. O., Sidtis J. J., Lipton R. B., Foley K. M., Rottenberg D. A., « Compulsive Thalamic Self-Stimulation: A Case With Metabolic, Electrophysiologic And Behavioral Correlates », *Pain*, vol. 27, n° 3, 1986, p. 277–290.
230. Berridge K. C., Kringelbach M. L., « Pleasure Systems In The Brain », *Neuron*, vol. 86, n° 3, 2015, p. 646–664.
231. Szczypka M. S., Rainey M.A., Kim D. S., *et al.*, « Feeding Behavior In Dopamine-Deficient Mice », *Proceedings of the National Academy of Sciences of the United States of America*, vol. 96, n° 21, 1999, p. 12138–12143.
232. Cannon C. M., Palmiter R. D, « Reward Without Dopamine », *Journal of Neuroscience*, vol. 23, n° 34, 2003, p. 10827–10831.
233. Politis M., Loane C., Wu K., O'Sullivan S. S., Woodhead Z., Kiferle L., *et al.*, « Neural Response To Visual Sexual Cues In Dopamine Treatment-Linked Hypersexuality In Parkinson's Disease », *Brain*, vol. 136, n° 2, 2013, p. 400–411.
234. Weintraub D., Koester J., Potenza M. N., Siderowf A. D., Stacy M., Voon V., *et al.*, « Impulse Control Disorders in Parkinson Disease: A Cross-Sectional Study of 3090 Patients », *Archives of Neurology*, vol. 67, n° 5, 2010, p. 589–595.
235. Fermaglich J., « The Case of the Frozen Addicts », *JAMA*, vol. 275, n° 5, 1996, p. 407–408.
236. Schultz W., Dayan P, Montague P. R., « A Neural Substrate of Prediction and Reward », *Science*, vol. 275, n° 5306, 1997, p. 1593–1599.
237. Robins L. N., Davis D. H., Nurco D. N., « How Permanent Was Vietnam Drug Addiction? », *American Journal of Public Health*, vol. 64, n° 12 (suppl.), 1974, p. 38–43.
238. Hendershot C. S., Wardell J. D., Samokhvalov A.V., Rehm J., « Effects Of Naltrexone On Alcohol Self Administration And Craving: Meta Analysis Of Human Laboratory Studies », *Addiction Biology*, vol. 22, n° 6, 2016, p. 1515–1527.

239. Harris R. C., Zhang M., « Dopamine, the Kidney, and Hypertension », *Current Hypertension Reports,* vol. 14, n° 2, 2012, p. 138–143.
240. Matt S. M., Gaskill P. J., « Where Is Dopamine and How Do Immune Cells See It?: Dopamine-Mediated Immune Cell Function in Health and Disease », *Journal of Neruoimmune Pharmacology,* vol. 15, n° 1, 2020, p. 114–164.
241. Bucolo C., Marco Leggio G., Drago F., Salomone S., « Dopamine Outside The Brain: The Eye, Cardiovascular System And Endocrine Pancreas », *Pharmacology & Therapeutics,* vol. 203, art. 107392, 2019.

3e Partie : Hyperstimuli à l'écran
13. Matrix, mais dans la vraie vie

242. Urban S., Sreenivasan R., Kannan V., « It's All A/Bout Testing: The Netflix Experimentation Platform », *Medium* [en ligne], 29 avr. 2016 (https://netflixtechblog.com/its-all-a-bout-testing-the-netflix-experimentation-platform-4e1ca458c15).
243. Segal D., « A Kid's Show Juggernaut That Leaves Nothing to Chance », *The New York Times* [en ligne], 5 mai 2022 (https://www.nytimes.com/2022/05/05/arts/television/cocomelon-moonbug-entertainment.html).
244. « The 2025 Global Internet Phenomena Report », *AppLogic Networks* [en ligne], s.d. (https://www.sandvine.com/phenomena).
245. Hern A., « Netflix's Biggest Competitor? Sleep », *The Guardian* [en ligne], 18 avr. 2017 (https://www.theguardian.com/technology/2017/apr/18/netflix-competitor-sleep-uber-facebook).
246. Horton D. and Wohl R. R., « Mass Communication and Para-Social Interaction: Observations on Intimacy at a Distance », *Psychiatry,* vol. 9, n° 3, 1956, p. 215–229.
247. Gerace A., « When TV Neighbours Become Good Friends: Understanding *Neighbours* Fans' Feelings Of Grief And Loss At The End Of The Series », *PLoS One,* vol. 19, n° 6, art. e0302160, 2024.
248. Haak W., Lazaridis I., Patterson N., Rohland N., Mallick S., Llamas B., *et al.,* « Massive Migration From The Steppe Was A Source For Indo-European Languages In Europe », *Nature,* vol. 522, n° 7555, 2015, p. 207–211.
249. *Ibid.*
250. Fortes-Lima C., Burgarella C., Hammarén R., Eriksson A., Vicente M., Jolly C., *et al.,* « The Genetic Legacy Of The Expansion Of Bantu-Speaking Peoples In Africa », *Nature,* vol. 625, n° 7995, 2023, p. 1–8.
251. Wilson M., Daly M., « Competitiveness, Risk Taking, And Violence: The Young Male Syndrome », *Ethology and Sociobiology,* vol. 6, n° 1, 1985, p. 57–73.

252. Lester D., Yang B., Lindsay M, « Suicide Bombers: Are Psychological Profiles Possible? », *Studies in Conflict & Terrorism*, vol. 27, n° 4, 2004, p. 283–295.
253. Sela-Shayovitz R., « Suicide Bombers in Israel: Their Motivations, Characteristics, and Prior Activity in Terrorist Organizations », *International Journal of Conflict and Violence*, 2007, vol. 1, n° 2, 2007, p. 160–168.
254. Williams A. F., Shabanova V. I., « Responsibility Of Drivers, By Age And Gender, For Motor-Vehicle Crash Deaths », *Journal of Safety Research*, vol. 34, n° 5, 2003, p. 527–531.
255. Jeanmonod R. K., Jeanmonod D., Damewood S., Perry C., Powers M., Lazansky V., « Punch Injuries : Insights into Intentional Closed Fist Injuries », *The Western Journal of Emergency Medicine*, vol. 2, n° 1, 2011, p. 6–10.
256. Przybylski A., Weinstein N., « Violent Video Game Engagement Is Not Associated With Adolescents' Aggressive Behaviour: Evidence From A Registered Report », *Royal Society Open Science*, vol. 6, n° 2, art. 171474, 2019.
257. Kuhn S., Kugler D., *et al.*, « Does Playing Violent Video Games Cause Aggression? A Longitudinal Intervention Study », *Molecular Psychiatry*, vol. 24, n° 8, 2019, p. 1220–1234.
258. Danmarks Statistik, « Færre 18-årige dømmes efter straffeloven », *Nyt fra Danmarks Statistik*, n° 211, 2023 (Disponible sur : https://www.dst.dk/da/Statistik/nyheder-analyser-publ/nyt/NytHtml?cid=46153).
259. Beerthuizen M., Weijters G., van der Laan A., « The Release Of Grand Theft Auto V And Registered Juvenile Crime In The Netherlands », *European Journal of Criminology*, vol. 14, n° 6, 2017, p. 751–765.
260. Dahl G., DellaVigna S., « Does Movie Violence Increase Violent Crime? », *The Quarterly Journal of Economics*, vol. 124, n° 2, 2009, p. 677–734.
261. Ottosen M. H., Andreasen A. G., Dahl K. M., Lausten M, Rayce S. B., Tagmose B. B., *Børn og unge i Danmark: Velfærd og trivsel 2022*, VIVE – Det Nationale Forsknings- og Analysecenter for Velfærd, 2022 (Disponible sur : https://www.vive.dk/media/pure/0xgg53xk/14872861).
262. Sharkey P., « Homebound: The Long-Term Rise in Time Spent at Home Among U.S. Adults », *Sociological Science*, vol. 11, n° 4, 2024, p. 553-578.

14. Scroller à l'infini

263. Bryson A., MacKerron G. « Are You Happy While You Work? », *The Economic Journal*, vol. 127, n° 599, 2017, p. 106–25.
264. Taylor P., « Number Of Smartphone Mobile Network Subscriptions Worldwide From 2016 To 2023, With Forecasts From 2023 To 2028 », *Statistica* [en ligne], 2024 (https://www.statista.com/statistics/330695/number-of-smartphone-users-worldwide/).

265.Yamakoshi B., Medlicot K. (dir.), *Situation de l'assainissement dans le monde: un appel pressant à améliorer l'assainissement au profit de la santé, de l'environnement, de l'économie et de la société*, Fonds des Nations unies pour l'enfance (UNICEF), Organisation mondiale de la santé (OMS), 2020 (Disponible sur : https://iris.who.int/bitstream/handle/10665/342011/9789240028685-fre.pdf?sequence).
266. « Daily Hours Spent With Digital Media In The United States », *BOND Internet Trends*, 2019, cité in *Our World in Data* [en ligne], s.d. (https://ourworldindata.org/grapher/daily-hours-spent-with-digital-media-per-adult-user)
267. Kemp S., « Digital 2022: Global Overview Report », *DataReportal* [en ligne], 2022 (https://datareportal.com/reports/digital-2022-global-overview-report).
268. Massarat N., Gelles-Watnick R., Vogels E.A., « Teens, social media and technology », *Pew Research Center* [en ligne], 10 août 2022 (https://www.pewresearch.org/internet/2022/08/10/teens-social-media-and-technology-2022/).
269. « Revealing Average Screen Time Statistics », *Backlinko* [en ligne], 11 mars 2024 (https://backlinko.com/screen-time-statistics ?).
270. Ferster C. B., Skinner B. F., *Schedules of Reinforcement*, Prentice-Hall, 1957 (Disponible sur : https://www.bfskinner.org/wp-content/uploads/2015/05/Schedules_of_Reinforcement_PDF.pdf).
271. Allen M., « Sean Parker Unloads On Facebook: "God Only Knows What It's Doing To Our Children's Brains" », *Axios* [en ligne], 9 nov. 2017 (https://www.axios.com/2017/12/15/sean-parker-unloads-on-facebook-god-only-knows-what-its-doing-to-our-childrens-brains-1513306792).
272. Samrai Y., « How Stanford Profits Off Addiction », *The Stanford Review* [en ligne], 4 févr. 2020 (https://stanfordreview.org/how-stanford-profits-tech-addiction-social-media/).
273. Srinivisan K., « Paying Attention », University of Chicago, Booth School of Business, 18 déc. 2023 (disponible sur : https://karthikecon.github.io/karthiksrinivasan.org/paying_attention.pdf).
274. Knowles T., « I'm so Sorry, Says Inventor Of Endless Online Scrolling », *The Times* [en ligne], 27 avr. 2019 (https://www.thetimes.co.uk/article/i-m-so-sorry-says-inventor-of-endless-online-scrolling-9lrv59mdk).
275. Wong J. C., « Former Facebook Executive : Social Media Is Ripping Society Apart », *The Guardian* [en ligne], 12 déc. 2017 (https://www.theguardian.com/technology/2017/dec/11/facebook-former-executive-ripping-society-apart).

276. McNamee R., *Facebook : la catastrophe annoncée,* traduction : Gerlier *J.* et De Clercq A.-S., Quanto, 2019.
277. Newton C., « The Person Behind The Like Button Says Software Is Wasting Our Time », *The Verge* [en ligne], 28 mars 2018 (https://www.theverge.com/2018/3/28/17172404/justin-rosenstein-asana-social-media-facebook-timeline-gantt).
278. Bowles N., « Silicon Valley Nannies Are Phone Police for Kids », *The New York Times* [en ligne], 26 oct. 2018 (https://www.nytimes.com/2018/10/26/style/silicon-valley-nannies.html).
279. Bowles N., « A Dark Consensus About Screens and Kids Begins to Emerge in Silicon Valley », *The New York Times* [en ligne], 26 oct. 2018 (https://www.nytimes.com/2018/10/26/style/silicon-valley-nannies.html).
280. Fennell J. G., Talas L., Baddeley R. J., Cuthill I. C., Scott-Samuel N. E., « Optimizing Colour For Camouflage And Visibility Using Deep Learning: The Effects Of The Environment And The Observer's Visual System », *Journal of the Royal Society, Interface*, vol. 16, n° 154, 2019.
281. Zahavi A. A., *The Handicap Principle: A Missing Piece of Darwin's Puzzle*, Oxford University Press, 1999.
282. Beknazar-Yuzbashev G., Jiménez Durán R., McCrosky J., Stalinski M., « Toxic Content and User Engagement on Social Media: Evidence from a Field Experiment », *Social Science Research Network*, déc. 2022.

15. Un petit poisson dans un grand étang

283. « Michael Phelps: Athlete Bio », *Team USA* [en ligne], s.d. (https://www.teamusa.com/profiles/michael-phelps).
284. Lätt E., Jürimäe J., Mäestu J., Purge P., Rämson R., Haljaste K., *et al.,* « Physiological, Biomechanical And Anthropometrical Predictors Of Sprint Swimming Performance In Adolescent Swimmers », *Journal of Sports Science & Medicine,* vol. 9, n° 3, 2010, p. 398–404.
285. Jürimäe J., Haljaste K., Cicchella A., Lätt E., Purge P., Leppik A., *et al.,* « Analysis Of Swimming Performance From Physical, Physiological, And Biomechanical Parameters In Young Swimmers », *Pediatric Exercise Science,* vol. 19, n° 1, 2007, p. 70–81.
286. « Michael Phelps », *United States Olympic & Paralympic Museum* [en ligne], s.d. (https://usopm.org/michael-phelps/).
287. « Michael Phelps: Going Five Years Without Missing A Single Day Of Training », interview avec Badenhausen K., *Forbes* [en ligne], 24 oct. 2016 (https://www.forbes.com/video/5180394324001/michael-phelps-going-five-years-without-missing-a-single-day-of-training/?).
288. Gladwell M., *David and Goliath: Underdogs, Misfits, and the Art of Battling Giants*, Little, Brown and Company, 2013, p. 81–94.

289. Marsh H.W., Hau K.T., « Big-fish-little-pond effect on academic self-concept. A cross-cultural (26-country) test of the negative effects of academically selective schools », *The American psychologist*, vol. 58, n° 5, 2003, p. 364–376.
290. Seaton M., Marsh H.W., Craven R. G., « Big-Fish-Little-Pond Effect: Generalizability and Moderation – Two Sides of the Same Coin », *American Educational Research Journal*, vol. 47, n° 2, 2010, p. 390–433.
291. Seaton M., Marsh H., Craven R., « Earning Its Place as a Pan-Human Theory: Universality of the Big-Fish-Little-Pond Effect Across 41 Culturally and Economically Diverse Countries », *Journal of Educational Psychology*, vol. 101, n° 2, 2009, p. 403–419.
292. Chanal J. P., Marsh H.W., Sarrazin P. G., Bois J. E., « Big-Fish-Little-Pond Effects on Gymnastics Self-Concept: Social Comparison Processes in a Physical Setting », *Journal of Sport and Exercise Psychology*, vol. 27, n° 1, 2005, p. 53–70.
293. Marsh H. W., Morin A. J. S., Parker P. D., « Physical Self-Concept Changes in a Selective Sport High School: A Longitudinal Cohort-Sequence Analysis of the Big-Fish-Little-Pond Effect ». *Journal of Sport and Exercise Psychology*, vol. 37, n° 2, 2015, p. 150–63.
294. Simler K., « Social Status: Down the Rabbit Hole », *Melting Asphalt* [en ligne], 13 oct. 2015. (https://meltingasphalt.com/social-status-down-the-rabbit-hole/)
295. Wrangham R., *The Goodness Paradox: The Strange Relationship Between Virtue and Violence in Human Evolution*, Pantheon, 2019, p. 165.
296. *Prævalens, incidens og aktivitet i sundhedsvæsenet for børn og unge med angst eller depression, ADHD og spiseforstyrrelse*, Sundhedstyrelsen, 2017.
297. Rosendahl Jensen H. A., Davidsen M., Rossen Møller S., Ellegaard Ibáñez Román J., Kragelund K., Illemann Christensen A., *et al.*, *Den Nationale Sundhedsprofil 2021*, Sundhedsstyrelsen, 2022.
298. Dooley B., O'Connor C., Fitzgerald A., O'Reilly A, *The National Study of Youth and Mental Health in Ireland*, University College Dublin School of Psychology, Jigsaw, the National Centre for Youth Mental Health, 2012. (Disponible sur : https://www.myworldsurvey.ie/full-report)
299. Beckman L., Hellström L., « Views on Adolescents' Mental Health in Sweden-A Qualitative Study among Different Professionals Working with Adolescents», *International journal of environmental research and public health*, vol. 18, n° 20, 2020.
300. Direction de la Recherche, des Études, de l'Évaluation et des Statistiques (DREES), « Confinement du printemps 2020 : une hausse des syndromes dépressifs, surtout chez les 15-24 ans », *Etudes & Résultats*, n°185, mars 2021.
301. Twenge J.-M., « How Much Is Social Media to Blame for Teens Declining Mental Health? », *Institute for Family Studies* [en ligne], Blog

post, 11 avr. 2022. (https://ifstudies.org/blog/how-much-is-social-media-to-blame-for-teens-declining-mental-health)
302. Shaw N., « Self-Harm Hospital Admissions For Teenage Girls Triple In A Decade », *WalesOnline* [en ligne], 1er fév. 2021. (https://www.walesonline.co.uk/news/uk-news/self-harm-hospital-admissions-teenage-19740803)
303. Arenas-Arroyo E., Fernández-Kranz D, Nollenberger N, « High Speed Internet and the Widening Gender Gap in Adolescent Mental Health: Evidence from Hospital Records », *IZA Discussion Papers*, n° 15728, 2022.
304. Braghieri L., Levy R., Makarin A., « Social Media and Mental Health », *American Economic Review*, vol. 112, n° 11, 2022, p. 3660–3693.
305. Allcott H., Braghieri L., Eichmeyer S., Gentzkow M., « The Welfare Effects of Social Media », *American Economic Review*, vol. 110, n° 3, 2010, p. 629–676.
306. Pedersen J., Rasmussen M. G. B., Sørensen S. O., Mortensen S. R., Olesen L. G., Brage S., *et al.*, « Effects Of Limiting Digital Screen Use On Well-Being, Mood, And Biomarkers Of Stress In Adults », *Npj Mental Health Research*, vol. 1, n° 1, 2022, p. 14.
307. Stieger S., Lewetz D., « A Week Without Using Social Media: Results from an Ecological Momentary Intervention Study Using Smartphones », *Cyberpsychology, Behavior, and Social Networking*, vol. 21, n° 10, 2018, p. 618–624.
308. «The Fundamental Flaws of The Only Meta-Analysis of Social Media Reduction Experiments (And Why It Matters), Part 1 », *After Babel* [en ligne], 29 août 2024 (https://www.afterbabel.com/p/the-case-for-causality-part-1).
309. Deri S., Davidai S., Gilovich T., « Home Alone: Why People Believe Others' Social Lives Are Richer Than Their Own », *Journal of Personality and Social Psychology*, vol 113, n° 6, 2017, p. 858–877.
310. Eriksen I. M., Bakken A., Soest von T., « Stress, Press Og Psykiske Plager Blant Unge », *Ungdata* [en ligne], 23 janv. 2020 (https://www.ungdata.no/stress-press-og-psykiske-plager-blant-unge/).
311. Robertson C. E., Pröllochs N., Schwarzenegger K., Pärnamets P., Van Bavel J. J., Feuerriegel S., « Negativity Drives Online News Consumption », *Nature human behaviour*, vol. 7, n°5, 2023, p. 812–822.
312. Griffiths S., Harris E.A., Whitehead G., Angelopoulos F., Stone B., Grey W., *et al.*, « Does TikTok contribute to eating disorders? A comparison of the TikTok algorithms belonging to individuals with eating disorders versus healthy controls », *Body Image*, vol. 51, n°2, art. 101807, 2024
313. Marsh S., « Tiktok Investigating Videos Promoting Starvation And Anorexia », *The Guardian* [en ligne], 7 déc. 2020 (https://www.theguardian.com/Technology/2020/Dec/07/Tiktok-Investigating-videos-–promoting-starvation-and-anorexia).

16. Des cosmétiques aux armes nucléaires

314. Safran R. J., Neuman C. R., McGraw K. J., Lovette I. J., « Dynamic Paternity Allocation as a Function of Male Plumage Color in Barn Swallows », *Science (New York, NY)*, vol. 309, n° 5744, 2005, p. 2210–2212.
315. Safran R. J., Adelman J. S, McGraw K. J, Hau M., « Sexual Signal Exaggeration Affects Physiological State In Male Barn Swallows », *Current Biology*, vol. 18, n° 11, 2008, p. 461–462.
316. Langlois J. H., Kalakanis L., Rubenstein A. J., Larson A., Hallam M., Smoot M., « Maxims Or Myths Of Beauty? A Meta-Analytic And Theoretical Review », *Psychological bulletin*, vol. 126, n° 3, 2000, p. 390–423.
317. Coetzee V., Greeff J. M., Stephen I. D., Perrett D. I., « Cross-Cultural Agreement In Facial Attractiveness Preferences: The Role Of Ethnicity And Gender », *PLoS One*, vol. 9, n° 7, art. e99629, 2014.
318. Russell R., « A Sex Difference in Facial Contrast and its Exaggeration by Cosmetics », *Perception*, vol. 38, n° 8, 2009, p. 1211–1219.
319. Hammermesh D., Biddle J., « Beauty and the Labor Market », *American Economic Review*, vol. 84, n° 5, 1993, p. 1174–1194.
320. Sundhedsdatastyrelsen, « Plastikoperationer », *eSundhed* [en ligne], s.d. (https://www.esundhed.dk/Emner/Operationer-og-diagnoser/Plastikoperationer)

17. Le corps idéal sous stéroïdes

321. Samuel E., « Arnold Schwarzenegger Explains His Olympia-Era PED Use », *Men'sHealth* [en ligne], 24 mai 2023. (https://www.menshealth.com/fitness/a43944437/arnold-schwarzenegger-steroid-use-bodybuilding/)
322. « Dolph Lundgren Admits to Taking Steroids », *The Barbell* [en ligne], 11 mai 2023. (https://www.thebarbell.com/dolph-lundgren-steroids/)
323. « Stallone Pleads Guilty In Hormone Import Case », *Reuters* [en ligne], 9 août 2007. (https://www.reuters.com/article/lifestyle/stallone-pleads-guilty-in-hormone-import-case-idUSSYD39413/)
324. « Rappers Implicated In Steroids Scandal », *CityNews Everywhere* [en ligne], 14 janv. 2008. (https://toronto.citynews.ca/2008/01/14/rappers-implicated-in-steroids-scandal/)
325. Bhasin S., Storer T. W., Berman N., Callegari C., Clevenger B., Phillips J., *et al.*, « The Effects of Supraphysiologic Doses of Testosterone on Muscle Size and Strength in Normal Men », *New England Journal of Medicine*, vol. 335, n° 1, 1996, p. 1–7.
326. Pope Jr H. G., Olivardia R., Gruber A., Borowiecki J., « Evolving Ideals Of Male Body Image As Seen Through Action Toys », *International Journal of Eating Disorders*, vol. 26, n° 1, 1999, p. 65–72.

327. Xue L., Perrett D., « Misperceptions of Opposite-Sex Preferences For Thinness And Muscularity », *British journal of psychology,* vol. 112, n° 1, 2021, p. 247–264.
328. Frederick D.A., Fessler D. M.T., Haselton M. G., « Do representations of male muscularity differ in men's and women's magazines? », *Body Image*, vol. 2, n° 1, 2005, p. 81–86.
329. Brada T., « Leg-Lengthening: The People Having Surgery To Be A Bit Taller », *BBC News* [en ligne], 5 déc. 2020 (https://www.bbc.com/news/world-55146906).
330. Soo Z., « China Keeping 1 Hour Daily Limit On Kids' Online Games », *APNews* [en ligne], 20 janv. 2023 (https://apnews.com/article/gaming-business-children-00db669defcc8e0ca1fc2dc54120a0b8).
331. Ye J., « China looks to limit children to two hours a day on their phones », *Reuters* [en ligne], 3 août 2023 (https://www.reuters.com/world/china/china-issues-draft-guidelines-tighten-limits-use-apps-by-minors-2023-08-02/).

Épilogue : Un petit humain dans un monde immense

332. Kanigel R., *The Man Who Knew Infinity: A Life of the Genius Ramanujan*, Washington Square Press, 2013.
333. Carlin F., « The Grandmaster Experiment », *Psychology Today* [en ligne], 1er juill. 2005 (https://www.psychologytoday.com/au/articles/200507/the-grandmaster-experiment).
334. Raichle M. E., Gusnard D. A., « Appraising The Brain's Energy Budget », *Proceedings of the National Academy of Sciences of the United States of America,* vol. 99, n° 16, 2002, p. 10237–10239.
335. Kurzban R., Duckworth A., Kable J. W., Myers J., « Cost-Benefit Models As The Next, Best Option For Understanding Subjective Effort », *Behavioral and Brain Sciences*, vol. 36, n° 6, 2013, p. 707–726.
336. Wu R., Ferguson A. M., Inzlicht M., « Do Humans Prefer Cognitive Effort Over Doing Nothing? », *Journal of Experimental Psychology: General,* vol. 152, n° 4, 2023, p. 1069–1079.
337. Klausen M. K., Thomsen M., Wortwein G., Fink-Jensen A., « The Role of Glucagon-Like Peptide 1 (GLP-1) in Addictive Disorders », *British Journal of Pharmacology*, vol. 179, n° 4, 2022, p. 625–641.
338. Martinelli S., Mazzotta A., Longaroni M., Petrucciani N., « Potential Role Of Glucagon-Like Peptide-1 (GLP-1) receptor Agonists In Substance Use Disorder: A Systematic Review Of Randomized Trials », *Drug and Alcohol Dependence,* vol. 264, art. 112424, 2024.

Avis des lectrices

« La force de ce livre : informer, décrypter et nous rendre conscients des mécanismes invisibles qui façonnent nos comportements. »

@blondinette_lit

« Un livre qu'il faut lire pour aller mieux, pour mieux vivre ! »

@lilyslibrary

« La promesse de ce livre ? Nous donner les armes pour comprendre comment nous sommes manipulés. Un récit d'une fluidité incroyable et passionnante ! »

@_sev_dt_

« Un ouvrage indispensable pour tous ceux qui sont en quête d'une vie plus saine. »

@celinelovereading

« Une vraie prise de conscience, qui fait du bien et redonne le sentiment qu'on peut agir, même à petite échelle ! Ce livre m'a donné envie de reprendre les rênes et de faire des choix plus conscients. »

@carnets.delarose

Du même auteur aux Éditions Leduc

Cet ouvrage est composé de matériaux
issus de forêts bien gérées certifiées FSC®,
de matériaux recyclés et de matériaux issus
d'autres sources contrôlées.

Le Forest Stewardship Council® est une organisation
internationale non gouvernementale qui encourage
une gestion écologiquement adaptée,
socialement bénéfique et économiquement viable
des forêts de la planète.

Pour en savoir plus, consultez le site www.fsc.org

FSC
www.fsc.org
MIXTE
Papier | Pour une gestion forestière responsable
FSC® C022829

Achevé d'imprimer en août 2025
sur les presses de la Laballery
Dépôt légal : septembre 2025
N° d'impression : 507696